Liebe, Liebe, Liebe

Geschichten, Gedichte und Gedanken

Zusammengestellt
von Stephan Koranyi
Illustriert
von Werner Rüb

Philipp Reclam jun. Stuttgart

Universal-Bibliothek Nr. 40011

Gesamtherstellung: Wilhelm Röck, Weinsberg
Printed in Germany 1991
Einbandgestaltung: Werner Rüb, Ludwigsburg

ISBN 3-15-040011-2

Zu diesem Buch

Weder nie noch immerfort,
Ist der Liebe Losungswort.

Es gibt kein Thema, von dem sich besser erzählen und dichten ließe. In allen Zeiten und Kulturen ist es – was Wunder! – zu finden, heute wie vor tausend Jahren, in der alten ebenso wie in der neuen Welt.

Die schönsten Beispiele aus vielen Epochen und Ländern sind hier versammelt, Variationen des *einen* Themas mit all seinen Facetten, Verwicklungen und Glückseligkeiten. Wer's liest, dem wird mit Goethe klar: »Wunderlichstes Buch der Bücher / Ist das Buch der Liebe«!

Inhalt

Liebe ist süß, wo Liebe erfolgt

Die Augen sind der Liebe Tür

Es ist alles beschert Ding

So die Gelegenheit grüßt, soll man ihr danken

Wer liebt, weiß wohl, was er begehrt,
aber nicht, was es ist

Treue ist ein seltner Gast,
Halt ihn fest, wenn du ihn hast

Der Mensch liebt nur einmal …
… einmal des Jahrs ist nicht oft

Liebe erfüllt die Welt und mehrt den Himmel

Liebe ist süß,
wo Liebe erfolgt

EDUARD MÖRIKE

Nimmersatte Liebe

So ist die Lieb! So ist die Lieb!
Mit Küssen nicht zu stillen:
Wer ist der Tor und will ein Sieb
Mit eitel Wasser füllen?
Und schöpfst du an die tausend Jahr,
Und küssest ewig, ewig gar,
Du tust ihr nie zu Willen.

Die Lieb, die Lieb hat alle Stund
Neu wunderlich Gelüsten;
Wir bissen uns die Lippen wund,
Da wir uns heute küßten.
Das Mädchen hielt in guter Ruh,
Wie's Lämmlein unterm Messer;
Ihr Auge bat: nur immer zu,
Je weher, desto besser!

So ist die Lieb, und war auch so,
Wie lang es Liebe gibt,
Und anders war Herr Salomo,
Der Weise, nicht verliebt.

KURT MARTI

Brockhäusliches Scherzo

Liebe ist ein Nebenfluß der Weichsel und, mit Vornamen Theodor, Geologe und Vogelforscher, in Mederwitz (Thüringen) 1828 geboren, 1894 in Gera verstorben. Liebe verdanken wir die »Übersicht über den Schichtaufbau Ostthüringens«. »Ornithologische Schriften« erschienen ein Jahr vor seinem Tode. Liebe war aktiv beteiligt bei der Gründung des »Deutschen Vereins zum Schutze der Vogelwelt« (1878).

Liebe ist demnach 1. bald weiblichen, bald männlichen Geschlechts, 2. fließend, 3. sterblich und 4. der Erde und ihren Vögeln zugetan.

Aus

CARMINA BURANA

Janus lenkt des Jahres Bahn,
Frühling zeigt den Sommer an,
Phoebus' Rosse traben aus,

wenden schon dem Stier sich zu,
verlassen rasch des Widders Haus.
Amor herrscht in seinem Reich,
Amor macht das Harte weich.

Dahin der schlimmen Zeit
Gram und Leid!
Süßigkeit,
Trunkenheit
herrschen in Frau Venus' Lager weit und breit!
Und mit frohen Mienen
soll jeder, der ein Streiter ist,
ihr als Herrin dienen.
Amor herrscht in seinem Reich,
Amor macht das Harte weich.

Als der Pallas Zögling durft
ich bei Venus lernen;
dorten sah ich unter vielen,
die da spielen,
einen von den Sternen,
strahlend hell
wie Helena
und Venus, ja,
so zierlich
mir erscheinen voller Reiz,
doch ganz und gar manierlich.
Amor herrscht in seinem Reich,
Amor macht das Harte weich.

Die nicht wie die andern ist,
will ich anders lieben.
Durch mein Innres neue Gluten

rasend fluten,
ruhlos, rastlos stieben.
Keine wird erbaulicher,
fraulicher,
schöner oder traulicher,
keine auch begehrlicher
und ehrlicher
und verläßlicher befunden
oder ungefährlicher.
Ihre frohe Lebensart
ist meine schönste Sonne.
Schätzt sie meine Gegenwart,
ist mirs die höchste Wonne.
Amor stets der Sieger bleibt,
Amor stets der Herrscher bleibt.

Knabe, tilg des Knaben Fron,
spende, Venus, süßen Lohn,
schür der Gluten
Flammenfluten,
daß lebend ich nicht sterbe schon,
indem als keusche Labe
ich eine Daphne habe!
Pallas' treuer Schüler einst,
schätz heut ich Venus' Gabe.
Amor stets der Sieger bleibt,
Amor stets der Herrscher bleibt.

ROBERT WALSER

Die Einzige

Ich kenne eine bedeutende Angedichtete, die nicht dichtet, aber ein Gedicht ist, was für einen Dichter viel bedeutet. Ist man frech zu ihr, so hat sie bloß ein herrliches Verwundern. Ich habe sie schon ein paar Mal besungen, doch einstweilen ungenügend. Sie jagte mich weg; ich habe darüber fröhlich gelacht, als wenn sie mir eine Nacht bewilligt hätte, die den Dichter kalt läßt, da ihm seine Phantasie ihre Glieder längst zu sehen erlaubte. Nie werd' ich nachher wieder lieben. Sie machte mich zum Kind, das die Erde anstaunt, in die schönste Unterweisung geht und Gott verehrt. Ihre Schuhe sind nicht besonders wundervoll. Ich liebe aber schon die Serviette, womit sie tändelt. Ich darf sie nicht wiedersehen und bin dennoch glücklich, dürfte es eigentlich nicht sein. Ich wurde unverschämt bei ihr weil ich in ihrer Gegenwart zitterte und weil ich Überlegenheit vortäuschen wollte und dieses Zittern, diese Liebe blöde fand und beinah haßte. Aber fern von ihr, kose, spiele ich mit ihr, hüpfe wie ein Verrückter, wie ein dummer Bub. Ich könnte sie zirka vier Jahre lang vergessen; dann würde alles neu über mich kommen. Entzückend, dies zu wissen! Was ein Mädchen für eine Macht hat, hätte ich nie vorher gedacht. Alle Treue und was sonst Gutes in mir ist, sinkt am Kleide der einzigen nieder. Ich bin munter, wie sonst nur frühmorgens: doch ist's Mitternacht; ich schreibe dies auf, als gäbe ich's niemand zu lesen.

DETLEV VON LILIENCRON

Einen Sommer lang

Zwischen Roggenfeld und Hecken
Führt ein schmaler Gang,
Süßes, seliges Verstecken
Einen Sommer lang.

Wenn wir uns von ferne sehen
Zögert sie den Schritt,
Rupft ein Hälmchen sich im Gehen,
Nimmt ein Blättchen mit.

Hat mit Ähren sich das Mieder
Unschuldig geschmückt,
Sich den Hut verlegen nieder
In die Stirn gerückt.

Finster kommt sie langsam näher,
Färbt sich rot wie Mohn,
Doch ich bin ein feiner Späher,
Kenn die Schelmin schon.

Noch ein Blick in Weg und Weite,
Ruhig liegt die Welt,
Und es hat an ihre Seite
Mich der Sturm gesellt.

Zwischen Roggenfeld und Hecken
Führt ein schmaler Gang,
Süßes, seliges Verstecken
Einen Sommer lang.

PETER ALTENBERG

Erste Liebe

Meine »erste Liebe« war Rosie Mischischek, gleichalterig mit mir, zwölf Jahre alt. Wir spielten täglich »Verstekken« auf den Stufen des Theseustempels im Volksgarten. Sonntags trug sie ein grünseidenes Kleid, geputzt mit schmalen schwarzen Samtbändern, nackte, rundlich-ekkige Schultern, offene Locken und war überhaupt vollkommen. Wenn sie sich einbildete, ein besonderes Versteck hinter Säulen gefunden zu haben, so übersah ich sie absichtlich, lief an ihr vorbei, auf die Gefahr hin, für einen Dummkopf gehalten zu werden!

Ihr Glück war mir eben damals alles.

Eines Abends hörte mich meine wunderschöne Mama in meinem Bette schluchzen und weinen.

»Was ist denn los?!«

»Rosie Mischischek hat mir beim Weggehen heute nicht die Hand gegeben!« Das sprach sich herum. Frau Mischischek machte ihrem Töchterchen sanfte Vorwürfe: »Einmal interessiert sich jemand ernstlich für dich, und du reichst ihm beim Weggeh'n vom Theseustempel nicht einmal dein Händchen?!«

Rosie hatte am nächsten Tag, obzwar es nur ein gewöhnlicher Wochentag war, das grüne seidene Kleid an mit den schmalen schwarzen Samtmaschen, nackte, rundlich-eckige Schultern, offene Locken, und ihr gewöhnliches süßes Wildkatzengesichterl.

»Du hast dich bei deiner Mama beklagt, daß ich dir gestern beim Weggeh'n nicht die Hand gegeben habe?!

Da hast du sie heute zweimal, so, und für morgen gleich auch, wenn ich vergessen sollte, dummer Bub!«

Sie sah wunderbar erregt aus, eine kleine Furie, noch lieblicher, aparter als sonst. Sie sagte: »Mit dir spiele ich überhaupt nicht mehr ›Verstecken‹, du gehst *absichtlich* an mir vorüber, obwohl du mich ganz genau gesehen haben mußt! Glaubst du, daß das lustig ist für mich? Dummer Bub! Geh' und tratsche es wieder!«

So endete meine »erste, zarteste, rücksichtsvollste Liebe« in meinem zwölften Lebensjahre. Alle späteren waren *ebenso!* Nein, ärger, *kränkender.*

FRANCESCO PETRARCA

Gesegnet sei das Jahr, der Tag, die Stunde,
Der Stand der Sonne und der Lüfte Wehen,
Da ich dein strahlend Aug zuerst gesehen,
Das erste Wort vernahm aus deinem Munde.

Gesegnet sei die erste süße Wunde,
Der Schmerz, den mich die Liebe ließ bestehen;
Gesegnet das Entzücken, das vergehen
Mein Herze macht, daß nimmer es gesunde.

Gesegnet sei der Hauch, der tausendmal
Den heißgeliebten Namen ließ erklingen,
Gesegnet Tränen, Seufzer, Sehnsuchtsqual.

Und die zu *ihrem* Ruhm nur soll erklingen,
Geliebte Leier, sei gebenedeit,
Und all mein Sinnen, das nur *ihr* geweiht.

ANTON TSCHECHOW

Scherz

Ein klarer Wintertag um die Mittagszeit... Bitterer, krachender Frost, Nadjenka hat meinen Arm genommen, silbriger Reif bedeckt ihre Locken, die sich an ihren Schläfen kräuseln, und den Flaum auf ihrer Oberlippe. Wir sind auf einem hohen Schneeberg. Von dem Platz, auf dem wir stehen, zieht sich bis zum Erdboden eine abschüssige Fläche hin, von der die Sonne widerstrahlt, als blickte sie in einen Spiegel. Neben uns steht ein kleiner Schlitten, mit hellrotem Tuch bezogen.

»Lassen Sie uns nach unten rodeln, Nadeschda Petrowna!« spreche ich flehend. »Nur einmal! Seien Sie davon überzeugt, daß wir heil und ganz bleiben werden!«

Jedoch Nadjenka fürchtet sich. Der Abhang, der sich von ihren kleinen Gummischuhen bis zum Ende des Eisberges hinzieht, scheint ihr eine schreckliche, unermeßlich tiefe Schlucht zu sein. Als ich ihr den Vorschlag mache, sich auf den Schlitten zu setzen, schaut sie hinunter, und der Anblick verschlägt ihr den Atem; was aber wird erst geschehen, wenn sie es wirklich wagen sollte, in diesen Abgrund hineinzufliegen! Sie wird dann gewiß sterben oder verrückt werden.

»Ich flehe Sie an!« rufe ich. »Sie brauchen sich nicht zu fürchten! So verstehen Sie doch, daß es nichts als Kleinmut und Feigheit ist!«

Nadjenka willigt zum Schluß ein, aber ich sehe es ihrem Gesicht an, daß sie mit dem Bewußtsein einwilligt, sich einer Lebensgefahr auszusetzen. Ich setze sie, die bleich ist und zittert, in den Schlitten, umschlinge sie mit dem Arm und werfe mich mit ihr in den Abgrund.

Der Schlitten fliegt wie ein Geschoß dahin. Die Luft, die wir durchschneiden, schlägt uns ins Gesicht, heult, pfeift in den Ohren, zerrt an uns, zaust uns boshaft, so daß es weh tut, und möchte uns am liebsten die Köpfe abreißen. Der Druck des Windes macht es uns unmöglich, Atem zu schöpfen. Es scheint, daß uns der Satan selber mit seinen Klauen umfangen hält und uns mit Gebrüll in die Hölle schleift. Die Gegenstände der Umgebung verschmelzen zu einer einzigen langen, rasend schnell vorübergleitenden Fläche... Noch ein Augenblick, und es scheint fast, daß wir zugrunde gehen!

»Ich liebe Sie, Nadja!« sage ich halblaut.

Nach und nach beginnt der Schlitten langsamer zu gleiten, leiser wird das Heulen des Windes, das Sausen der Schlittenkufen ist nicht mehr so schreckerregend wie zuvor, nicht verschlägt der schnelle Flug länger den Atem, und so langen wir endlich unten an. Nadjenka ist halbtot. Sie ist blaß und kann kaum atmen... Ich helfe ihr aus dem Schlitten.

»Um keinen Preis der Welt fahre ich noch einmal«, sagt sie und sieht mich mit weitgeöffneten Augen voller

Schrecken an. »Um nichts in der Welt! Ich wäre fast gestorben!«

Bald darauf kommt sie wieder zur Besinnung und blickt mir fragend in die Augen: Ob ich es wohl gewesen sei, der jene vier Worte gesagt, oder ob es nur das Rauschen des Windes war, das sie ihr zutrug? Ich stehe neben ihr, rauche und betrachte aufmerksam meinen Handschuh.

Sie nimmt meinen Arm, und wir gehen lange am Fuß des Berges spazieren. Allein das Rätsel läßt ihr offensichtlich keine Ruhe. Wurden jene Worte ausgesprochen oder nicht? Ja oder nein? Ja oder nein? Dies ist eine Frage der Eitelkeit und des Ehrgeizes, doch auch eine Frage des Lebens und des Glücks, eine sehr wichtige Frage, die allerwichtigste auf der Welt. Ungeduldig und schwermütig schaut mich Nadjenka mit einem durchdringenden Blick an, sie antwortet auf gut Glück und wartet, ob ich nicht zu sprechen beginne. O welch ein Spiel des Ausdrucks zieht über dieses liebe Gesichtchen, welch ein Spiel! Ich sehe, daß sie mit sich selber kämpft, sie will etwas sagen, will etwas fragen, aber sie findet das Wort nicht, sie ist verlegen, sie hat Angst, und die Freude macht sie fast atemlos...

»Wissen Sie was?« sagt sie und schaut mich dabei nicht an.

»Was?« frage ich.

»Wollen wir noch einmal... rodeln?«

Wir steigen die Treppe hinan, die auf den Berg führt. Und wieder setze ich die bleiche und zitternde Nadjenka auf den Schlitten, wieder fliegen wir in den furchtbaren Abgrund, wieder heult der Wind und sausen die Schlittenkufen, und wieder flüstere ich beim allerschnellsten und geräuschvollsten Fluge des Schlittens halblaut:

»Ich liebe Sie, Nadjenka!«

Der Schlitten hält an, Nadjenka wirft einen Blick auf den Berg zurück, den wir soeben hinuntergeglitten sind, und schaut dann lange in mein Gesicht, sie horcht auf meine Stimme, die gleichmäßig und leidenschaftslos klingt, und alles an ihr, sogar ihr Muff und ihre Kapuze, geschweige denn ihre Figur, drückt äußerstes Erstaunen aus. Auf ihrem Gesicht steht geschrieben:

Was ist denn los? Wer hat denn *jene* Worte gesprochen? War das er, oder kam es mir nur so vor?

Die Ungewißheit beunruhigt sie, ja sie macht sie fast ungeduldig. Das arme Mädchen antwortet auf keine Frage mehr, runzelt die Stirn und möchte eigentlich in Weinen ausbrechen.

»Sollen wir nicht nach Hause gehen?« frage ich.

»Mir... mir gefällt das Rodeln«, sagt sie errötend. »Ob wir es nicht vielleicht noch einmal versuchen sollten?«

Ihr gefällt dieses Rodeln, trotzdem aber ist sie jedesmal, wenn sie sich auf den Schlitten setzt, blaß, wie auch schon zuvor, sie ist atemlos vor Furcht und bebt.

Wir gleiten zum drittenmal hinunter, und ich bemerke dieses Mal, daß sie mir ins Gesicht schaut und daß ihr Blick an meinen Lippen hängt. Allein ich drücke ein Tuch an meine Lippen, räuspere mich und vermag dennoch, als wir die Mitte des Berges erreichen, zu flüstern: »Ich liebe Sie, Nadja!«

Das Rätsel bleibt Rätsel! Nadjenka schweigt und überlegt tief... Ich bringe sie nach Hause, sie geht, so langsam sie kann, sie verzögert ihre Schritte immer mehr und wartet nur auf das eine, ob ich nicht am Ende jene Worte wieder sagen werde. Und ich sehe ja nur zu deutlich, wie ihr Seelchen leidet, ich sehe, wie sie sich die größte Mühe gibt, sich selber zu bezwingen, damit sie nicht sage:

»Es kann nicht sein, daß nur der Wind das gesagt hat! Und außerdem will ich nicht, daß es nur der Wind gesagt hat!«

Am nächsten Tag erhalte ich frühmorgens einen Zettel: »Wenn Sie heute rodeln gehen, holen Sie mich bitte ab. N.« Und von diesem Tage an gehe ich nunmehr täglich mit Nadjenka zur Rodelbahn und flüstere ihr jedesmal, wenn wir zusammen auf dem Schlitten in die Tiefe fliegen, halblaut immer die gleichen Worte ins Ohr:

»Ich liebe Sie, Nadja!«

Nadjenka gewöhnt sich nach und nach an diesen Satz, so wie man sich an Wein gewöhnt oder an Morphium. Sie kann ohne ihn nicht mehr leben. Es ist wahr, vom Berg hinunterzusausen ist nach wie vor äußerst schreckvoll, allein die Angst und die Gefahr, welch eigenen Zauber verleihen sie jenen Worten von der Liebe, den Worten, die nach wir vor ein Rätsel bleiben und Unruhe in die Seele tragen. Der Verdacht richtet sich immer noch auf zwei: auf mich und auf den Wind... Wer von den beiden eigentlich die Liebesgeständnisse macht, weiß sie nicht, und es ist ihr augenscheinlich schon gleichviel; denn es ist ja gleich, aus welchem Gefäß man trinkt, wichtig ist nur, daß man trunken wird.

Ich begab mich eines Tages um die Mittagszeit allein zur Rodelbahn; ich mischte mich in die Schar der andern und sah, daß Nadjenka zum Berge kam und mich mit den Augen suchte... Darauf stieg sie zaghaft allein hinauf... Es ist schrecklich, allein zu rodeln, o wie schrecklich ist das! Sie ist blaß wie der Schnee, sie bebt, sie geht wie zur Hinrichtung, allein sie geht, sie geht, ohne sich umzuschauen und nicht ohne Entschlossenheit. Es ist klar, daß sie sich endlich aufgerafft hat, es auszuprobieren, ob sie dieselben erstaunlichen und süßen Worte hört, wenn ich nicht da bin. Ich sehe, wie sie blaß und mit einem Mund, den das Entsetzen geöffnet hat, sich auf den Schlitten setzt, die Augen schließt und, auf ewig von der Welt Abschied nehmend, abstößt... »Schschsch«... sausen die Schlittenkufen. Ob Nadjenka jene Worte hört, weiß ich nicht... Ich sehe nur, daß sie sich erschöpft und ganz schwach erhebt, als der Schlitten hält. Und man sieht es ihr am Gesicht an, daß sie im Grunde genommen selber nicht weiß, ob sie etwas gehört hat oder nicht. Als sie nämlich hinunterglitt, hatte die Angst ihr offenbar jede Fähigkeit zu hören, Laute zu unterscheiden und zu verstehen, genommen...

Der Frühlingsmonat März bricht an... Die Sonne wird immer wärmer. Unser Eisberg dagegen wird immer dunkler, er verliert seinen Glanz, und schließlich schmilzt er. Das Rodeln hört auf. Die arme Nadjenka kann nirgends mehr jene Worte hören, denn niemand mehr ist da, der sie sprechen könnte, da sie jenen Sturm nicht mehr hören wird und ich meine Vorbereitungen treffe, nach Petersburg überzusiedeln, vielleicht auf lange, vielleicht auf immer.

Zwei Tage vor meiner Abreise sitze ich in der Dämmerung in unserm Gärtchen, dieses Gärtchen ist von Nadjenkas Hof nur durch einen hohen Zaun mit Nägeln getrennt... Es ist noch ziemlich kalt, unter dem Dünger liegt Schnee, die Bäume sind noch tot, aber schon riecht es nach Frühling, und geräuschvoll schreien die Krähen, die sich zur Ruhe begeben. Ich gehe zum Zaun und schaue lange durch eine Ritze. Ich sehe, wie Nadjenka aus dem Hause tritt und ihren traurigen, schwermütigen Blick zum Himmel richtet... Der Frühlingswind weht ihr ins blasse und verstimmte Gesicht... Er erinnert sie an jenen Wind, der damals auf dem Berge heulte, als sie jene vier Worte vernahm, und immer trauriger wird ihr Gesicht, immer trauriger, und über ihre Wange rinnt eine Träne... Und mit einem Male streckt das arme Mädchen beide Arme aus, als bäte sie, daß der Wind ihr aufs neue die Worte brächte. Ich aber warte auf den nächsten Windstoß und flüstere halblaut:

»Ich liebe Sie, Nadja!«

Mein Gott, was geschieht mit Nadjenka! Sie schreit auf, sie ist ein Lächeln und streckt dem Wind ihre Arme entgegen, so froh, so glücklich, so hübsch.

Ich aber gehe derweil meine Koffer packen...

Das geschah vor langer Zeit. Jetzt ist Nadjenka verheiratet; ob man sie verheiratet hat oder ob sie ihn selber genommen hat, ich weiß es nicht; ihr Mann ist der Sekretär des adligen Vormundschaftsgerichtes, und sie hat bereits drei Kinder. Wie wir damals zusammen auf die Rodelbahn gingen und der Wind ihr die Worte »ich liebe Sie, Nadjenka« ins Ohr raunte, hat sie nicht vergessen; dies ist ihre glücklichste, rührendste und schönste Erinnerung im Leben.

Mir aber, der ich älter geworden bin, ist nicht mehr recht verständlich, warum ich jene Worte gesagt und weswegen ich damals gescherzt habe...

Die Beiden

Sie trug den Becher in der Hand
– Ihr Kinn und Mund glich seinem Rand –,
So leicht und sicher war ihr Gang,
Kein Tropfen aus dem Becher sprang.

So leicht und fest war seine Hand:
Er ritt auf einem jungen Pferde,
Und mit nachlässiger Gebärde
Erzwang er, daß es zitternd stand.

Jedoch, wenn er aus ihrer Hand
Den leichten Becher nehmen sollte,
So war es beiden allzu schwer:

Denn beide bebten sie so sehr,
Daß keine Hand die andre fand
Und dunkler Wein am Boden rollte.

MICHEL DE MONTAIGNE

Liebesgunst und Liebeslohn

Liebe ist eine Leidenschaft, die aus einer Mischung besteht von recht wenig wirklicher Substanz und viel mehr Hirngespinsten und unruhiger Erwartung: dementsprechend sollten wir sie befriedigen und ihr dienen. ...

Wer nur im Genuß selbst genießt, wer immer gleich aufs Ganze geht, wer die Jagd nur liebt, weil er etwas schießen will, der ist kein Jünger unserer Schule: je mehr verschiedene Stufen erstiegen werden müssen, um so höher und erhabener ist zuletzt der Ehrenplatz; wir sollten wissen, daß die rechte Freude erst darin liegt, daß wir uns allmählich hinführen lassen, wie es in prächtigen Palästen geschieht, durch Eingangshallen und verschiedene Gänge, durch lange schöne Galerien und immer auf Umwegen.

Die Augen sind der Liebe Tür

BOTHO STRAUSS

Wer bist du?

Sie wollte eben vorbeigehen. Nur zufällig, weil er nicht schnell genug wegsah, trafen sich ihre Blicke und zerrissen die Schleier des feinen Desinteresses, der zivilen Bemerkensscheu, die zwei fremde Menschen umgibt. ›Was ist? Wie siehst du mich an?‹ Ein Zögern nur, und das Gesicht verliert seine geschäftige Benommenheit, seine eiligen, verschlossenen Absichten. Es öffnet sich, es entblößt seine Gegenwart, seinen wehrlosen Ernst und die dunkle Frage, deren Antwort nur eine lange Geschichte geben kann, das Fragen-Entsetzen: ›Wer bist du?‹

STENDHAL

Über die Donnerschläge

Eigentlich sollte man dieses lächerliche Wort ändern; aber die Tatsache besteht. Ich habe die edle, liebenswürdige Wilhelmine, die die Berliner Stutzer zur Verzweiflung brachte, die Liebe verachten und sich über ihre Torheiten lustig machen sehen. Sie glänzte durch Jugend, Geist, Schönheit und alle möglichen anderen Glücksgaben; ein unermeßlicher Reichtum ermöglichte es ihr, alle ihre Tugenden auszubilden, und er schien sich mit der Natur verschworen zu haben, um der Welt ein seltenes Beispiel vollkommenen Glückes zu zeigen, einer Person gewährt, die dessen vollauf würdig ist. Sie war dreiundzwanzig Jahre alt; schon seit langem am Hofe, hatte sie die Huldigungen von Männern der vornehmsten Abkunft zurückgewiesen. Ihre bescheidene, doch unerschütterliche Tugend wurde als Beispiel zitiert, und von nun an strebten die liebenswürdigsten Männer, die schon alle Hoffnung aufgaben, ihr zu gefallen, nur noch nach ihrer Freundschaft. Eines Abends geht sie zum Balle beim Prinzen Ferdinand; sie tanzt zehn Minuten mit einem jungen Hauptmann.

»Von diesem Augenblick an«, schrieb sie später an eine Freundin, »beherrschte er mich und mein Herz in einem solchen Maße, daß ich darüber entsetzt gewesen wäre, wenn mir das Glück, Hermann zu sehen, noch Zeit gelassen hätte, an etwas anderes im Leben zu denken. Das einzige, worauf es mir ankam, war, zu beobachten, ob er mir ein wenig Aufmerksamkeit schenkte.

Heute ist mein einziger Trost, den ich für meine Verfehlungen finden kann, mich in der Illusion zu wiegen, eine höhere Gewalt habe mich mir selbst entfremdet und mir die Vernunft geraubt. Ich kann mit keinem Wort und auf keine Art, die der Wirklichkeit einigermaßen gerecht würde, schildern, bis zu welchem Grade die Verwirrung und die Umwälzung meines ganzen Wesens gingen, wenn ich ihn nur sah. Ich errötete bei dem Gedanken, wie schnell und mit welcher Gewalt es mich zu ihm hinzog. Wäre, als er endlich zu mir sprach, sein erstes Wort gewesen: ›Beten Sie mich an?‹, so hätte ich wahrhaftig nicht die Kraft gehabt, ihm anders zu antworten als ›Ja!‹ Ich hatte nicht entfernt daran gedacht, daß die Wirkungen eines Gefühls gleichzeitig so plötzlich und so unvorhergesehen sein könnten. Einen Augenblick lang glaubte ich sogar, ich sei vergiftet.

Unglücklicherweise, liebe Freundin, wissen Sie und die Welt, daß ich Hermann sehr geliebt habe: Nun, nach einer Viertelstunde war er mir so teuer, daß er mir seitdem nicht teurer hat werden können. Ich sah alle seine Fehler und verzieh sie ihm alle, wenn er mich nur liebte.

Kurze Zeit nachdem ich mit ihm getanzt hatte, brach der König auf; Hermann, der zum Begleitkommando gehörte, war genötigt, ihm zu folgen. Mit ihm versank für mich alles umher. Vergeblich würde ich versuchen, Ihnen das Übermaß des Verdrusses zu schildern, den ich empfand, sobald ich ihn nicht mehr sah. Es kam nur der Heftigkeit meines Wunsches gleich, mit mir allein zu sein.

Endlich konnte ich mich entfernen. Kaum hatte ich mich in meiner Wohnung eingeschlossen, suchte ich mich meiner Leidenschaft zu erwehren. Ich glaubte, daß es mir gelingen würde. Aber ach, liebe Freundin! Wie teuer habe ich an jenem Abend und an den folgenden Tagen das Vergnügen bezahlt, mich für tugendhaft halten zu können!«

Was man soeben gelesen hat, ist die getreue Wiedergabe einer Begebenheit, die das Tagesgespräch bildete; denn nach Ablauf von ein oder zwei Monaten war die arme Wilhelmine so unglücklich, daß man ihr ihre Gefühle anmerkte. Dies war der Ausgangspunkt jener langen Kette von Unglücksfällen, denen sie so jung und auf eine so tragische Art erlag: sie nahm Gift, oder vielleicht hat es ihr auch ihr Liebhaber gegeben. Alles, was uns an diesem jungen Hauptmann auffiel, war, daß er sehr gut tanzte; er hatte ein fröhliches Wesen, ein sicheres Auftreten, eine sehr gutmütige Miene und lebte mit leichten Mädchen; im übrigen war er von niederem Adel, sehr arm und verkehrte nicht bei Hofe.

Um den Zufällen des Lebens zu trotzen, darf man kein Mißtrauen haben, man muß sogar Abneigung gegen das Mißtrauen haben, sozusagen eine ungeduldige Kühnheit. Die Seele, die, ihr selbst unbewußt, des Lebens ohne Liebe überdrüssig ist, läßt sich wider Willen vom Beispiel der anderen Frauen überzeugen. Nach Überwindung aller Ängste hat sie sich, mit dem traurigen Glück des Stolzes unzufrieden, unvermerkt ein ideales Muster geschaffen. Eines Tages trifft sie ein Wesen, das diesem Ideal ähnelt; sie kristallisiert es und erkennt das an der Verwirrung, die der von ihr kristallisierte Gegenstand in ihr auslöst, und die junge Frau weiht dem Herrn und Gebieter ihres Schicksals für immer, was sie sich seit langem erträumte.

Die in ein solches Unglück gestürzten Frauen haben zuviel Seelengröße, um jemals anders als leidenschaftlich lieben zu können. Sie wären gerettet, wenn sie sich zur Galanterie herablassen könnten.

Da der Donnerschlag durch einen heimlichen Überdruß an dem, was die Sittenlehre die Tugend nennt, und durch die Langeweile ausgelöst wird, die die Einförmigkeit des Vollkommenen erzeugt, möchte ich durchaus glauben, daß er am häufigsten Geschöpfe trifft, die man in der Welt Taugenichtse nennt. Ich bezweifle sehr, daß das Verhalten eines Cato jemals einen Donnerschlag verursacht hat.

Wenn das Herz, das so im voraus liebt, auch nur das geringste Gefühl für die Begleitumstände hat, so erfolgt kein Donnerschlag mehr; daher kommt er so selten vor.

Eine Frau, die durch das Unglück mißtrauisch geworden ist, ist gegen derartige Umwälzungen der Seele völlig unempfindlich.

Nichts erleichtert die Donnerschläge so sehr wie die Lobsprüche, die der Person, die getroffen werden soll, von vornherein und von Frauen gespendet werden.

Eine der komischsten Ursachen für Liebesabenteuer sind die falschen Donnerschläge. Eine gelangweilte, aber nicht gerade empfindsame Frau bildet sich einen Abend lang ein, sich fürs ganze Leben verliebt zu haben. Sie ist stolz, endlich eine jener großen Seelenregungen zu empfinden, denen ihre Phantasie nachgejagt ist. Am Tage weiß sie nicht mehr, wo sie sich verbergen und wie sie vor allem den unglücklichen Gegenstand ihrer Anbetung vom Tage zuvor meiden soll. Kluge Leute verstehen sich auf diese Donnerschläge, das heißt, sie wissen sie sich zunutze zu machen.

Auch die sinnliche Liebe hat ihre Donnerschläge. Gestern haben wir die hübscheste und leichtfertigste Frau von Berlin in ihrer Kalesche, in der wir mit ihr saßen, plötzlich erröten sehen. Der schmucke Leutnant Findorff war vorübergegangen. Sie versank in tiefe Träumereien, wurde unruhig. Am Abend geriet sie, wie sie mir im Schauspiel gestand, in Tollheit und Verzückung, wenn sie nur an Findorff dachte, mit dem sie nie gesprochen hat. Sie sagte mir, daß sie nach ihm geschickt hätte, wenn sie kühn genug dazu gewesen wäre; ihr hübsches Gesicht gab alle Zeichen der heftigsten Leidenschaft zu erkennen. Dies dauerte noch den folgenden Tag an. Nach drei Tagen, als sich Findorff wie ein Esel benommen hatte, dachte sie nicht mehr daran. Einen Monat später war er ihr verhaßt.

JOHANN PETER UZ

Ein Traum

O Traum, der mich entzücket!
Was hab ich nicht erblicket!
Ich warf die müden Glieder
In einem Thale nieder,
Wo einen Teich, der silbern floß,
Ein schattiges Gebüsch umschloß.

Da sah ich durch die Sträuche
Mein Mädchen bey dem Teiche.
Das hatte sich, zum Baden,
Der Kleider meist entladen,
Bis auf ein untreu weiß Gewand,
Das keinem Lüftgen widerstand.

Der freye Busen lachte,
Den Jugend reizend machte.
Mein Blick blieb sehnend stehen
Bey diesen regen Höhen,
Wo Zephyr unter Lilien blies
Und sich die Wollust greifen ließ.

Sie fieng nun an, o Freuden!
Sich vollends auszukleiden;
Doch, ach! indems geschiehet,
Erwach ich und sie fliehet.
O schlief ich doch von neuem ein!
Nun wird sie wohl im Wasser seyn.

IBN HAZM AL ANDALUSI

Das Winken mit den Augen

Auf das Andeuten mit Worten folgt dann, wenn es zur Einwilligung und zur Übereinstimmung kommt, das Zuwinken mit Blicken. Es ist auf diesem Gebiet unschätzbar, und seine Wirksamkeit geht erstaunlich weit. Man bedient sich seiner, um Bande zu zerreißen und zu knüpfen, zu versprechen und zu drohen, um festzuhalten und zu gewähren, zu befehlen und zu verbieten, um Toren zu treffen und vor Spähern zu warnen, um Lachen auszulösen und in Trauer zu versetzen, um zu fragen und zu antworten, zu verweigern und zu schenken. Jeder einzelnen von diesen Ausdrucksabsichten ist eine bestimmte Art des Blickes eigen, deren Erklärung allein durch praktische Anschauung erfaßt werden kann. Nur das wenigste davon kann man darstellen und beschreiben. So will ich denn diejenigen von diesen Ausdrucksformen beschreiben, die sich leicht schildern lassen.

Ein Zeichen mit dem äußeren Winkel *eines* Auges bedeutet das Verbieten einer bestimmten Sache, während ein sanfter Blick Einwilligung verrät. Das Verweilenlassen des Blickes auf einer Stelle ist ein Zeichen von Schmerz und Traurigkeit, Blinzeln hingegen ein Beweis von Freude. Zeigen, daß man die Augen schließt, bedeutet Drohung, und wenn man den Augapfel nach irgendeiner Seite wendet und ihn dann schnell wieder fortkehrt, dann macht man damit auf das aufmerksam, worauf man hingewiesen hat. Ein heimlicher Wink mit den äußeren Winkeln *beider* Augen ist eine Frage. Wendet man die Pupille schnell von der Mitte des Auges zum inneren Augenwinkel, so bedeutet dies Verweigern, und bewegt man beide Pupillen in der Mitte der Augen hin und her, so ist das Ausdruck eines allgemeinen Verbots. Alles übrige dieser Art ist nur durch eigene Anschauung erfaßbar.

Wisse, daß das Auge Boten ersetzt und daß man mittels seiner die Wünsche anderer wahrnimmt. Die vier anderen Sinne sind Tore zum Herzen und Durchgänge zur Seele. Das Auge aber ist von allen Sinnen am wirksamsten und sichersten in seinen Hinweisen und am vollkommensten in seiner Tätigkeit. Es ist der ehrliche Vorläufer der Seele, ihr rechtleitender Führer und ihr glänzender Spiegel, mittels dessen sie die Wesenheit der Dinge klar erfaßt, die Eigenschaften in sich aufnimmt und die Wahrnehmungen versteht. Es heißt: ›Wer nur unterrichtet worden ist, ist nicht wie der, der mit eigenen Augen gesehen hat.‹

JOHANN WOLFGANG GOETHE

Vollmondnacht

Herrin, sag', was heißt das Flüstern?
Was bewegt dir leis die Lippen?
Lispelst immer vor dich hin,
Lieblicher als Weines Nippen!
Denkst du deinen Mundgeschwistern
Noch ein Pärchen herzuziehn?

»Ich will küssen! Küssen! sagt' ich.«

Schau! Im zweifelhaften Dunkel
Glühen blühend alle Zweige,
Nieder spielet Stern auf Stern;
Und smaragden durchs Gesträuche
Tausendfältiger Karfunkel;
Doch dein Geist ist allem fern.

»Ich will küssen! Küssen! sagt' ich.«

Dein Geliebter, fern, erprobet
Gleicherweis' im Sauersüßen,
Fühlt ein unglücksel'ges Glück.
Euch im Vollmond zu begrüßen,
Habt ihr heilig angelobet,
Dieses ist der Augenblick.

»Ich will küssen! Küssen! sag' ich.«

RING LARDNER

Lächeln konnte sie

An der belebten Kreuzung Fünfte Avenue und Sechsundvierzigste Straße stand letzten Sommer ein Verkehrspolizist, bei dem man das Gefühl hatte, er sei mit seinem Posten eigentlich nicht unzufrieden. Andern Verkehrspolizisten macht es offenbar Freude, einen mit Schmähungen zu überhäufen – eine sadistische Gemütsverfassung, die davon herrührt, daß sie schlechtem Wetter und noch schlechteren Fahrern ausgesetzt sind, und vielleicht auch brutalen Gattinnen. Ben Collins jedoch schien die Sache Spaß zu machen, ob er einen nun schalt oder nicht; sein breites, sommersprossiges Gesicht strahlte vor Gemütlichkeit und wollte sich auch unter den widrigsten Verhältnissen nie umwölken.

Man lebte auf, wenn man ihn nur anschaute. Es war ein Vergnügen, ihn reden zu hören. Was er sagte, war vielleicht nicht immer so witzig; es war die Art, wie er es sagte.

Ben war rund dreißig Jahre alt, einsneunzig groß und wog achtundneunzig Kilo. Das trifft auf ungefähr vier Fünftel aller Verkehrspolizisten zwischen der Zweiunddreißigsten Straße und dem Zentralpark zu. Aber Ben zeichnete sich vor den andern durch seine unverwüstliche gute Laune aus und durch etwas, das man wohl seine verblümte Ausdrucksweise nennen muß.

In Fällen, wo jeder andere sich begnügte mit dem üblichen »He! Hier haben Sie nichts zu suchen!« oder »Wo zum Teufel wollen Sie denn hin?«, machte Ben das viel feiner.

»Wie geht's, Barney?« sagte er zum Beispiel zu einem, den er angehalten hatte.

»Ich heiße nicht Barney.«

»Ach, Verzeihung. So wie Sie drauflosrasten, dachte ich, Sie seien Barney Oldfield.«

(›Barney Oldfields Wettrennen mit dem Tode‹ war damals ein bekannter Film.)

Oder er sagte: »Sie haben wohl das rote Licht nicht gesehen?«

»Nein.«

»Und die andern Wagen? Warum standen die alle still? Dachten Sie vielleicht, denen sei miteinander das Benzin ausgegangen?«

Oder: »Was sind Sie von Beruf?«

»Bauunternehmer.«

»Ein ehrenwerter Beruf, und wenn ich Sie wäre, würde ich mich dessen nicht schämen. Ich würde jedenfalls nicht so tun, als sei ich bei der Feuerwehr.«

Oder: »Wie gefällt Ihnen London?«

»Mir? Ich war noch gar nie dort.«

»Ich dachte nur, von dorther hätten Sie die Gewohnheit, auf der falschen Straßenseite zu fahren.«

Wenn man den Verkehr nicht ernsthaft gefährdete, kam man an Bens Straßenkreuzung meist mit einem solchen schiefen Verweis davon, der zudem auf eine so freundliche Art erteilt wurde, daß man beinahe froh war, einen Verstoß begangen zu haben.

Außer Dienst war er ›ein großer, gutmütiger Junge‹, immer bereit, mit Grace ins Kino zu gehen, oder zu den

Arnolds, um Karten zu spielen, oder auch zu Hause zu bleiben und nichts zu tun.

Und dann eines Vormittags im September kam ein funkelnagelneuer Sportwagen, ein Cadillac, blau mit gelben Zutaten, von Norden heruntergerast, unter völliger Mißachtung sämtlicher Vorschriften des gesunden Menschenverstandes und des Staates sowie der Stadt New York. Zuruf und Trillerpfeife an der Achtundvierzigsten und der Siebenundvierzigsten Straße vermochten ihn in seiner rasenden Fahrt nicht aufzuhalten. Ben stellte sich ihm mit seiner massigen Gestalt zuerst direkt in den Weg, so daß der Fahrer nur die Wahl hatte, die Geschwindigkeit herabzusetzen oder ihn zu überfahren, und sprang dann mit erstaunlicher Behendigkeit zur Seite und aufs Trittbrett und brachte so den Wagen halbwegs zwischen seinem Posten und der Fünfundvierzigsten Straße wohl oder übel zum Stehen.

Schon wollte er seinem Ärger in unmißverständlichen Worten Ausdruck geben, als ihm das Gesicht der Übeltäterin auffiel. Es war das hübscheste Gesicht, das er je gesehen hatte, mit einem höchst unverschämten, unangebrachten, unwiderstehlichen Lächeln, einem Lächeln, das einem alle andern Arten des Lächelns ein für allemal verleidete.

»Na –«, begann Ben stockend und faßte sich dann einigermaßen. »Wo ist Ihr Helm?« fragte er.

Sie gab keine Antwort, lächelte aber weiter.

»Wenn Sie bei der Feuerwehr sind«, sagte Ben, »dann sollten Sie einen Helm tragen und ein Abzeichen. Oder Ihren Wagen rot anstreichen und eine Sirene anschaffen.«

Immer noch keine Antwort.

»Vielleicht sehe ich aus wie ein Bobby. Vielleicht dachten Sie, Sie seien in London, wo man auf der linken Straßenseite fährt.«

»Sie sind geistreich«, sagte sie, und ihre Stimme war so berückend wie ihr Lächeln. »Den ganzen Vormittag könnte ich hier bleiben und Ihnen zuhören. Das heißt, ich könnte, aber es geht nicht. Ich habe eine Verabredung an der Achten Straße unten und bin jetzt schon verspätet. Und Sie haben sicher auch viel zu tun. Wir dürfen einander nicht länger aufhalten. Aber ich möchte gerne einmal alles hören, was Sie zu sagen haben.«

»Ach nein!«

»Wo wohnen Sie?«

»Zu Hause.«

»Nicht sehr höflich, wie? Ich dachte, Sie wohnen vielleicht in der Bronx –«

»Da wohne ich auch.«

»– und das liegt am Wege nach Rye, wo ich wohne, ich könnte Sie also mitnehmen.«

»Danke. Ich möchte lieber an Altersschwäche sterben.«

»Ach, ich fahre eigentlich nicht schlecht. Schnell vielleicht, aber doch vorsichtig. In Buffalo, wo wir vorher wohnten, wußten alle Polizisten, daß ich vorsichtig bin, und ließen mich meistens so schnell fahren, wie ich wollte.«

»Wir sind hier nicht in Buffalo. Auch ist das hier keine Rennbahn. Wenn Sie schnell fahren wollen, vermeiden Sie die Fünfte Avenue.«

Das schöne Kind sah ihm in die Augen. »Möchten Sie das?«

»Nein«, sagte Ben.

Sie lächelte ihn abermals an. »Wann haben Sie Feierabend?«

»Um vier.«

»Na also, vielleicht fahre ich einmal um diese Zeit nach Hause.«

»Ich habe Ihnen doch gesagt, ich denke noch nicht ans Sterben.«

»Ich würde ganz besonders vorsichtig fahren.«

Plötzlich merkte Ben, daß sich all das vor einer Menge gespannter Zuschauer abspielte und daß er zur Abwechslung einmal nicht der Star war.

»Zufahren!« sagte er in seinem schroffsten Ton. »Ich lasse Sie sausen, weil Sie hier fremd sind, aber das nächste Mal geht es nicht mehr so glimpflich ab.«

»Ich bin Ihnen sehr, sehr dankbar«, sagte das schöne Kind, »aber fremd, nein, das möchte ich nicht sein. Hoffentlich lassen Sie mich nicht mehr aus diesem Grunde sausen.«

Eine Bemerkung, begleitet von ihrem strahlenden Lächeln, die Ben Collins, bisher nur Badewannensänger, für den Rest der Arbeitszeit laut vor sich hinträllern ließ – muntere Melodien von einer Platte, die seine Frau abends zuvor immer wieder aufgelegt hatte.

Seine Ablösung, Tim Martin, stellte sich prompt um vier Uhr ein, aber Ben schien es nicht eilig zu haben, nach Hause zu kommen. Er tat, als höre er sich zwei neue Witze an, die Tim unterwegs aufgeschnappt hatte, einen von einem Schotten und gewissen Hotel-Handtüchern, und einen von zwei Hebräern in einem Nachtlokal. Er brachte es zwar fertig, an der richtigen Stelle zu lachen, aber seine Aufmerksamkeit galt dem nach Norden gehenden Verkehr, der ihn eigentlich nichts mehr anging.

Zwanzig Minuten nach vier verabschiedete er sich von Martin und schlenderte auf dem östlichen Gehsteig südwärts, bis zur Sechsunddreißigsten Straße, leider vergeblich. Meistens ließ er sich von einem in der gleichen Gegend wohnenden Automobilisten nach Hause fahren, doch jetzt war er zu spät dran und mußte seine Torheit büßen, indem ihm nichts anderes übrigblieb, als zur U-Bahn zu eilen.

›Dummkopf, der ich war‹, dachte er. ›Sie ist wohl absichtlich durch eine andere Straße gefahren, um mir aus dem Weg zu gehen. Oder vielleicht ist sie erst eingeschwenkt, nachdem ich an der betreffenden Ecke schon vorbei war. Ich hätte noch länger an der Vierundvierzigsten warten sollen. Möglicherweise hat ein anderer seine Pflicht getan und sie eingesperrt. Wenn sie ihn angelächelt hat, dann allerdings nicht.‹

Aber sie lächelte doch sicher nicht jeden an. Ihn hatte sie angelächelt, weil sie ihn sympathisch fand, weil sie ihn wirklich geistreich fand. Oder am Ende doch? War das ihre Masche? Sicher hatte sie damit auch seine Kollegen in Buffalo bearbeitet. ›Geistreich!‹ Ein feines Wort, auf einen menschlichen Wolkenkratzer angewandt. Sie hatte nur Spaß gemacht. Nein, doch nicht ganz. Er hatte ihr gefallen, wie schon vielen andern, und das, was er von der Feuerwehr und von London sagte, hatte sie vielleicht lustig gefunden.

Jedenfalls hatte er das wunderbarste Lächeln der Welt gesehen, und es wirkte noch in ihm nach, als er nach Hause kam, so sehr, daß er seine Frau mit einer Inbrunst küßte, die sie erstaunte.

Wenn Ben tagsüber Dienst hatte, unterhielt er Grace manchmal beim Abendessen mit lachhaften Erlebnissen, die er gehabt hatte. Manchmal waren die Geschichten zwar glattweg erfunden, was ihr nicht entging, aber wenn schon! Es waren Dinge, die sich hätten ereignen sollen, auch wenn das nicht der Fall gewesen war.

Bei dieser Gelegenheit nun brannte er darauf, ihr von der Schönen aus Rye zu erzählen, aber er hatte die Erfahrung gemacht, daß Grace für Geschichten von schönen Frauen nicht viel übrig hatte. So erzählte er ihr statt dessen, wie er schußlige Fahrer männlichen Geschlechts abgefertigt hatte, ohne sich genau an Tatsachen zu halten.

»Da kam einer in einem Buick, Modell 1922, und das Licht wechselte, und als es wieder grün wurde, dachte der, er sei im zweiten Gang, hatte aber den Rückwärtsgang drin, so daß er mit einem Straßenkreuzer aus Greenwich zusammenprallte. Diesem konnte er allerdings nichts anhaben, bloß er selbst war etwas verbeult. Aber die beiden hätten den Verkehr zehn Minuten lang aufgehalten, wenn ich nicht gekommen wäre.

Ich winkte den Buick an den Straßenrand 'rüber und sagte: ›Was soll das? Haben Sie Heimweh?‹ Er sagte natürlich, wieso Heimweh, und ich sagte: ›Sie hatten es so eilig, dorthin zurückzukommen, wo Sie herkamen, daß Sie nicht einmal Zeit hatten, zu wenden.‹

Dann suchte er mir zu erklären, wie es dazu gekommen sei, als ob ich das nicht gewußt hätte. Er sagte, er fahre zum erstenmal einen Buick und sei an den üblichen Gangwechsel gewöhnt.

Ich sagte: ›Schön und gut, aber hier ist keine Fahrschule. Wenn Sie üben wollen, dann am besten vier Straßen weiter unten, an der Zweiundvierzigsten. Dort finden Sie noch mehr Verkehr und doppelt so viele Fußgänger und Polizisten, und außerdem gibt es da auch noch die Straßenbahn, um rückwärts in sie hineinzufahren.‹

Ich sagte: ›In einer Einöde wie hier werden Sie nie was lernen.‹ Du hättest hören sollen, wie die Leute lachten.«

»Ich kann es mir denken«, meinte Grace.

»Dann war da ein Jordan und ein alter Krauter mit einem grauen Bart. Er wollte gerade vor Kaskels Laden parken. Es gehe nicht länger als eine halbe Stunde, meinte er. Ich sagte: ›Ach, das ist aber schade! Könnten Sie nicht das Wochenende hier verbringen?‹ Und dann sagte ich noch: ›Wenn Sie uns benachrichtigt hätten, wer weiß, vielleicht hätten wir ein Fest für Sie veranstaltet.‹ Darauf sagte er: ›Ich habe Lust, Beschwerde gegen Sie einzureichen wegen Frechheit.‹

So sagte ich denn: ›Wenn Sie das tun, Sie Lustknabe, dann laß ich Sie verhaften, weil Sie ohne Einwilligung Ihrer Eltern fahren.‹ Du hättest die Zuschauer hören sollen.«

»Die haben sicher gelacht«, meinte Grace.

Ben versank in ein langes, ungewohntes Schweigen.

»Woran denkst du denn?«

Unwillkürlich rückte er heraus damit. »Da war ein junges Ding in einem Cadillac.«

»Ach, sieh mal an. Was war mit ihr?«

»Nichts. Sie benahm sich, als ob die Avenue ihr gehöre, und ich sagte ihr meine Meinung.«

»Was hast du ihr gesagt?«

»Ich weiß nicht mehr.«

»War sie hübsch?«

»Ist mir nicht aufgefallen. Ich hatte eine Wut.«

»Du!«

»Sie hat mich fast überfahren.«

»Und du hast sie wahrscheinlich bloß angelächelt.«

»Nein, das Lächeln besorgte sie. Sie lächelte –« Er brach ab und stand vom Tisch auf. »Komm, Liebling, wir gehen ins Kino. Im Franklin ist Joe Frisco. Und ein Chaplinfilm.«

Ben sah den blauen Cadillac und seine Besitzerin diese Woche nicht wieder, gab sich aber bei seinen Verwarnungen alle Mühe, ihren Glauben, er sei ›geistreich‹, zu rechtfertigen. Als sie dann am folgenden Dienstag nachmittag plötzlich auftauchte, war er zu aufgeregt, um etwas zu sagen. Er schaute bloß hin und hätte die Gelegenheit, ihre bezaubernde Stimme zu hören, sicher verpaßt, wenn sie nicht von sich aus gehandelt hätte. Sie war in nördlicher Richtung unterwegs und hielt ein paar Meter nach seiner Kreuzung an und winkte ihm.

»Es ist vier Uhr durch«, sagte sie. »Kann ich Sie nicht nach Hause bringen?«

So ein Pech. Diese Woche hatte er Spätdienst.

»Ich habe meinen Dienst erst angetreten. Vor Mitternacht bin ich nicht frei.«

»Das ist gemein! Sie haben mir nicht gesagt, daß ein Wechsel bevorsteht.«

»Es wechselt jede Woche. Letzte Woche, acht bis vier. Diese Woche, vier bis zwölf.«

»Und nächste Woche acht bis vier?«

»Jawohl.«

»Dann muß ich eben warten.«

Er brachte kein Wort heraus.

»Nächsten Montag?«

Er gab sich einen Ruck. »Wenn Sie noch am Leben sind.«

Sie lächelte dieses Lächeln. »Ich werde am Leben sein«, versicherte sie. »Schließlich habe ich ein Motiv.«

Sie setzte ihre Fahrt fort, und Ben kehrte auf seinen Posten zurück, ganz wirblig im Kopf.

»Motiv, Motiv, Motiv«,

sagte er sich vor, um sich das Wort einzuprägen; aber als er um halb zwei nach Hause kam, konnte er es in dem kleinen Wörterbuch seiner Frau nicht finden.

Die längste Woche seit Menschengedenken ging zu Ende. Am Montag, etwas vor zwölf, sauste der Cadillac in südlicher Richtung an ihm vorbei, und er schnappte noch das Wort ›später‹ auf. Nach Feierabend, als Tim Martin eben dabei war, ihm den neusten Witz von zwei oder mehr Hebräern zu erzählen, wurde Ben plötzlich inne, daß sie gerade neben ihm angehalten hatte und den Verkehr behinderte, während sie auf ihn wartete.

Dann war er in ihrem Wagen, wo er sich dünn machen mußte, und lachte hellauf über Tims verdutzte Miene.

»Weshalb lachen Sie?«

»Ach, nichts. Aus Freude.«

»Freuen Sie sich, daß Sie frei sind?«

»Ja, heute.«

»Sonst nicht?«

»Meistens ist es mir gleich.«

»Das glaube ich nicht. Ich glaube, Sie tun Ihre Arbeit gern. Dabei ist sie doch sicher sehr anstrengend. Sie müssen mir davon erzählen, sobald wir aus diesem Schlamassel 'raus sind.«

Ein rotes Licht hielt sie an der Einundfünfzigsten Straße auf, und sie wandte sich nach ihm um.

»Nur gut, daß das Verdeck nicht zu ist«, sagte sie belustigt. »Sonst wäre es noch unbequemer für Sie.«

»Wenn ich mir einen Wagen anschaffe«, bemerkte er, »dann muß es ein Mack sein, und auch dann muß ich mir einen anstellen, der ihn fährt.«

»Warum nicht eine?«

»Frauen fahren unvernünftig.«

»Ich nicht. Haben wir den kleinsten Zusammenstoß gehabt?«

»Wir sind ihm mehrmals mit knapper Not entgangen. Sie fahren zu schnell und verlassen sich zu sehr auf Ihr Glück. Aber das wußte ich, bevor ich einstieg, ich kann deshalb nicht strampeln.«

»Dazu ist sowieso nicht Platz genug. Wollen Sie aussteigen?«

»Nein.«

»Könnten Sie wohl gar nicht. Wo wohnen Sie?«

»An der Hundertvierundsechzigsten.«

»Wie kommen Sie gewöhnlich hin?«

»So wie jetzt.«

»Und ich dachte, ich hätte Ihnen die lästige U-Bahn erspart. Ich hätte ja wissen können, daß es Ihnen nicht an Einladungen fehlt, wie?«

»Fast nie.«

»Man fragt Sie wohl alles mögliche?«

»Gewiß.«

»Schade. Ich wollte Sie auch allerhand fragen, und jetzt kann ich das nicht mehr.«

»Warum nicht?«

»Sie haben es sicher satt, Antwort zu geben.«

»Ich gebe nicht immer dieselbe Antwort.«

»Heißt das, daß Sie den Leuten Märchen erzählen, zum Spaß?«

»Manchmal.«

»Ach, großartig! Erzählen Sie mir auch welche. Ich stelle Ihnen Fragen, vermutlich dieselben Fragen, die jeder stellt, und Sie antworten nach Belieben. Wollen Sie?«

»Ich will's versuchen.«

»Also, Augenblick mal. Was soll ich Sie als erstes fragen? Ach ja, müssen Sie im Winter nicht furchtbar frieren?«

Er gab zur Antwort, was er einmal einer älteren Dame gesagt hatte, die offenbar fremd war in der Stadt und ihn an einem der belebtesten Tage mehr als zwanzig Minuten lang ins Verhör genommen hatte.

»Nein«, sagte er. »Wenn mir kühl ist, halte ich einen Wagen an und lehne mich gegen den Kühler.«

Die gegenwärtige Fragestellerin war freigebig mit ihrem Lachen.

»Wunderbar«, bemerkte sie. »Und wenn Sie an den Ohren frieren, dann halten Sie wohl einen anderen Wagen an und borgen sich die Haube aus.«

»Den muß ich mir merken.«

»Und als nächstes: Werden Sie je angefahren?«

»Ständig, aber nur gestreift. Überfahren werde ich eigentlich selten.«

»Bringt es Sie nicht fast um, den ganzen Tag auf den Beinen zu sein?«

»Nicht halb so schlimm, als wenn ich auf den Händen stehen müßte. Im Ernst, ich habe mich so daran gewöhnt, daß ich nachts in dieser Stellung schlafe.«

»Und die Auspuffgase, wird Ihnen nicht übel davon?«

»Früher ja, aber jetzt kann ich gar nicht mehr leben ohne. Ich wohne neben einer öffentlichen Garage, damit ich jederzeit hinüberlaufen und Auspuff tanken kann.«

»Wie groß sind Sie eigentlich?«

»Fast zwei Meter.«

»Na, so was!«

»Sie glauben es nicht, wie? Ich bin einsneunzig, aber wenn Frauen mich fragen, sage ich, was mir gerade in den Sinn kommt. Und die Antwort ist immer, ›du meine Güte!‹«

»Wer macht Ihnen mehr zu schaffen, die Frauen am Steuer oder die Männer?«

»Die Männer.«

»Wirklich?«

»Gewiß. Es gibt deren fünfzigmal soviel.«

»Werden Sie häufig ausgefragt?«

»Nein, Sie sind die erste.«

»Waren Sie mir böse, damals, weil ich Sie geistreich nannte?«

»Ihnen könnte ich nicht böse sein.«

Mehrere Block weit herrschte Schweigen. Sie fuhr wirklich schnell, und Ben wäre vielleicht ängstlicher gewesen, wenn er nach vorn geschaut hätte, aber sein Blick ruhte meistens auf ihrem Profil, das fast so reizend war wie ihr Lächeln.

»Wo sind wir denn schon?« rief sie, als sie sich der Fordham Road näherten. »Und dabei wohnen Sie an der Hundertvierundsechzigsten! Warum haben Sie nichts gesagt?«

»Ich hab es gar nicht gemerkt.«

»Nicht aussteigen. Ich fahre Sie zurück.«

»Nein, nein. Ich finde schon jemand, der mich mitnimmt. Es wohnt da einer in der Gegend, mit dem ich sprechen möchte.«

»Es war nett von Ihnen, es mit mir zu riskieren, ohne ängstlich zu tun. Fahren Sie wieder mal mit?«

»Wann immer Sie wollen.«

»Ich fahre einmal wöchentlich in die Stadt, um meine Schwester in Greenwich Village zu besuchen. Meistens am Montag.«

»Nächsten Montag habe ich Spätdienst.«

»Dann also am übernächsten Montag?«

»Das dauert aber lange.«

»Die Zeit vergeht. Das hat sie so an sich.«

Sie verging, aber so mühsam! Und als der Tag herankam, sah es so regnerisch aus, daß Ben befürchtete, sie könnte am Ende nicht kommen. Später, als der Regen einsetzte und die Gefahr auf den glitschigen Straßen sich verdreifachte, befürchtete er, sie könnte kommen. Vorsicht gehörte, wie er wußte, nicht zu ihren Eigenschaften, und wenn sie eine Verabredung mit ihrer Schwester hatte, konnte sie höchstens eine Überschwemmung davon abhalten.

Kurz vor der Mittagspause kam der Cadillac vorbei, in Richtung Süden. Das Verdeck war zu, und der Scheibenwischer pendelte hin und her.

Durch den Regen sah er sie lächeln und ihm kurz zuwinken. Der Verkehr war dicht und unberechenbar, und beide hatten sie gerade genug damit zu tun.

Es nieselte immer noch, als sie um vier Uhr wieder auftauchte und für ihn anhielt.

»Ist das nicht ein gräßlicher Tag?« sagte sie.

»Jetzt nicht mehr.«

Sie lächelte, und im Nu hatte er all den Ärger und die Ungemütlichkeit der vergangenen Stunden vergessen.

»Wenn wir das Verdeck zu lassen, kriegen Sie einen krummen Rücken, und wenn wir es aufmachen, werden wir klitschnaß.«

»Lassen Sie es zu. Es geht schon.«

»Macht es Ihnen etwas aus, wenn wir nicht viel reden? Es ist mir nicht ums Reden.«

Er enthielt sich der Antwort, und so wurde nichts gesprochen, bis sie beim Mount Morris Park nach Osten abschwenkten.

»Ihren Namen könnte ich ausfindig machen«, sagte sie, »indem ich mir Ihre Nummer merke und von jemand nachschlagen lasse. Sie können mir die Mühe ersparen, indem Sie ihn mir sagen.«

»Ich heiße Ben Collins. Und Ihren Namen könnte ich erfahren, indem ich Sie auffordere, mir Ihren Fahrausweis zu zeigen.«

»Um Himmels willen, nur das nicht! Ich habe gar keinen. Aber mein Name ist Edith Dole.«

»Edith Dole. Edith Dole«, sagte Ben.

»Gefällt er Ihnen?«

»Es ist ein hübscher Name.«

»Eine komische Zusammenstellung. Edith bedeutet Glück und Dole bedeutet Kummer.«

»Na ja«, meinte Ben, »Kummer werden Sie noch genug haben, wenn Sie ohne Ausweis fahren. Und überhaupt, wenn Sie so schnell fahren auf solchen Straßen. Bei der Schleudergefahr.«

Sie befanden sich im obern Teil der Madison Avenue, und die Verkehrsverhältnisse waren tückisch. Aber das war nicht der einzige Grund, warum er wollte, daß sie langsamer fahre.

Wiederum Schweigen, bis sie in seine Gegend kamen.

»Sind Sie eigentlich verheiratet?« fragte sie unvermittelt.

»Nein«, log er. »Und Sie?«

»Ich werde es bald sein.«

»Mit wem?«

»Mit einem aus Buffalo.«

»Das tönt nicht gerade begeistert.«

»Ich weiß nicht. Er will mich haben, und mein Vater will, daß er mich nimmt.«

»Werden Sie nach Buffalo ziehen?«

»Nein. Er zieht hierher, als Partner meines Vaters.«

»Und als der Ihre.«

»Ja. Herrje, da ist schon die Hundertvierundsechzigste. Ich darf Sie nicht darüber hinaus fahren, bei diesem Wetter. Glauben Sie, Sie kommen klar?«

Mit einiger Mühe brachte er es fertig.

»Die nächsten vierzehn Tage sehe ich Sie wohl nicht?«

»Leider«, sagte sie.

Er würgte die Worte hinunter, die ihm auf der Zunge schwebten. »Fräulein Dole«, sagte er, »hören Sie auf meinen Rat und schinden Sie keine Rekorde auf der Heimfahrt. Bummeln Sie gemütlich nach Hause, und Sie sind immer noch eine Stunde vor dem Abendessen dort. Nicht? Um Ihres Bräutigams willen.«

»Ja.«

»Und auch um meinetwillen.«

Ach, was für ein unvergeßliches Lächeln!

›Nur schön langsam nach Hause‹, sagte er sich selber, damit er sich beruhigen konnte, bevor er Grace gegenübertrat. Warum hatte er behauptet, er sei nicht verheiratet? Was lag ihr schon daran.

Zu Hause wurde er mit strengen Anweisungen begrüßt. »Nimm sofort ein heißes Bad! Und behalte nachher den Bademantel an! Heute gehen wir nicht aus.«

Sie war mit Mary Arnold in Mount Vernon bei einer Bridgepartie gewesen. Auf dem Heimweg waren sie tropfnaß geworden. Während des ganzen Abendessens erzählte sie davon, Gott sei Dank.

Nach dem Essen versuchte er zu lesen, kam aber nicht weit. Eine Zeitlang hörte er sich die Platte an, von der seine Frau nicht genug bekommen konnte. Schließlich ging er zu Bett, um womöglich zu schlafen und zu träumen, womöglich die nächsten vierzehn Tage zu verschlafen.

Er war früh wieder auf, früh genug, um vor dem Frühstück einen Blick in die Zeitung werfen zu können. ›FRAU AM STEUER TÖDLICH VERUNGLÜCKT‹. Es flimmerte ihm vor den Augen, als er las: ›Edith Dole, zweiundzwanzig, aus Rye, fand augenblicklich den Tod, als der Wagen, den sie steuerte, ins Schleudern kam und gestern nachmittag kurz nach vier Uhr dreißig an der Kreuzung Fordham Road und Webster Avenue mit einer Straßenbahn zusammenprallte.‹

»Grace«, sagte er in einem fremdartigen Ton, »ich hab das vergessen. Ich muß heute um sieben Uhr antreten. Eine Art Inspektion.«

Draußen auf der Straße, als er allein war, sprach er laut vor sich hin, zum erstenmal seit Kindestagen.

»Es kann mir unmöglich so schlimm zumute sein, wie mir vorkommt. Ich habe sie ja nur vier- oder fünfmal gesehen. So schlimm kann das für mich nicht sein.«

Und dann, an einem Nachmittag zwei oder drei Wochen später, geschah es, daß einer namens Hughes, aus White Plains, der einen Studebaker fuhr, bei der Sechsundvierzigsten Straße nicht richtig einspurte und schroff angewiesen wurde, am Straßenrand zu halten.

»Sie haben's wohl eilig?« fragte der grimmig aussehende Verkehrspolizist. »Wo zum Teufel wollen Sie denn hin? Was fällt Ihnen eigentlich ein, Sie So-und-so!«

»Ich hab nicht richtig aufgepaßt. Entschuldigen Sie«, sagte Hughes. »Wenn Sie es mir durchlassen, nehme ich Sie auf der Rückfahrt mit und bringe Sie nach Hause. Wissen Sie noch, ich brachte Sie doch letzten Monat einmal nach Hause. Wissen Sie noch? Das heißt, es war einer, der so aussah wie Sie. Ich meine, er sah Ihnen ähnlich. Ich sehe jetzt, das waren nicht Sie. Es war ein ganz anderer.«

PAUL FLEMING

Wie er wolle geküsset sein

Nirgends hin als auf den Mund:
da sinkts in des Herzen Grund;
nicht zu frei, nicht zu gezwungen,
nicht mit gar zu fauler Zungen.

Nicht zu wenig, nicht zu viel:
beides wird sonst Kinderspiel.
Nicht zu laut und nicht zu leise:
bei der Maß' ist rechte Weise.

Nicht zu nahe, nicht zu weit:
diß macht Kummer, jenes Leid.
Nicht zu trucken, nicht zu feuchte,
wie Adonis Venus reichte.

Nicht zu harte, nicht zu weich,
bald zugleich, bald nicht zugleich.
Nicht zu langsam, nicht zu schnelle,
nicht ohn' Unterscheid der Stelle.

Halb gebissen, halb gehaucht,
halb die Lippen eingetaucht,
nicht ohn' Unterscheid der Zeiten,
mehr alleine denn bei Leuten.

Küsse nun ein Jederman,
wie er weiß, will, soll und kan!
Ich nur und die Liebste wissen,
wie wir uns recht sollen küssen.

HEINRICH VON KLEIST

Rätsel

Ein junger Doktor der Rechte und eine Stiftsdame, von denen kein Mensch wußte, daß sie mit einander in Verhältnis standen, befanden sich einst bei dem Kommandanten der Stadt, in einer zahlreichen und ansehnlichen Gesellschaft. Die Dame, jung und schön, trug, wie es zu derselben Zeit Mode war, ein kleines schwarzes Schönpflästerchen im Gesicht, und zwar dicht über der Lippe, auf der rechten Seite des Mundes. Irgend ein Zufall veranlaßte, daß die Gesellschaft sich auf einem Augenblick aus dem Zimmer entfernte, dergestalt, daß nur der Doktor und die besagte Dame darin zurückblieben. Als die Gesellschaft zurückkehrte, fand sich, zum allgemeinen Befremden derselben, daß der Doktor das Schönpflästerchen im Gesicht trug; und zwar gleichfalls über der Lippe, aber auf der linken Seite des Mundes. –

(Die Auflösung im folgenden Stück)

JOACHIM RINGELNATZ

Ich habe dich so lieb

Ich habe dich so lieb!
Ich würde dir ohne Bedenken
Eine Kachel aus meinem Ofen
Schenken.

Ich habe dir nichts getan.
Nun ist mir traurig zu Mut.
An den Hängen der Eisenbahn
Leuchtet der Ginster so gut.

Vorbei – verjährt –
Doch nimmer vergessen.
Ich reise.
Alles, was lange währt,
Ist leise.

Die Zeit entstellt
Alle Lebewesen.
Ein Hund bellt.
Er kann nicht lesen.
Er kann nicht schreiben.
Wir können nicht bleiben.

Ich lache.
Die Löcher sind die Hauptsache
An einem Sieb.

Ich habe dich so lieb.

GOTTFRIED KELLER

Brief an Luise Rieter

Verehrtes Fräulein Rieter!

Erschrecken Sie nicht, daß ich Ihnen einen Brief schreibe und sogar einen Liebesbrief, verzeihen Sie mir die unordentliche und unanständige Form desselben, denn ich bin gegenwärtig in einer solchen Verwirrung, daß ich unmöglich einen wohlgesetzten Brief machen kann, und ich muß schreiben, wie ich ungefähr sprechen würde. Ich bin noch gar nichts und muß erst werden, was ich werden will, und bin dazu ein unansehnlicher armer Bursche, also habe ich keine Berechtigung, mein Herz einer so schönen und ausgezeichneten jungen Dame anzutragen, wie Sie sind, aber wenn ich einst denken müßte, daß Sie mir doch ernstlich gut gewesen wären und ich hätte nichts gesagt, so wäre das ein sehr großes Unglück für mich, und ich könnte es nicht wohl ertragen. Ich bin es also mir selbst schuldig, daß ich diesem Zustande ein Ende mache, denn denken Sie einmal, diese ganze Woche bin ich wegen Ihnen in den Wirtshäusern herumgestrichen, weil es mir angst und bang ist, wenn ich allein bin. Wollen Sie so gütig sein und mir mit zwei Worten, ehe Sie verreisen, in einem Billett sagen, ob Sie mir gut sind oder nicht? Nur damit ich etwas weiß; aber um Gotteswillen bedenken Sie sich nicht etwa, ob Sie es vielleicht werden könnten? Nein, wenn Sie mich nicht schon entschieden lieben, so sprechen Sie nur ein ganz fröhliches Nein aus und machen Sie sich herzlich lustig über mich; denn Ihnen nehme ich nichts übel, und es ist keine Schande für mich, daß ich Sie liebe, wie ich es tue. Ich kann Ihnen schon sagen, ich bin sehr leidenschaftlich zu dieser Zeit und weiß gar nicht, woher alle das Zeug, das mir durch den Kopf geht, in mich hinein kommt. Sie sind das allererste Mädchen, dem ich meine Liebe erkläre, obgleich mir schon mehrere eingeleuchtet haben, und wenn Sie mir nicht so freundlich begegnet wären, so hätte ich mir vielleicht auch nichts zu sagen getraut. Ich bin sehr gespannt auf Ihre Antwort, ich müßte mich sehr über mich selbst verwundern, wenn ich über Nacht zu einer so holdseligen Geliebten gelangen würde. Aber genieren Sie sich ja nicht, mir ein recht rundes, grobes Nein in den Briefeinwurf zu tun, wenn Sie nichts für mich sein können, denn ich will mir nachher schon aus der Patsche helfen. Es ist mir in diesem Augenblick schon etwas leichter geworden, da ich direkt an Sie schreibe und ich weiß, daß Sie in einigen Stunden dieses Papier in Ihren lieben Händen halten. Ich möchte Ihnen so viel Gutes und Schönes sagen, daß ich jetzt gleich ein ganzes Buch schreiben könnte; aber freilich, wenn ich vor Ihren Augen stehe, so werde ich wieder der alte unbeholfene Narr sein, und ich werde Ihnen nichts zu sagen wissen. – Soeben fällt es mir ein, daß man mir vorwerfen könnte: ich hätte wegen einiger scherzhaften Beziehungen und mir erwiesener Freundlichkeit nicht gleich an ein solches Verhältnis zu denken gebraucht; aber ich habe lange genug nichts gesagt und einen traurigen und müßigen Sommer verlebt, und ich muß endlich wieder in mich selbst zurückkehren. Wenn mich eine Sache ergreift, so gebe ich ihr mich ganz und rücksichtslos hin, und ich bin kein Freund von den neumodischen Halbheiten. Aber ich muß schließen. Nocheinmal bitte ich Sie, verehrtes Fräulein, sich nicht an der Verworrenheit dieses Briefes zu stoßen, es ist gewiß nicht Mangel an Dezenz oder Respekt, sondern nur mein Gemütszustand. Im glücklichen Falle werde ich dann schon einen vernünftigen und klaren Brief schreiben, denn ich bin eigentlich sonst ganz vernünftig. Wollen Sie also die Güte haben, ein Zettelchen mit zwei Worten in den Briefeinwurf zu tun und das so bald als möglich; denn, wie gesagt, *ohne sich im mindesten zu bedenken*, wenn Sie ungewiß zu sein glauben, das Zukünftige wird sich dann schon geben. Leben Sie wohl und grüßen Sie die verehrte Frau Orelli von mir, und halten Sie einem armen Poeten etwas zu gut. Ihr ergebener Gottfr. Keller

Hottingen im Oktober 1847

KURT SCHWITTERS

An Anna Blume

Oh Du, Geliebte meiner 27 Sinne, ich liebe Dir!
Du, Deiner, Dich, Dir, ich Dir, Du mir, ---- wir?
Das gehört beiläufig nicht hierher!

Wer bist Du, ungezähltes Frauenzimmer, Du bist,
bist Du?
Die Leute sagen, Du wärest,
Laß sie sagen, sie wissen nicht, wie der Kirchturm steht.

Du trägst den Hut auf Deinen Füßen und wanderst auf
die Hände,
Auf den Händen wanderst Du.

Halloh, Deine roten Kleider, in weiße Falten zersägt,
Rot liebe ich Anna Blume, rot liebe ich Dir.
Du, Deiner, Dich, Dir, ich Dir, Du mir, ----- wir?
Das gehört beiläufig in die kalte Glut!
Anna Blume, rote Anna Blume, wie sagen die Leute?

Preisfrage:

1.) Anna Blume hat ein Vogel,
2.) Anna Blume ist rot.
3.) Welche Farbe hat der Vogel.

Blau ist die Farbe Deines gelben Haares,
Rot ist die Farbe Deines grünen Vogels.

Du schlichtes Mädchen im Alltagskleid,
Du liebes grünes Tier, ich liebe Dir!
Du Deiner Dich Dir, ich Dir, Du mir, ---- wir!
Das gehört beiläufig in die --- Glutenkiste.

Anna Blume, Anna, A ---- N ---- N ---- A!
Ich träufle Deinen Namen.
Dein Name tropft wie weiches Rindertalg.
Weißt Du es Anna, weißt Du es schon,
Man kann Dich auch von hinten lesen.
Und Du, Du Herrlichste von allen,
Du bist von hinten, wie von vorne:
A ------ N ------ N ------ A.
Rindertalg träufelt STREICHELN über meinen Rücken.
Anna Blume,
Du tropfes Tier,
Ich ------- liebe ------- Dir!

Es ist alles beschert Ding

FRANK WEDEKIND

Ilse

Ich war ein Kind von fünfzehn Jahren,
Ein reines unschuldsvolles Kind,
Als ich zum erstenmal erfahren,
Wie süß der Liebe Freuden sind.

Er nahm mich um den Leib und lachte
Und flüsterte: O welch ein Glück!
Und dabei bog er sachte, sachte
Den Kopf mir auf das Pfühl zurück.

Seit jenem Tag lieb' ich sie alle,
Des Lebens schönster Lenz ist mein;
Und wenn ich keinem mehr gefalle,
Dann will ich gern begraben sein.

JAROSLAV HAŠEK

Die Verlobung meiner Schwester

Mein Vater ist höherer Staatsbeamte und heißt Alt. Meine Schwester heißt Matilde. Sie hat auch einen Staatsbeamten geheiratet. Er heißt Handschlag.

Zuerst ist meine Schwester mit einem gewissen Herrn von der Statthalterei herumgegangen. Der Vater hat dafür gesorgt, daß dieser Herr avanciert ist. Wie er avanciert war, haben Mama und Matilde geweint, weil der Herr dann aufgehört hat mit Matilde herumzugehen.

Danach ist irgendein Professor zu uns gegangen. Der hat mit den Händen in einem fort So-und-so gemacht, und nach jedem zweiten Wort hat er gesagt: »Streng genommen.« Einmal hat er mir einen Globus gebracht, und wie er dann aufgehört hat zu uns zu gehen, hat er sich ihn wieder abholen lassen.

Nach dem Professor ist Matilde mit einem Ingenieur vom Landesausschuß herumgegangen. Der hat die Gewohnheit gehabt, sich ununterbrochen zu streiten und zu sagen: »Das Interesse des Landes verlangt es so.« Matilde hat ihn sehr lieb gehabt und hat eine Woche lang geweint, wie ihn Papa herausgeworfen hat, weil er gewollt hat, daß das Geld im Land bleibt und nicht nach Wien geschickt wird.

Darauf hat der Vater einen Beamten aus seinem Bezirk zu uns gebracht. Das war so ein stiller Mensch. Mit dem haben sie bis tief in die Nacht von Staatsangelegenheiten geredet.

Matilde hat gestickt, und Papa und dieser Herr haben von Politik geredet und Wasser getrunken.

Matilde hat den stillen Herrn sehr lieb gehabt. Dann hat sich herausgestellt, daß der stille Herr drei Kinder in Mähren hat. Er ist nie mehr gekommen, und Papa hat gesagt, daß man ihn versetzt hat.

Ein halbes Jahr ist niemand zu uns gegangen. Matilde ist, ohne daß es zu Haus jemand gewußt hat, mit einem Offizier herumgegangen. Dann ist Papa draufgekommen und hat auf sie eingeredet, bis sie rot geworden ist. Dann haben wir alle geweint, weil Papa gesagt hat: »Die Schande, die Schande!«

Gleich am nächsten Tag hat Papa irgendeinen mageren Menschen mitgebracht, und das ist eben dieser Handschlag. Wie er weggegangen ist, hat Papa gesagt, daß er ein sehr begabter Mensch ist. Nach jedem Wort hat er gesagt: »Küß die Hand, gnädige Frau Rat!« und zu Papa hat er gesagt: »Verehrter Herr Rat!« Papa ist sein Vorgesetzter. Am dritten Tag ist er wiedergekommen und war fortwährend so ehrerbietig, unaufhörlich hat er gesagt »mit Verlaub« und »gnädige Frau« und hat die Hände geküßt. Er war bei uns zum Nachtmahl, zu allem, was Papa gesagt hat, hat er mit dem Kopf genickt, jeden Bissen hat er ehrerbietig geschluckt und leise gekaut, wobei er gesagt hat: »Es ist, mit Verlaub, ausgezeichnet!« Er hat auch gesagt: »Wie Sie zu befehlen belieben, Herr Chef!«

Wie er weggegangen ist, hat man mir gesagt, daß ich schlafen gehen soll, und hat im Speisezimmer beraten. Ich hab hinter der Tür gehorcht und hab gehört, wie Papa gesagt hat: »Du wirst ihn auf Grund meines väterlichen Befehls heiraten und er dich auf Grund seiner

Amtspflicht!« Dann hab ich gehört, wie Matilde gesagt hat, daß er ein Trottel ist. Mama hat geseufzt und hat gesagt, daß sie ihn vorher nicht lieb haben muß, daß sie Papa als Ledige auch nicht lieb gehabt hat, erst nach der Hochzeit, nach fünf Jahren, aber daß sie diesen Dummkopf nicht merken lassen darf, daß er ein Trottel ist und daß sie ihn nicht lieb hat.

Matilde hat gejammert, daß sie lieber in die Gebäranstalt gehen wird als jemanden zu heiraten, den sie nicht lieb hat. Mama hat es ihr aber ausgeredet, weil es heute keine geheime Abteilung mehr gibt.

Dann hat Papa Matilde ein Armband versprochen, eine Brillantbrosche und noch andere Sachen. Matilde hat gesagt, daß sie sich ihn also nehmen wird, damit es keine Schande in der Familie gibt. Dann haben Papa und Mama sie geküßt und haben gesagt: »Das ist unsere brave Matilde.«

Darauf hab ich gehört, wie sie von Handschlag gesprochen haben. Papa hat gesagt, daß er diesen Trottel befördern wird, aber erst nach der Hochzeit, damit er nicht weglaufen oder sich herausdrehen kann. Er ist blöd, aber sonst ein tüchtiger Beamter, dem die Amtspflicht heilig ist.

»Ob er sie nur nimmt«, hat Mama gesagt.

»Ich werde es ihm als Chef befehlen«, hat Papa gesagt, »und ihm alles sagen.«

Als Herr Handschlag am nächsten Tag kam, benahm er sich sehr schüchtern und schaute fortwährend auf Matilde. Matilde haben sie vorher gesagt, daß sie ihn sehr anlachen und viel mit ihm reden soll. Sie hat gefolgt, und er hat fortwährend leise gesagt: »Ja, gnädiges Fräulein.« Dann hat man Wein gebracht, er hat einen Schluck gemacht und gesagt: »Mit Verlaub, Herr Chef«, und hat angefangen, von amtlichen Angelegenheiten zu reden. An diesem Tag haben sie nichts über ihn geredet, wie er weggegangen ist.

Am nächsten Tag hat Papa im Zimmer gesagt, wie er gemeint hat, daß ich es nicht hör: »Heute kommt mein Beamter um deine Hand anhalten, Matilde, steck dir eine Rose an die Bluse!« Das Dienstmädchen ist eine kaufen gegangen, und Mama hat sich geärgert, weil sie eine Rose für dreißig Kreuzer gekauft hat und eine für fünfzehn auch genügt hätte. Dann haben sie Matilde parfümiert. Mit dem Parfüm, das übriggeblieben ist, hab ich unsern Hund angestrichen.

Herr Handschlag kam im schwarzen Anzug und in weißen Handschuhen. Er war noch blässer und magerer als gestern. Wie er sich setzte, hat er wieder von amtlichen Angelegenheiten gesprochen. Mama brachte Likör und hat ihm drei Gläschen eingegossen. Wie sie ihm das vierte eingegossen hat, hat er gesagt: »Das genügt, gnädige Frau«, und zu Papa hat er gesagt: »Ich möchte um eine private Unterredung bitten, Herr Chef.«

Papa hat mir mit dem Finger die Tür gezeigt, dann ist Mama zu Matilde gegangen, die nebenan im Zimmer gegähnt und gesagt hat: »Der Schöps macht hübsch lange mit dem Heiraten!« Mama hat Matilde noch mit Puder überstrichen, und da hat man Papa schon rufen gehört: »Matilde!«

Ich habe mich zur Tür gestellt und hab gehört, wie Papa gesagt hat: »Teuere Matilde, hier der Herr Handschlag hat bei mir um deine Hand angehalten. Ich hab nichts dagegen, aber die Hauptperson bist du. Was sagst du dazu?«

Ich hab gehört, wie Matilde geweint hat und gesagt hat: »Ja, ja!« Dann hab ich: »Mama!« rufen gehört. Mama kam herbeigelaufen und hat gesagt: »Kinder, ich hab's euch gleich angesehen. Wie hübsch ihr zusammen paßt!« Dann haben sie: »Pepperl!« gerufen. Ich bin gekommen, und da haben sie mir gesagt, daß Herr Handschlag Matilde heiraten wird. Mama hat mich gefragt, ob ich ihn lieb haben werde. Ich konnte nicht sagen, daß nicht, und er hat mich gepackt, hat mich geküßt und geschrien: »Das Pepperl vom Herrn Chef.« Von da an hat er zu Papa gesagt: »Belieben zu befehlen, Herr Chef und Papa«, und zu Mama: »Küß' die Hand, gnädige Frau und Mama!«

Wie er weggegangen ist, hat er dem Dienstmädchen im Vorzimmer einen Gulden gegeben, und mir hat er eine Krone gegeben und hat gesagt: »Da hat er, Pepperl vom Herrn Chef!«

Am folgenden Tag hat Herr Handschlag einen Ring gebracht, und wie der Wein gekommen ist, hat er das Glas erhoben und gesagt: »Auf unsere glückliche Ehe, mit Verlaub, Herr Chef und Papa und gnädige Frau und Mama!«

»Seid glücklich, Kinder!« sagte die Mutter und hat geweint. Wie ihn Matilde später ins Vorzimmer begleitet hat, hat man mich aus dem Zimmer gejagt, und Mama hat zu Papa gesagt: »Matilde wird im November niederkommen, das ist in zwei Monaten.«

»In einem Monat wird die Hochzeit sein«, hat Papa darauf gesagt, »und dann werden wir ihm erst das Dekret geben, daß er befördert wurde – –.«

Dann ist Matilde gekommen und hat gesagt, daß der Trottel einen Kuß von ihr haben wollte.

»Ist das eine Frechheit!« sagte Mama.

»Aber er ist ein tüchtiger Beamter«, antwortete Papa.

Ein Jüngling liebt ein Mädchen,
Die hat einen andern erwählt;
Der andre liebt eine andre,
Und hat sich mit dieser vermählt.

Das Mädchen heiratet aus Ärger
Den ersten besten Mann,
Der ihr in den Weg gelaufen;
Der Jüngling ist übel dran.

Es ist eine alte Geschichte,
Doch bleibt sie immer neu;
Und wem sie just passieret,
Dem bricht das Herz entzwei.

Die Verlobung

Zu Anfang der zwanziger Jahre unseres Jahrhunderts wurde die jüngere Tochter eines vermöglichen Landwirts – der früher in diplomatischen Diensten gestanden hatte und den man deshalb immer noch den »Legationsrat« nannte – mit einem Herrn Seidenstüker, Sohn eines Hofrats, versprochen. Die Verlobung fand im Hause der Braut statt, und von den benachbarten Gütern, doch auch von weiterher aus den Städten waren zahlreiche Gäste gekommen, unter anderen eine entfernte Verwandte des Hauses, die, jung und hübsch, Witwe nach einem Freiherrn war, deshalb kurz »die Baronin« genannt, sowie ein Freund des Legationsrats, der Jägermeister von T., ein Mann in den besten Jahren.

Auf Maximiliane, des Legationsrats ältere Tochter, hatte der Jägermeister schon seit einiger Zeit Eindruck gemacht. Doch lag es in seiner zurückhaltenden, ja umständlichen Art, daß er seinen Vorteil nicht wahrzunehmen wußte. Aber während der Verlobungsfeier Fionas, der jüngeren Tochter, insbesondere jedoch aus dem Anlaß des anschließenden Hausballes kamen Maximiliane und der Jägermeister einander so nahe, daß er, für den Fall eines nächtlichen Besuches in ihrem Schlafzimmer, damit rechnen konnte, die Türe nicht unbedingt verschlossen zu finden... Denn anders – so gestand Maximiliane später – hätte sie den Unentschlossenen wohl schwerlich um seine Zurückhaltung zu bringen vermocht.

Die Gäste verließen das Fest kurz nach Mitternacht, und auch was im Hause übernachtete, hatte sich alsbald zurückgezogen – mit Ausnahme des Legationsrates, des Hofrates und seines Sohnes, welche beschlossen, noch einige Zeit aufzubleiben und ein paar Gläser Weines zu trinken; und sie schickten den Bedienten auch zum Jägermeister und ließen ihn fragen, ob er nicht an ihrer Geselligkeit teilnehmen wolle.

Der Bediente machte sich auf den Weg in des Jägermeisters Schlafzimmer, fand es jedoch leer. Er erriet unschwer ein Abenteuer des Gastes. Weil er sich von diesem aber anderntags ein Trinkgeld zu verdienen hoffte, so berichtete er seinem Herrn nicht, daß er den Jägermeister überhaupt nicht vorgefunden habe; sondern er meldete diskreterweise, jener lasse sich, leichter Kopfschmerzen halber, entschuldigen.

Wenig später gingen auch die Seidenstükers zu Bette; und nun hoffte der Bediente sich auch bei seinem Herrn ein Blatt einzulegen, indem er ihm gestand: der Jägermeister sei garnicht auf seinem Zimmer gewesen.

Der Legationsrat war von dieser Meldung nicht ganz angenehm berührt. Doch schien sich, anderntags nach dem Frühstück, alles in Wohlgefallen lösen zu wollen, als der Jägermeister bei dem Legationsrat um Maximiliane anhielt.

Der Legationsrat erwiderte, daß nichts ihm angenehmer sei als der Entschluß des Jägermeisters; und nur nebenher fragte er, ob der Jägermeister denn auch schon mit Maximiliane gesprochen habe. – Nicht eben, entgegnete der Bewerber; doch sei er der Zustimmung Maximilianens gewiß. – Nun, sprach der Legationsrat, auf alle Fälle solle man sie herbeiholen.

Sie erschien denn auch alsbald, und des Jägermeisters Antrag ward ihr mitgeteilt. Ob sie ihn also zum Mann nehmen wolle? – Nein, sagte sie zu ihres Vaters großem Erstaunen, und der Jägermeister meinte, überhaupt in den Boden sinken zu müssen. Eine Zeitlang sprach, oder vielmehr stritt das junge Paar in Redewendungen, die besonders von Seiten des Jägermeisters den Eindruck ungemeiner Verschleiertheit und Gewundenheit machten, hin und her, danach zog sich der Legationsrat, achselzuckend und mit dem Ausdrucke des Bedauerns, zurück.

Kaum mit Maximiliane alleingeblieben, verlangte der Jägermeister, immer noch völlig fassungslos, von ihr zu wissen, warum sie seine Werbung ausgeschlagen, nachdem sie ihn doch nachts in ihrem Zimmer erwartet habe. – Erwartet schon, erwiderte sie. Doch sei er nicht gekommen. – Wie? rief er. Nicht gekommen? – Nein. – Aber er sei doch, stammelte er, nachts dagewesen! – Vielleicht, im Dunkeln, bei jemand anders, entgegnete sie kalt. Bei ihr, jedenfalls, nicht. Und damit verließ sie das Zimmer.

Nach einigen weiteren Augenblicken völliger Verstörtheit sah der Jägermeister ein, daß ihm keine andre Möglichkeit bleibe, als das Haus, in welchem ihm derartiges widerfahren war, sogleich zu verlassen. Er meldete also seine Abreise an; und inzwischen besprach der Legationsrat mit den Seidenstükers das abstruse Ereignis. Auch der Bediente ward nochmals verhört. Es schien klar: der Jägermeister hatte nachts ein Abenteuer gehabt, offenbar aber *nicht* mit Maximilianen.

Man stand im Begriffe, die Angelegenheit, unerforscht, auf sich beruhen zu lassen, als dem jungen Seidenstüker ein Verdacht aufstieg, der ihn aufs äußerste beunruhigte. Bei wem, wenn nicht bei Maximiliane, war der Jägermeister *wirklich* gewesen? Doch nicht bei Fiona?

Seidenstüker werde doch nicht glauben, rief der Legationsrat empört, daß seine Braut solcher Dinge fähig sei! – Wohl nicht mit Absicht, entgegnete Seidenstüker. Wie aber, wenn Fiona etwa gemeint, er, Seidenstüker selbst, sei nachts zu ihr gekommen? – Nun, und ob Seidenstüker denn bei ihr gewesen sei! schrie der aufgebrachte Vater. – Nein, beteuerte Seidenstüker. Aber sie könne ja den Jägermeister für ihn, Seidenstüker, *gehalten* haben.

Die Wahrheit, jedenfalls, werde man aus dem jungen Mädchen keinesfalls herausbringen. Sie mochte entschlossen sein, auf jeden Fall zu leugnen. Aber aus dem Jägermeister die Vorgänge herauszubringen, verschwor sich der erbitterte junge Mensch. Und statt ihn abreisen zu lassen, erklärte er ihm in so erregtem Tone, daß jeder Widerspruch ausgeschlossen schien: der Jägermeister werde nicht eher das Haus verlassen, als bis er *bewiesen*, wo er nachts gewesen sei.

Der Jägermeister war sich noch nie so lächerlich vorgekommen und zugleich so ratlos und bestürzt gewesen wie an diesem Morgen. Seine Bewegung teilte sich dem ganzen Hause mit. Überall besprach man den unglaublichen Vorfall. Unterdessen versuchte der Jägermeister, sich mit Hilfe der Schlafzimmertüren auf dem oberen Vorplatze ein Bild zu machen, wohin er denn des Nachts eigentlich geraten. Aber sein Ortssinn versagte offensichtlich vollkommen. Er meinte nur immer wieder, durch Maximilianens Türe getreten zu sein. In seiner Beklommenheit versuchte er schließlich, mit den weiblichen Mitgliedern des Haushaltes eine Art von Verhör anzustellen. Er ward natürlich mit Empörung abgewiesen; und insbesondere verbat sich Seidenstüker, als er den Jägermeister im Gespräch mit Fionen antraf, laut kreischend jede Belästigung seiner Braut.

Inmitten dieser allgemeinen Ratlosigkeit wandte Maximiliane sich schließlich an ihren Vater. Sie sagte, es sei ihr ganz unerträglich, den Jägermeister, wenngleich gewiß nicht durch ihre Schuld, in eine solche Lage versetzt zu sehen. Aber sogar im Falle er nachts bei ihr gewesen *wäre:* wenn sie ihn nun heiratete, würde er ihr dann nicht ständig den Vorwurf machen können, daß er um sie, sozusagen, habe anhalten *müssen,* und daß die Verführung gewissermaßen von ihr ausgegangen sei statt von ihm? Nichts sei ihr unangenehmer als der Gedanke, der Jägermeister, ein vermögender Mann, eine sogenannte gute Partie, könne nur aus dem Gefühl einer solchen Verpflichtung um sie geworben haben. Die Vorstellung, daß man sagen könne, sie habe ihn »eingefangen«, sei ihr schrecklich, und der Werbung zuzustimmen widerspreche völlig ihrem Charakter ... Ihre Rede verlor sich zuletzt in erhebliches Stottern. Der Legationsrat sah Maximiliane an, schließlich sagte er, es gebe eben Fälle, in denen auch ein Vater die Entschließungen seiner Tochter nicht mehr lenken könne; sondern sie müsse sich aus Eigenem entscheiden. Ob sie denn eine Neigung zu dem Jägermeister empfinde? – Maximiliane gab es zu. – Dann, sagte der Legationsrat, möge sie doch auch über des Jägermeisters Untreue, insofern man das nächtliche Ereignis eine solche nennen könne, hinwegsehen ...

Doch sollte sie der Zweifel, in denen sie schwebte, alsbald überhoben werden. In diesem Augenblick nämlich trat der Jägermeister mit der Baronin ein; und die Baronin, von der man wußte, daß sie längst ein Auge auf den Jägermeister geworfen hatte, erklärte großzügig lächelnd: wenn von allen Frauenzimmern des Hauses, die Dienstboten inbegriffen, niemand den Jägermeister aus der Affäre ziehen wolle, so sei sie, die Baronin selbst, bereit, alles auf sich zu nehmen. Bei *ihr* habe der Jägermeister seinen vielumstrittenen Besuch gemacht, und deshalb seien nun sie beide verlobt, und beide sehr glücklich...

Des Jägermeisters Augen irrten während dieser Eröffnung mit unstetem Ausdruck von der Baronin zu Maximiliane, und von Maximiliane zur Baronin. Das junge Mädchen aber fuhr empor wie von einer Natter gebissen. »Wie?« rief sie. »Den Mann, den ich liebe, willst du mir nehmen, infame Person! Bei mir war er in dieser Nacht, und bei keiner andern!«

»Was für Ausfälligkeiten!« rief die Baronin. »Habe ich mich nicht für den Mann opfern wollen, den du bis jetzt verleugnet hast? Hast du wirklich so wenig Mut, dich erst in dem Augenblick zu ihm zu bekennen, in welchem du ihn zu verlieren fürchtest?«

Aber niemand achtete mehr auf ihre Ausreden. Vom Lärm der Auseinandersetzung angelockt, war man aus allen Türen in das Zimmer gestürzt und fand nun inmitten des Raumes den Jägermeister und Maximiliane, die, in ihrer Hingerissenheit, vor einander in die Knie gesunken waren und sich umarmt hielten. Alles war zufrieden – bis auf den jungen Seidenstüker. Er konnte die Vorstellung niemals loswerden, daß vielleicht auch Maximiliane, in ihrer Bedrängnis, nur *vorgegeben* habe, das Ziel von des Jägermeisters nächtlichem Besuche gewesen zu sein; und so mochte es eben dieser Rest eines beständigen Zweifels sein, der seine Ehe, späterhin, zu einer besonders glücklichen machte.

NICOLAS CHAMFORT

Maximen

Die Liebe gefällt besser als die Ehe, so sind auch Romane unterhaltender als die Geschichte.

*

Alle Leidenschaften sind Übertreibungen, sie sind nur Leidenschaften, weil sie übertreiben.

*

In der Liebe ist alles richtig, und alles ist falsch: es ist die einzige Angelegenheit, von der sich Unsinniges nicht sagen läßt.

*

Es gibt Wiederholungen für das Ohr und den Verstand, nicht aber für das Herz.

SELMA LAGERLÖF

Wie der Adjunkt die Pfarrerstochter freite

Denkt nur, als der Adjunkt zum ersten Male um die Pfarrerstochter freite, wollte sie ihn nicht nehmen.

Die Pfarrerstochter war jung, dazumal. Nachts rollte sie das Haar in Papilloten, und am Tage trug sie es in großen schweren Locken. Sie hatte lange weiße Perlen als Ohrgehänge, und sie war sehr schön.

Die Pfarrerstochter war sehr umworben, ja geradezu von Freiern umringt. Sie ging eben einher und überlegte bei sich selbst, ob sie einen jungen Baron heiraten sollte, der nun sein väterliches Erbe angetreten hatte, oder ob es klüger sei, mit einem Vetter vorlieb zu nehmen, der gerade in Malmö zum Ratsherrn gewählt werden sollte.

Beide waren schöne Männer, aber der Adjunkt war häßlich. Namentlich seine Hände konnte die Pfarrerstochter nicht ansehen. In seiner Kindheit war er als Bettler auf der Landstraße umhergestrichen, und da waren sie so erfroren, daß sie immer rot und verschwollen aussahen.

Der Adjunkt sah auf seine alten Tage besser aus; da hatte er graues Haar. Als er jung war, schaute er gar zu wild und sonderbar drein, mit diesem Wald von schwarzen Haaren. Er hätte es wohl auch nie zum Propst und Dompropst gebracht, wenn er nicht recht früh graue Haare und Augenbrauen bekommen hätte. Vorher sah er wie ein Räuber aus, und das konnte ja nicht für einen Geistlichen passen.

Die Pfarrerstochter pflegte zu erzählen, daß, als der Adjunkt in den Pfarrhof kam, um ihrem Vater bei seinen Predigten und bei der Führung der Kirchenbücher behilflich zu sein, und da einzog, die Schuhe an einem Stock über die Schulter gehängt, nicht viel gefehlt habe, und ihre Mutter hätte ihn für einen Zigeuner gehalten und ihn fortgewiesen. Die alte Pfarrerin konnte es nie lassen, um ihr Silber zu zittern, wenn der Adjunkt in das Eßzimmer kam, und der alte Pfarrer predigte Sonntag für Sonntag selbst, weil er sich nicht überwinden konnte, diesen wilden Räuber auf die Kanzel hinaufzulassen.

Als der Adjunkt im Pfarrhof aufgenommen wurde, verliebte er sich in die Pfarrerstochter. Das geschah schon beim ersten Mittagessen. Und dies war sicherlich nicht zu verwundern, denn die Pfarrerstochter hatte weiches, glänzendes, braunes Haar, sanfte graue Augen und eine klare rosige Haut. Außerdem war die Form des Gesichts ungemein schön, die Wangen rundeten sich weich und fein zum Halse hinab. Und in jeder Wange war ein kleines Grübchen, das sich noch heute zeigt, wenn sie lächelt.

Es erregte einen förmlichen Schrecken bei der Pfarrerstochter, als sie merkte, daß der Adjunkt ihr gut war. Sie wagte kaum allein in den Garten oder über die Landstraße zu gehen. Wer solche Augen hatte wie der Adjunkt, der konnte wohl auch auf die Idee kommen, ihr aufzulauern und sie zu entführen.

Der alte Pfarrer schrieb in aller Heimlichkeit an den Bischof und das Konsistorium und bat um einen andern Adjunkten. Der, den er jetzt hätte, wäre ein wahrer Wilder, und er könnte ihn nicht brauchen. Er würde wie ein Bauer bei Tische sitzen und die Ellenbogen auf das Tuch stützen. Er würde auf den Fußboden spucken und trüge grobe Schmierlederstiefel, die Spuren auf den Teppichen hinterließen.

Ganze vier Wochen ging der Adjunkt im Pfarrhof herum, ohne etwas zu tun zu haben. Der Pfarrer wollte ihn weder an die Kirchenbücher noch auf die Kanzel lassen. Der Adjunkt ging stumm umher und wartete, aber äußerte weder Erstaunen noch eine Klage. Er war vollauf damit beschäftigt, der Pfarrerstochter auf allen ihren Wegen und Stegen zu folgen. Sie pflegte in einem kleinen Giebelzimmerchen zu sitzen und zu weben. Der Adjunkt fand heraus, daß, wenn er über einen Heuboden kletterte und dann über einen Schuppen kroch, dessen Dach aus losen Klötzen bestand, er zu einer Luke kam, die einen Blick auf das Fenster der Webkammer ermöglichte. Und in dieser Luke saß der Adjunkt Stunde um Stunde zusammengekauert und sah die Pfarrerstochter bloßarmig und rotwangig am Webstuhl arbeiten.

Es dauerte auch nicht lange, so entdeckte er, wo sie ihr Lieblingsplätzchen im Garten hatte. Der ganze Garten war natürlich von hohen Hecken umgeben, wie es in Schonen der Brauch ist, und man war da ebenso eingeschlossen wie in einer Stube. Aber es gab ein kleines Gatter, das auf die Felder hinausführte, und da pflegte die Pfarrerstochter stundenlang zu stehen und über die wogenden Felder zu blicken. Und während sie da stand, lag der Adjunkt ganz in der Nähe, in dem dichten Roggen verborgen, und verschlang sie mit den Augen.

Als jedoch einige Wochen vergangen waren, bekam der alte Pfarrer vom Bischof den Bescheid, daß er es so haben könnte, wie er es sich wünschte.

Der Pfarrer war darüber so erfreut, daß er keinen Augenblick zögern wollte, den Adjunkten zu verabschieden. Er steckte den Brief des Bischofs in die Tasche und begab sich hinunter in das Zimmer des Adjunkten.

Als der Pfarrer hereinkam, saß der junge Geistliche da und schrieb.

Er verfaßte eine Predigt, aber er geriet in solche Verlegenheit, als hätte er einen Liebesbrief geschrieben. Als der Pfarrer ihn fragte, was er denn da in die Schublade schiebe, konnte er kaum sagen, womit er sich beschäftigt hatte.

Der Alte wußte, daß er den Adjunkten jetzt los wurde, und darum war er milder gegen ihn gestimmt als früher. Und zum ersten Male begann er sich zu fragen, woher es wohl komme, daß der Adjunkt so war und warum ein solcher wie er Priester geworden sei. Er begann ihn auszufragen.

Da erzählte der Adjunkt alles. Er hatte immer solche Lust gehabt zu predigen. Er hatte den Bäumen am Straßenrand gepredigt, als er mit seiner Mutter herumzog und bettelte. Er wußte nicht, wann er angefangen hatte, aber er hatte immer Geistlicher werden wollen, nur um predigen zu können.

Der Alte wunderte sich, daß er trotz seiner Armut in die Schule gehen konnte und der Adjunkt fuhr fort zu erzählen.

Er schien die ganze Schulzeit hindurch gefroren und gehungert zu haben. Aber in allen Bedrängnissen hatte er sich damit getröstet, an den Augenblick zu denken, in dem er seine Stimme erheben und in Gottes Haus reden durfte.

Einmal ums andere steckte der Propst die Hand in die Tasche, um den Brief des Bischofs herauszuziehen, aber er hatte jetzt nicht den Mut, nicht das Herz, es zu tun. Vielmehr bat er den Adjunkten, ihn die Predigt lesen zu lassen, an der er eben arbeitete. Er las sie und schüttelte den Kopf und ging seiner Wege, ohne ein Wort zu sagen. Aber am nächsten Sonntag predigte der Adjunkt, und er machte seine Sache gar nicht so übel.

Der alte Propst ging nun daran, den Adjunkten zu erziehen. Er lehrte ihn predigen und die Kirchenbücher führen, aber er versicherte oft und oft, er habe nie eine größere Selbstverleugnung geübt als an dem Tage, an dem er darauf verzichtete, ihn zu verabschieden.

Es ist einleuchtend: wenn es einem klugen Manne so schwer fiel, sich mit dem jungen Geistlichen zu befreunden, mußte es doch noch viel schwerer für das Pfarrerstöchterlein sein, das so gefeiert und verwöhnt war und nicht mehr als zwanzig Jahre zählte. Es war ein schöner Sonntagnachmittag mitten im Sommer. Der Pfarrhof war voller Gäste, und sie befanden sich alle auf einer Spazierfahrt durch den großen Schloßwald. Die einzige, die daheim geblieben war, war die Pfarrerstochter. Sie sollte wohl auf das Haus achtgeben, denn auch die Dienstleute hatten Erlaubnis bekommen, auszugehen, so daß kein Knecht und keine Magd daheim weilte.

Der einzige, der nicht fort war, war der Adjunkt, aber die Pfarrerstochter wußte, daß er sich in die Annexgemeinde begeben sollte, um zu predigen. Sie hätte es vermutlich nicht gewagt, allein daheim zu bleiben, wenn sie nicht gewußt hätte, daß er fortgehen mußte.

Aber bevor der Adjunkt in die Kirche ging, wollte er sich mit einem Schluck Dünnbier aus dem Silberbecher erquicken, der immer auf dem Anrichtetisch im Speisesaal stand. Und als er in das Zimmer kam und die Pfarrerstochter da allein fand, da hielt er um sie an.

Sie antwortete ohne Bedenken nein, und er ging seiner Wege, ohne sie zu bitten oder zu drängen. Und die Pfarrerstochter war froh, daß dies Furchtbare jetzt überstanden war.

Sie ging in den Salon und drehte sich dort vor dem Spiegel. Als sie sah, wie fein und leicht und hell sie war, lachte sie über den schwarzen Adjunkten, der geglaubt hatte, er könnte sie bekommen.

Im selben Augenblick zuckte sie ganz erschrocken zusammen. Was hörte sie dann da? Sie lauschte atemlos und angestrengt. Ja, da war bestimmt jemand, der im Nebenzimmer stand und weinte.

Sie vermutete, daß einer von den Gästen nach Hause gekommen war, und ging in den Eßsaal, um nachzusehen, wer es sein mochte. Dort drinnen hörte sie das Weinen sehr deutlich, aber sie sah keine lebende Seele im Zimmer. Der Eßsaal war groß, aber es gab da keine Stelle, wo jemand sich verbergen konnte. Nichtsdestoweniger guckte die Pfarrerstochter unter den Tisch und hinter die Rohrstühle. Sie sah in der Kaminecke nach, im Schrank und hinter den Türen. Es war kein Mensch im Zimmer.

Aber während sie so suchte, hörte sie deutlich, wie jemand weinte. Und das Weinen kam von einer Stelle in der Nähe des Fensters, ungefähr da, wo der Adjunkt gestanden war, als er um sie gefreit hatte.

Die Pfarrerstochter versuchte sich selbst zu sagen, daß dies nur Einbildung sein konnte. Sie biß die Zähne zusammen und näherte sich mutig der Stelle, von der das Weinen ausging, und dachte, jetzt würde es wohl aufhören, aber es war keine Einbildung: das Seufzen und Schluchzen war auch weiter zu hören. Jemand weinte hoffnungslos und verzweifelt, nur zwei Schritte von ihr entfernt. Es war ein Schluchzen, wie wenn ein Mensch sich niederwirft und die Hände vors Gesicht schlägt und sich zu Tode weinen will.

Schließlich hatte sie solche Angst, daß sie sich auf einen Stuhl setzen mußte, um nicht ohnmächtig umzusinken. Und da saß sie eine volle Viertelstunde ganz still und lauschte, wie der Unsichtbare weinte. Sie konnte kein Glied rühren, sie konnte nicht fliehen, nicht rufen. Sie saß leichenblaß da, mit verschlungenen Händen, und bei jedem neuen Schluchzen zuckte sie vor Schrecken zusammen.

Ein einzigesmal während dieser ganzen Zeit regte sie sich. Es fiel ihr ein, daß das Weinen von jemandem vor dem Fenster kommen könnte. Sie zwang sich, aufzustehen, das Fenster zu öffnen und hinauszuschauen, aber der ganze Hof lag verödet da, und sie setzte sich wieder.

Es schien ihr, daß der Weinende von härterem Leid gequält sein müsse, als sie sich je hatte vorstellen können. Das war eine Seele, die sich in solcher Angst befand, daß Tod und Vernichtung Balsam für sie gewesen wären. Nichts auf der Welt konnte jemanden trösten, der so weinte.

Zum erstenmal in ihrem Leben begriff sie, was Leiden heißt. Sie hätte mitweinen können, wäre sie nicht vor Schrecken gelähmt gewesen.

Es klang so jammervoll und gequält, als käme es von einer Seele, die aus dem Himmel verwiesen wurde. Dies dauerte, wie gesagt, eine Viertelstunde, bis die Glocke der Annexgemeinde zu läuten begann. Nun hatte der Küster den Adjunkten über den Feldweg herankommen sehen, und da hatte er zu läuten angefangen. Und es fiel ihr ein, daß sie sich gefreut hätte, wenn er gerade jetzt daheim gewesen wäre. Sie wäre glücklich gewesen, wenn sie jemand gehabt hätte, den sie zu sich rufen konnte.

Aber ungefähr zur gleichen Zeit, zu der das Läuten begann, hörte das Weinen auf. Doch – nun begann die Pfarrerstochter zu weinen. Sie war so aufgewühlt, daß sie weinte, bis die Hausgenossen von dem Ausflug zurückkehrten.

»Möchte niemand je um meinetwillen so weinen müssen!« dachte sie. »Möchte ich nie solchen Schmerz verursachen!«

Als sie Wagenräder rollen hörte, lief sie den Heimkehrenden entgegen und wollte natürlich gleich erzählen, was geschehen war. Aber da schlossen sich ihre Lippen, und sie konnte nichts sagen. »Das war für dich«, sagte etwas in ihr, »du und kein anderer solltest es hören.«

Den ganzen Nachmittag hatte sie das Gefühl, daß sie sich in einer anderen Welt befand. Alles, was man tat, alles, wovon man sprach, schien ihr so seltsam fremd.

Aber plötzlich zuckte sie zusammen und war ganz hellwach. Sie stand gerade in der Küche und hörte die Mägde davon sprechen, daß der Adjunkt an diesem Nachmittag so seltsam gepredigt hatte. Jeder Mensch in der Kirche hätte weinen müssen. Worüber hatte er gesprochen?

Er hatte von dem Jammer der sündigen Seelen gesprochen, die vom Paradiese ausgeschlossen sind.

Da erschrak die Pfarrerstochter. Sie glaubte, daß eine große Sünde auf ihr lastete, die sie sühnen mußte.

Nach dem Abendbrot, als der Adjunkt gute Nacht gesagt hatte, folgte ihm die Pfarrerstochter in den Vorraum.

»Herr Pastor, um Gotteswillen, sagen Sie mir die Wahrheit!« sagte sie. »Haben Sie heute nachmittag geweint, als Sie zur Kirche gingen?«

»Das habe ich«, sagte er, »ich konnte es nicht lassen.«

Da wußte die Pfarrerstochter, daß er es war, den sie gehört hatte. Es war ein wunderliches Gefühl in ihrem Herzen, als sie begriff, daß seine Liebe zu ihr so groß war, und daß er ein so tiefes Leid über ihre Weigerung empfunden hatte.

Sie fand es unbeschreiblich schön, so sehr geliebt zu werden, und sie dachte nicht mehr an ihre anderen Freier, und es kam ihr auch gar nicht mehr in den Sinn, wie häßlich und arm der Adjunkt war.

»Ich will nicht, Herr Pastor, daß Sie so unglücklich sind«, sagte sie. »Ich will versuchen, Ihnen gut zu sein.«

Der Flug der Liebe

Die Melodie ist dem Inhalt angemessen,
leicht und sehnend.

Wenn ich ein Vöglein wär,
Und auch zwey Flüglein hätt',
Flög ich zu dir;
Weil es aber nicht kann seyn,
Bleib ich allhier.

Bin ich gleich weit von dir,
Bin ich doch im Schlaf bey dir,
Und red' mit dir:
Wenn ich erwachen thu,
Bin ich allein.

Es vergeht keine Stund' in der Nacht,
Da mein Herz nicht erwacht,
Und an dich gedenkt,
Daß du mir viel tausendmal
Dein Herz geschenkt.

Der Froschkönig oder der eiserne Heinrich

In den alten Zeiten, wo das Wünschen noch geholfen hat, lebte ein König, dessen Töchter waren alle schön, aber die jüngste war so schön, daß die Sonne selber, die doch so vieles gesehen hat, sich verwunderte, sooft sie ihr ins Gesicht schien. Nahe bei dem Schlosse des Königs lag ein großer dunkler Wald, und in dem Walde unter einer alten Linde war ein Brunnen; wenn nun der Tag recht heiß war, so ging das Königskind hinaus in den Wald und setzte sich an den Rand des kühlen Brunnens; und wenn sie Langeweile hatte, so nahm sie eine goldene Kugel, warf sie in die Höhe und fing sie wieder; und das war ihr liebstes Spielwerk.

Nun trug es sich einmal zu, daß die goldene Kugel der Königstochter nicht in ihr Händchen fiel, das sie in die Höhe gehalten hatte, sondern vorbei auf die Erde schlug und geradezu ins Wasser hineinrollte. Die Königstochter folgte ihr mit den Augen nach, aber die Kugel verschwand, und der Brunnen war tief, so tief, daß man keinen Grund sah. Da fing sie an zu weinen und weinte immer lauter und konnte sich gar nicht trösten. Und wie sie so klagte, rief ihr jemand zu: »Was hast du vor, Königstochter, du schreist ja, daß sich ein Stein erbarmen möchte.« Sie sah sich um, woher die Stimme käme, da erblickte sie einen Frosch, der seinen dicken häßlichen Kopf aus dem Wasser streckte. »Ach, du bist's, alter

Wasserpatscher«, sagte sie, »ich weine über meine goldene Kugel, die mir in den Brunnen hinabgefallen ist.« »Sei still und weine nicht«, antwortete der Frosch, »ich kann wohl Rat schaffen, aber was gibst du mir, wenn ich dein Spielwerk wieder heraufhole?« »Was du haben willst, lieber Frosch«, sagte sie, »meine Kleider, meine Perlen und Edelsteine, auch noch die goldene Krone, die ich trage.« Der Frosch antwortete: »Deine Kleider, deine Perlen und Edelsteine, und deine goldene Krone, die mag ich nicht; aber wenn du mich liebhaben willst, und ich soll dein Geselle und Spielkamerad sein, an deinem Tischlein neben dir sitzen, von deinem goldenen Tellerlein essen, aus deinem Becherlein trinken, in deinem Bettlein schlafen: wenn du mir das versprichst, so will ich hinuntersteigen und dir die goldene Kugel wieder heraufholen.« »Ach ja«, sagte sie, »ich verspreche dir alles, was du willst, wenn du mir nur die Kugel wiederbringst.« Sie dachte aber: Was der einfältige Frosch schwätzt, der sitzt im Wasser bei seinesgleichen und quakt und kann keines Menschen Geselle sein.

Der Frosch, als er die Zusage erhalten hatte, tauchte seinen Kopf unter, sank hinab, und über ein Weilchen kam er wieder heraufgerudert, hatte die Kugel im Maul und warf sie ins Gras. Die Königstochter war voll Freude, als sie ihr schönes Spielwerk wieder erblickte, hob es auf und sprang damit fort. »Warte, warte«, rief der Frosch, »nimm mich mit, ich kann nicht so laufen wie du.« Aber was half ihm, daß er ihr sein quak, quak so laut nachschrie, als er konnte! Sie hörte nicht darauf, eilte nach Haus und hatte bald den armen Frosch vergessen, der wieder in seinen Brunnen hinabsteigen mußte.

Am andern Tage, als sie mit dem König und allen Hofleuten sich zur Tafel gesetzt hatte und von ihrem goldenen Tellerlein aß, da kam, plitsch, platsch, plitsch, platsch, etwas die Marmortreppe heraufgekrochen, und als es oben angelangt war, klopfte es an der Tür und rief: »Königstochter, jüngste, mach mir auf.« Sie lief und wollte sehen, wer draußen wäre, als sie aber aufmachte, so saß der Frosch davor. Da warf sie die Tür hastig zu, setzte sich wieder an den Tisch, und war ihr ganz angst. Der König sah wohl, daß ihr das Herz gewaltig klopfte, und sprach: »Mein Kind, was fürchtest du dich, steht etwa ein Riese vor der Tür und will dich holen?« »Ach nein«, antwortete sie, »es ist kein Riese, sondern ein garstiger Frosch.« »Was will der Frosch von dir?« »Ach lieber Vater, als ich gestern im Wald bei dem Brunnen saß und spielte, da fiel meine goldene Kugel ins Wasser. Und weil ich so weinte, hat sie der Frosch wieder heraufgeholt, und weil er es durchaus verlangte, so versprach ich ihm, er sollte mein Geselle werden, ich dachte aber nimmermehr, daß er aus seinem Wasser heraus könnte. Nun ist er draußen und will zu mir herein.« Indem klopfte es zum zweitenmal und rief:

»Königstochter, jüngste,
mach mir auf,
weißt du nicht, was gestern
du zu mir gesagt
bei dem kühlen Brunnenwasser?
Königstochter, jüngste,
mach mir auf.«

Da sagte der König: »Was du versprochen hast, das mußt du auch halten; geh nur und mach ihm auf.« Sie ging und öffnete die Türe, da hüpfte der Frosch herein, ihr immer auf dem Fuße nach, bis zu ihrem Stuhl. Da saß er und rief: »Heb mich herauf zu dir.« Sie zauderte, bis es endlich der König befahl. Als der Frosch erst auf dem Stuhl war, wollte er auf den Tisch, und als er da saß, sprach er: »Nun schieb mir dein goldenes Tellerlein näher, damit wir zusammen essen.« Das tat sie zwar, aber man sah wohl, daß sie's nicht gerne tat. Der Frosch ließ sich's gut schmecken, aber ihr blieb fast jedes Bißlein im Halse. Endlich sprach er: »Ich habe mich satt gegessen und bin müde, nun trag mich in dein Kämmerlein und mach dein seiden Bettlein zurecht, da wollen wir uns schlafen legen.« Die Königstochter fing an zu weinen und fürchtete sich vor dem kalten Frosch, den sie nicht anzurühren getraute und der nun in ihrem schönen reinen Bettlein schlafen sollte. Der König aber ward zornig und sprach: »Wer dir geholfen hat, als du in der Not warst, den sollst du hernach nicht verachten.« Da packte sie ihn mit zwei Fingern, trug ihn hinauf und setzte ihn in eine Ecke. Als sie aber im Bett lag, kam er gekrochen und sprach: »Ich bin müde, ich will schlafen so gut wie du: heb mich herauf, oder ich sag's deinem Vater.« Da ward sie erst bitterböse, holte ihn herauf und warf ihn aus allen Kräften wider die Wand. »Nun wirst du Ruhe haben, du garstiger Frosch.«

Als er aber herabfiel, war er kein Frosch, sondern ein Königssohn mit schönen und freundlichen Augen. Der war nun nach ihres Vaters Willen ihr lieber Geselle und Gemahl. Da erzählte er ihr, er wäre von einer bösen Hexe verwünscht worden, und niemand hätte ihn aus dem Brunnen erlösen können als sie allein, und morgen wollten sie zusammen in sein Reich gehen. Dann schliefen sie ein, und am andern Morgen, als die Sonne sie aufweckte, kam ein Wagen herangefahren, mit acht weißen Pferden bespannt, die hatten weiße Straußfedern auf dem Kopf und gingen in goldenen Ketten, und hinten stand der Diener des jungen Königs, das war der treue Heinrich. Der treue Heinrich hatte sich so betrübt, als sein Herr war in einen Frosch verwandelt worden, daß er drei eiserne Bande hatte um sein Herz legen lassen, damit es ihm nicht vor Weh und Traurigkeit zerspränge. Der Wagen aber sollte den jungen König in sein Reich abholen; der treue Heinrich hob beide hinein, stellte sich wieder hinten auf und war voller Freude über die Erlösung. Und als sie ein Stück Wegs gefahren waren, hörte der Königssohn, daß es hinter ihm krachte, als wäre etwas zerbrochen. Da drehte er sich um und rief:

»Heinrich, der Wagen bricht.«
»Nein, Herr, der Wagen nicht,
es ist ein Band von meinem Herzen,
das da lag in großen Schmerzen,
als Ihr in dem Brunnen saßt,
als Ihr eine Fretsche (Frosch) wast (wart).«

Noch einmal und noch einmal krachte es auf dem Weg, und der Königssohn meinte immer, der Wagen bräche, und es waren doch nur die Bande, die vom Herzen des treuen Heinrich absprangen, weil sein Herr erlöst und glücklich war.

Annchen von Tharau

Annchen von Tharau ist, die mir gefällt;
Sie ist mein Leben, mein Gut und mein Geld.

Annchen von Tharau hat wieder ihr Herz
Auf mich gerichtet in Lieb' und in Schmerz.

Annchen von Tharau, mein Reichthum, mein Gut,
Du meine Seele, mein Fleisch und mein Blut!

Käm' alles Wetter gleich auf uns zu schlahn,
Wir sind gesinnet bei einander zu stahn.

Krankheit, Verfolgung, Betrübniß und Pein
Soll unsrer Liebe Verknotigung seyn.

Recht als ein Palmenbaum über sich steigt,
Je mehr ihn Hagel und Regen anficht;

So wird die Lieb' in uns mächtig und groß
Durch Kreuz, durch Leiden, durch allerlei Noth.

Würdest du gleich einmal von mir getrennt,
Lebtest, da wo man die Sonne kaum kennt;

Ich will dir folgen durch Wälder, durch Meer,
Durch Eis, durch Eisen, durch feindliches Heer.

Annchen von Tharau, mein Licht, meine Sonn,
Mein Leben schließ' ich um deines herum.

Was ich gebiete, wird von dir gethan,
Was ich verbiete, das läst du mir stahn.

Was hat die Liebe doch für ein Bestand,
Wo nicht Ein Herz ist, Ein Mund, Eine Hand?

Wo man sich peiniget, zanket und schlägt,
Und gleich den Hunden und Kazen beträgt?

Annchen von Tharau, das woll'n wir nicht thun;
Du bist mein Täubchen, mein Schäfchen, mein Huhn.

Was ich begehre, ist lieb dir und gut;
Ich laß den Rock dir, du läßt mir den Hut!

Dies ist uns Annchen die süsseste Ruh,
Ein Leib und Seele wird aus Ich und Du.

Dies macht das Leben zum himmlischen Reich,
Durch Zanken wird es der Hölle gleich.

WILLIAM SHAKESPEARE

Romeo und Julia

JULIA. Willst du schon gehn? Der Tag ist ja noch fern.
Es war die Nachtigall und nicht die Lerche,
Die eben jetzt dein banges Ohr durchdrang;
Sie singt des Nachts auf dem Granatbaum dort.
Glaub, Lieber, mir: es war die Nachtigall.
ROMEO. Die Lerche war's, die Tagverkünderin,
Nicht Philomele; sieh den neid'schen Streif,
Der dort im Ost der Frühe Wolken säumt.
Die Nacht hat ihre Kerzen ausgebrannt,
Der muntre Tag erklimmt die dunst'gen Höhn;
Nur Eile rettet mich, Verzug ist Tod.
JULIA. Trau mir, das Licht ist nicht des Tages Licht,
Die Sonne hauchte dieses Luftbild aus,
Dein Fackelträger diese Nacht zu sein,
Dir auf dem Weg nach Mantua zu leuchten;
Drum bleibe noch: zu gehn ist noch nicht not.
ROMEO. Laß sie mich greifen, ja, laß sie mich töten!
Ich gebe gern mich drein, wenn du es willst.

Nein, jenes Grau ist nicht des Morgens Auge,
Der bleiche Abglanz nur von Cynthias Stirn.
Das ist auch nicht die Lerche, deren Schlag
Hoch über uns des Himmels Wölbung trifft.
Ich bleibe gern; zum Gehn bin ich verdrossen. –
Willkommen, Tod! hat Julia dich beschlossen. –
Nun, Herz? Noch tagt es nicht, noch plaudern wir.

JULIA. Es tagt, es tagt! Auf! eile! fort von hier!
Es ist die Lerche, die so heiser singt
Und falsche Weisen, rauhen Mißton gurgelt.
Man sagt, der Lerche Harmonie sei süß;
Nicht diese: sie zerreißt die unsre ja.
Die Lerche, sagt man, wechselt mit der Kröte
Die Augen: möchte sie doch auch die Stimme!
Die Stimm' ist's ja, die Arm aus Arm uns schreckt,
Dich von mir jagt, da sie den Tag erweckt.
Stets hell und heller wird's: wir müssen scheiden.

ROMEO. Hell? Dunkler stets und dunkler unsre Leiden!

Aus

DES KNABEN WUNDERHORN

Edelkönigs-Kinder

Es waren zwei Edelkönigs-Kinder,
Die beiden die hatten sich lieb,
Beisammen konnten sie dir nit kommen,
Das Wasser war viel zu tief.

Ach Liebchen köntest du schwimmen,
So schwimme doch her zu mir,
Drey Kerzlein wollt ich dir anstecken,
Die solten auch leuchten dir.

Da saß ein loses Nönnechen,
Das that, als wenn es schlief,
Es that die Kerzlein ausblasen,
Der Jüngling vertrank so tief.

Ach Mutter herzliebste Mutter,
Wie thut mir mein Häuptchen so weh,
Könt ich ein kleine Weile
Spazieren gehn längst der See.

Ach Tochter herzliebste Tochter,
Allein solst du da nit gehn,
Weck auf deine jüngste Schwester,
Und laß sie mit dir gehn.

Ach Mutter herzliebste Mutter,
Mein Schwester ist noch ein Kind,
Sie pflückt ja all die Blumen,
Die in dem grünen Wald sind.

Ach Mutter herzliebste Mutter,
Wie thut mir mein Häuptchen so weh,
Könt ich eine kleine Weile
Spazieren gehn längst der See.

Ach Tochter, herzliebste Tochter,
Alleine sollst du da nit gehn,
Weck auf deinen jüngsten Bruder,
Und laß ihn mit dir gehn.

Ach Mutter, herzliebste Mutter,
Mein Bruder ist noch ein Kind,
Er fängt ja alle die Haasen,
Die in dem grünen Wald sind.

Die Mutter und die ging schlafen,
Die Tochter ging ihren Gang,
Sie ging so lange spazieren,
Bis sie ein Fischer fand.

Den Fischer sah sie fischen,
Fisch mir ein verdientes roth Gold,
Fisch mir doch einen Todten,
Er ist ein Edelkönigs-Kind.

Der Fischer fischte so lange,
Bis er den Todten fand,
Er grif ihn bei den Haaren,
Und schleift ihn an das Land.

Sie nahm ihn in ihre Arme,
Und küßt ihm seinen Mund:
Adie mein Vater und Mutter,
Wir sehn uns nimmermehr.

Pyramus und Thisbe

Pyramus, unter den Knaben der weitaus schönste, und Thisbe,
Herrlichste unter den Mädchen, so weit sie der Osten geboren,
Wohnten, sich nah, in der Stadt, die einst – so berichtet die Sage –
Schützend Semiramis hatte mit Mauern aus Backstein umschlossen.
Beide wurden bekannt und als Nachbarkinder vertraulich.
Langsam keimte die Liebe; auch hätte die Eh' sie verbunden,
Aber die Väter verwehrten's; was zu verwehren unmöglich:
Beiden entbrannte das Herz in gleicher Lieb' zueinander.
Niemand wußte darum: sie sprachen durch Zeichen und Winke,
Und je stärker bedeckt, um so heftiger lodert das Feuer.
Dünn nur war da ein Spalt in der Wand, schon einstens entstanden,
Als man sie baute, den beiden Häusern gemeinsam.
Durch Jahrhunderte hatte die Lücke noch niemand gesehen,
Ihr entdeckt sie zuerst, ihr Verliebten – was sieht nicht die Liebe? –
Fandet auch hier einen Weg, durch welchen gefahrlos und sicher

Zärtliches Liebesgeflüster die Wand zu durchdringen vermochte.
Oft, wenn Pyramus hier und drüben Thisbe gestanden
Und sie im Wechsel den Atem des Mundes zart nur verspürten,
Sprachen sie: »Neidische Wand, was hemmst du der Liebenden Sehnsucht?
Wär' es so arg, uns mit ganzem Leibe umfangen zu lassen
Oder – wenn dies schon zu viel – dich unseren Küssen zu öffnen?
Dennoch danken wir dir und bekennen uns gerne als Schuldner,
Läßt du doch unser Wort zum Ohre des Liebsten gelangen.«
Solches sprachen sie oft und vergeblich, getrennt durch die Mauer –
Sagten sich erst zur Nacht: Leb wohl! und gaben ein jeder
Küsse der eigenen Wand, die nicht auf die andre gelangten.
Wenn der folgende Morgen die nächtlichen Sterne verjagte,
Und auf den Pflanzen den Tau die Sonnenstrahlen getrocknet,
Nähern sie sich dem gewohnten Ort: sie beschließen nach vielen
Leise geflüsterten Klagen, das Schweigen der Nacht zu benützen
Und – den Wächtern verborgen – ganz still aus den Toren zu weichen.
Wenn sie das eigene Haus und die Dächer der Stadt dann verlassen –

Daß in dem weiten Gefild auch keiner verfehle den andern,
Wollten zum Grabe des Ninus sie kommen, im Schatten des Baums sich
Bergen. Ein Maulbeerbaum, mit schneeigen Früchten behangen,
Stand dort ragend zur Höh', ganz nah der erfrischenden Quelle.
So der Beschluß. Bald senkte die Sonne sich, ihnen zu langsam,
Jäh in die Flut: aus denselben Fluten erhob sich die Nacht schon.
Sacht dreht Thisbe die Tür in der Angel und huscht in das Dunkel
Leise hinaus mit verhülltem Gesicht; von keinem gesehen,
Kommt sie zum Hügel heran und sitzt im Schatten des Baumes,
Kühn durch Liebe geworden: doch siehe, da naht eine Löwin,
Dunkel vom Blute der Rinder den geifernden Rachen gerötet,
Um ihren Durst zu löschen im Born der benachbarten Quelle.
Diese gewahrte von fern im Mondschein Babylons Tochter
Thisbe und flieht mit zitterndem Fuß in das Dunkel der Höhle,
Läßt aber fliehend zurück den Schleier, der Schulter entgleitend.
Als nun die Löwin den Durst voll Gier in der Quelle gelöscht hat,

Findet sie, heim sich wendend zum Wald, doch ohne das
Mädchen
Dort das dünne Gewand und zerreißt es mit blutigem
Rachen.
Später gekommen, erkennt im tiefen Sand an den Spuren
Pyramus bald das gefährliche Tier und erbleicht vor
Entsetzen.
Als er dazu noch den Schleier gefärbt vom Blute
gefunden,
Ruft er: »So möge die nämliche Nacht zwei Liebende
töten.
Würdiger ist sie fürwahr eines längeren Lebens gewesen,
Schuldig bin ich allein, ich habe dich, Ärmste, getötet,
Der ich kommen dich hieß bei Nacht zur grausigen
Stätte.
Selbst aber kam ich zu spät. Verschlinget auch meine
Gebeine,
Reißt mein schuldiges Herz mit wütenden Bissen in
Stücke,
All ihr Löwen, die hier im Felsengeklüfte ihr hauset.
Doch sich den Tod nur zu wünschen ist feig!« Den
Schleier der Thisbe
Hebt er und trägt ihn zum Schatten des Baums, den sie
früher bestimmten,
Netzt mit Tränen das teure Gewand und deckt es mit
Küssen,
Rufend: »Empfange nunmehr aus meinem Blute den
Trunk auch!«
Dann versenkt er den Stahl, den er trug, sich tief in die
Weichen
Und reißt sterbend ihn ohne Verzug aus der brennenden
Wunde.

Rücklings sank er zu Boden und hochauf spritzte sein
Blut da:
Anders nicht strömt, wenn die bleierne Röhre, durch
Stöße beschädigt,
Platzt, aus dem schmalen Spalt der Strahl des zischenden
Wassers
Weithin empor, durchbrechend die Luft im mächtigen
Bogen.
Dunkel vom Blute bespritzt, verwandeln die Früchte des
Baumes
Rasch ihre Farbe; es troff die Wurzel, vom Blute
durchtränkt, und
Färbte mit purpurnem Rot des Baumes hangende
Früchte.
Siehe, da kommt, noch zagend, um nicht den Freund zu
versäumen,
Thisbe zurück und sucht den Geliebten mit Herz und
mit Augen,
Wünscht schon, ihm zu berichten, wie großer Gefahr sie
entronnen.
Da sie den Ort nun erkennt und den Baum in der Nähe
betrachtet,
Zweifelt sie, ob er es sei, da die Farbe der Frucht sich
geändert.
Während sie schwankt, gewahrt sie, vom Blute
umflossen, am Boden
Zuckende Glieder, da weicht sie zurück, so bleich wie
der Buchsbaum
Ward ihr Gesicht, sie erschauert, der Fläche des Meeres
vergleichbar,
Das nur leise erzittert, von zarten Lüften bestrichen.
Wie sie aber verweilend den eignen Geliebten
erkannte,

Schlägt sie mit peitschendem Schlag den Arm, der Schuldloses leidet,
Und zerrauft sich das Haar und, den Leib des Geliebten umfassend,
Füllt sie die Wunde mit Tränen, das Blut mit den Zähren vermischend,
Und bedeckt die erkalteten Wangen mit zärtlichen Küssen.
»Pyramus«, ruft sie, »o sprich, welch Unfall hat dich entrissen?
Pyramus, antworte doch, dein Lieb, die treueste Thisbe,
Ruft! So höre doch, hebe dein niedergesunkenes Antlitz!«
Als er den Namen gehört, da schlug im Tod noch die Augen
Pyramus auf und schließt sie für immer, das Mädchen erkennend.
Als sie den Schleier erblickt und die elfenbeinene Scheide
Ohne das Schwert, da ruft sie: »Die eigene Hand, deine Liebe
Hat dich ermordet, Unsel'ger! Auch mir ist die Hand, ist die Liebe
Tapfer genug für die Tat! Sie leiht mir Kraft, mich zu treffen!
Folgen will ich dem Toten, dann heiß ich deines Verderbens
Grund und Begleiterin auch! Den der bittere Tod mir entreißen
Konnte allein – weh mir! – ihn soll mir der Tod nicht entreißen!
Eines nur bitt ich von euch – und ich spreche für mich und den Liebsten,

Eltern von mir und Eltern von ihm, unglücklich doch beide,
Uns, die untrennbare Lieb' und die letzte Stunde verbunden,
Neidet uns nicht die Ruhe im gleichen Grabe beisammen!
Du aber, Baum, der du hier den elenden Körper des einen
Unter den Ästen birgst – bald wirst du den andern auch bergen –
Wahre ein Zeichen des Mordes und trag in beständiger Trauer
Ewig die düstere Frucht zu des doppelten Mordes Erinnerung.«
Sprach's und setzte den Dolch sich tief an die herznahe Brust und
Stürzte sich dann in das Eisen, das warm noch war von dem Morde.
Doch ihre Bitten erschüttern die Götter, erschüttern die Eltern.
Schwarz seitdem ist die Farbe der Beeren, sobald sie gereift sind,
Was aber sterblich geblieben, es ruht in der nämlichen Urne.

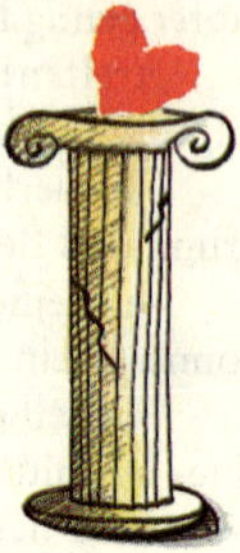

So die Gelegenheit grüßt,
soll man ihr danken

CHARLES BAUDELAIRE

An eine, die vorüberging

Der Straßenlärm betäubend zu mir drang.
In tiefer Trauer, schlank, von Schmerz gestrafft,
Schritt eine Frau vorbei, die mit der Hand gerafft
Den Saum des Kleides hob, der glockig schwang;

Anmutig, wie gemeißelt war das Bein.
Und ich, erstarrt, wie außer mich gebracht,
Vom Himmel ihrer Augen, wo ein Sturm erwacht,
Sog Süße, die betört und Lust, die tötet, ein.

Ein Blitz... dann Nacht! – Du Schöne, mir verloren,
Durch deren Blick ich jählings neu geboren,
Werd in der Ewigkeit ich dich erst wiedersehn?

Woanders, weit von hier! zu spät! soll's *nie* geschehn?
Da du mich ließest und ich dir entschwand,
O dich hätt ich geliebt, o du hast es geahnt!

PROSPER MÉRIMÉE

Das Blaue Zimmer

In der Halle eines Bahnhofs ging ein junger Mann aufgeregt hin und her. Er trug eine blaue Brille und führte, obwohl er nicht erkältet war, unausgesetzt das Taschentuch an die Nase. In seiner linken Hand hatte er eine kleine schwarze Reisetasche, die, wie ich später erfuhr, einen seidenen Morgenrock und eine türkische Hose enthielt. Von Zeit zu Zeit ging er zum Eingang, blickte auf die Straße hinaus, holte dann die Taschenuhr hervor und zog die Bahnhofsuhr zu Rat. Der Zug fuhr erst in einer Stunde ab, aber es gibt Menschen, die ständig befürchten, zu spät zu kommen. Es war keiner von den Zügen, die von eiligen Leuten benützt werden: wenige Erster-Klasse-Wagen. Es war auch nicht die Stunde, die es den Börsenmaklern ermöglicht, nach Abschluß ihrer Geschäfte wegzufahren, um in ihren Landhäusern zu dinieren. Als die Reisenden sich einzustellen begannen, hätte ein Pariser an ihrer Haltung den Landwirt oder Kleinkaufmann aus den Vororten erkannt. Sooft jedoch eine Frau den Bahnhof betrat, schwoll das Herz des jungen Mannes mit der blauen Brille an wie ein Ballon, seine Knie schlotterten, die Reisetasche wollte seiner Hand entgleiten und seine Brille von der Nase fallen, auf der sie, nebenbei gesagt, ganz schief saß.

Das wurde noch viel schlimmer, als nach langem Warten durch einen Seiteneingang, ausgerechnet von dem einzigen Punkt her, der nicht das Ziel ständiger Beobachtung war, eine schwarzgekleidete Frau mit einem dichten Schleier vor dem Gesicht erschien; in der Hand trug sie eine Reisetasche aus braunem Maroquinleder, die, wie ich in der Folge entdeckte, ein prächtiges Hauskleid und Pantöffelchen aus blauem Satin barg. Die Frau und der junge Mann gingen aufeinander zu, wobei sie nach rechts und links, aber nicht geradeaus blickten. Sie standen sich gegenüber, ihre Hände berührten sich, sie verharrten so einige Minuten, ohne ein Wort zu sagen, klopfenden Herzens, hörbar atmend, ergriffen von einer jener herzerschütternden Gemütsbewegungen, für die ich hundert Lebensjahre eines Philosophen hingäbe.

Als sie die Sprache wiederfanden, sagte die junge Frau (ich habe vergessen, zu sagen, daß sie jung und hübsch war):

»Léon, welches Glück! Nie hätte ich dich unter dieser blauen Brille erkannt.«

»Welches Glück!« sagte Léon, »nie hätte ich dich unter diesem schwarzen Schleier erkannt.«

»Welches Glück!« erwiderte sie, »nehmen wir schnell unsere Plätze ein; wenn der Zug ohne uns abführe!« (und sie drückte ihm heftig den Arm). »Man ahnt nichts. Ich bin in diesem Augenblick mit Clara und ihrem Mann unterwegs zu ihrem Landhaus, wo ich ihr *morgen* adieu sagen soll... Und...«, fügte sie lachend hinzu, den Kopf gesenkt, »es ist eine Stunde her, daß sie abgefahren ist, und morgen... nachdem ich den *vergangenen Abend* mit ihr verbracht habe!...« (von neuem drückte sie seinen Arm), »morgen vormittag... wird sie mich an der Bahnstation absetzen, wo ich Ursule treffen werde, die ich zu meiner Tante vorausgeschickt habe... Oh! Ich habe alle Vorsichtsmaßnahmen getroffen! Lösen wir unsere Fahrkarten... Es ist unmöglich, daß man uns draufkommt!... Ach! Wenn man uns im Gasthaus nach unseren Namen fragt? Ich habe schon wieder vergessen...«

»Monsieur und Madame Duru.«

»Oh! Nein. Nicht Duru. Im Pensionat gab's einen Schuster, der so hieß.«

»Dann Dumont?...«

»Daumont.«

»Also gut; aber man wird uns nichts fragen.«

Die Glocke ertönte, die Tür des Wartesaals öffnete sich; die immer noch sorgfältig verschleierte junge Frau stürmte mit ihrem Begleiter in einen Wagen. Zum zweiten Mal klang die Glocke; die Tür des Abteils wurde geschlossen.

»Wir sind allein!« riefen sie freudig, aber fast im selben Augenblick stieg ein Mann von etwa fünfzig Jahren, ganz in Schwarz gekleidet, ernsten und gelangweilten Gesichts in den Wagen und ließ sich in einer Ecke nieder. Die Lokomotive pfiff, der Zug setzte sich in Bewegung.

Die jungen Leute hatten sich so weit von ihrem unbequemen Nachbarn zurückgezogen, wie sie konnten, und fingen an, sich in übertriebener Vorsicht leise und in Englisch zu unterhalten.

»Monsieur«, sagte der andere Reisende in der gleichen Sprache und mit einem weitaus reineren britischen Akzent, »wenn Sie sich Geheimnisse zu erzählen haben, werden Sie gut daran tun, in meiner Gegenwart nicht in Englisch über sie zu reden. Ich bin Engländer. Es tut mir unendlich leid, Ihnen lästig zu sein, aber im anderen Abteil war ein einzelner Mann, und ich habe das Prinzip, nie mit einem einzelnen Mann zu reisen. Der drüben hatte das Gesicht eines Juden. Und das da hätte ihn reizen können.« (Er wies auf seine Reisetasche, die er vor sich aufs Polster geworfen hatte.) »Im übrigen lese ich, wenn ich nicht schlafe.«

Tatsächlich machte er den redlichen Versuch, zu schlafen. Er öffnete seine Tasche, zog eine bequeme Mütze heraus, setzte sie sich auf den Kopf und hielt die Augen einige Minuten geschlossen. Sodann schlug er sie mit einer Geste des Unmuts wieder auf, kramte in seiner Reisetasche nach der Brille und dann nach einem griechischen Buch; schließlich schickte er sich an, mit viel Aufmerksamkeit zu lesen. Um das Buch herauszuholen, hatte er manche aufs Geratewohl hineingeworfene Dinge beiseite tun müssen. Unter anderem zog er ein ziemlich dickes Bündel Noten der Bank von England aus den Tiefen der Tasche, legte es auf den Sitz gegenüber, zeigte sie, bevor er sie zurückpackte, dem jungen Mann und fragte ihn, ob in N... Gelegenheit sei, Banknoten zu wechseln.

»Wahrscheinlich. Es liegt an der Strecke nach England.«

N... war der Ort, wohin die zwei jungen Leute sich wenden wollten. Es gibt in N... ein recht anständiges kleines Hotel, in dem man sich fast nur den Samstagabend aufhält. Es heißt, die Zimmer seien gut. Der Wirt und seine Leute sind nicht neugierig, denn sie sind nicht weit genug von Paris entfernt, als daß sie dieses kleinstädtische Laster hätten. Der junge Mann, den ich bereits Léon genannt habe, hatte einige Zeit zuvor ohne blaue Brille dieses Hotel ausgekundschaftet, und nach dem Bericht, den er darüber abstattete, hatte seine Freundin offenbar den Wunsch geäußert, es aufzusuchen. Übrigens befand sie sich am gegenwärtigen Tag in einer Gemütsverfassung, daß sie Gefängnismauern als zauberhaft empfunden hätte, wäre sie mit Léon darin eingeschlossen gewesen.

Inzwischen fuhr der Zug immer weiter; der Engländer las sein Griechisch, ohne den Kopf seinen Reisegefährten zuzuwenden, die so leise plauderten, wie nur Liebesleute sich verstehen können. Vielleicht werde ich meine Leser nicht überraschen, wenn ich ihnen sage, daß es Liebende in des Worts stärkster Bedeutung waren, daß sie, was dabei beklagenswert ist, nicht verheiratet waren, und daß es Gründe gab, die verhinderten, daß sie's gewesen wären.

Man kam in N... an. Der Engländer stieg als erster aus. Während Léon seiner Freundin half, den Wagen zu verlassen, ohne ihre Beine zu zeigen, sprang ein Mann aus dem Nebenabteil auf den Bahnsteig. Er war bleich, geradezu gelb, hatte tiefliegende, blutunterlaufene Augen und war schlecht rasiert – Merkmale, woran man häufig die großen Kriminellen erkennt. Sein Anzug war sauber, aber sehr abgetragen. Sein einst schwarzer, nun auf dem Rücken und an den Ellbogen grau gewordener Überrock war bis unters Kinn zugeknöpft, wohl um eine noch abgeschabtere Weste zu verbergen. Er ging auf den Engländer zu und sagte in recht demütigem Ton zu ihm: »Uncle...«

»Leave me alone, you wretch!« rief der Engländer, dessen graue Augen in einem Wutausbruch funkelten, und tat einen Schritt, um den Bahnhof zu verlassen.

»Don't drive me to despair«, erwiderte der andere in zugleich kläglichem und fast drohendem Tonfall.

»Wären Sie so gütig, einen Augenblick auf meine Tasche achtzugeben«, sagte der alte Engländer und stellte seine Reisetasche Léon vor die Füße.

Zugleich packte er den Arm des Mannes, der ihn angesprochen hatte, führte oder vielmehr stieß ihn in eine Ecke, wo er nicht gehört zu werden hoffte, und redete in anscheinend recht grobem Ton kurz auf ihn ein. Dann zog er einige Papiere aus der Tasche, zerknüllte sie und schob sie in die Hand des Mannes, der ihn Onkel genannt hatte. Jener nahm die Papiere, ohne sich zu bedanken, entfernte sich fast unmittelbar danach und verschwand.

Es gibt nur ein Hotel in N...; man braucht sich also nicht zu wundern, wenn sich einige Minuten später alle Persönlichkeiten dieser wahrhaftigen Geschichte dort wiederfanden. In Frankreich kann jeder Reisende, der das Glück hat, eine gutgekleidete Frau am Arm zu führen, sicher sein, in allen Hotels das beste Zimmer zu bekommen; mithin steht fest, daß wir die höflichste Nation Europas sind.

Wenn das Zimmer, das man Léon gab, auch das beste war, so wäre es vermessen, daraus zu schließen, es sei ausgezeichnet gewesen. Es hatte ein großes Nußbaumbett mit blau-grünen Vorhängen, auf denen in Violett die tragische Geschichte von Pyramus und Thisbe zu sehen war. An den Wänden fand sich eine Tapete, die eine Ansicht von Neapel mit vielerlei Personen darstellte; unglücklicherweise hatten müßige und unbedachte Reisende allen männlichen und weiblichen Figuren Schnurrbärte und Pfeifen hinzugefügt; und am Himmel und auf dem Meer stand eine Menge mit Bleistift geschriebener Zoten in Prosa und in Versen zu lesen. Auf diesem Hintergrund mehrere Stiche: ›Louis-Philippe, den Eid auf die Verfassung von 1830 leistend‹; ›Die erste Begegnung zwischen Julie und Saint-Preux‹; ›In Erwartung des Glücks‹ und ›Reue‹ nach Dubuffe. Dieser Raum hieß das Blaue Zimmer, weil die beiden Sessel, die rechts und links vom Kamin standen, mit Utrechter Samt dieser Farbe bezogen waren; sie steckten aber seit langen Jahren unter Überzügen aus grauem Perkal mit amarantfarbenen Borten.

Während die Hotelmädchen sich um die Neuangekommene drängten und ihr ihre Dienste anboten, ging Léon, der zwar verliebt war, des gesunden Menschenverstands aber nicht ermangelte, in die Küche, um das Essen zu bestellen. Er mußte seine ganze Beredsamkeit und ein wenig Bestechung aufwenden, um die Erlaubnis für ein Diner auf dem Zimmer zu erhalten; groß war aber sein Schreck, als er erfuhr, daß im Hauptspeisesaal, das heißt neben seinem Zimmer, die Herrn Offiziere des Dritten Husarenregiments, die die Herrn Offiziere des Achten Jägerregiments in N... ablösen sollten, sich am nämlichen Tag mit diesen zu einem Abschiedsessen trafen, bei dem allgemeine Herzlichkeit herrschen würde. Der Wirt schwor die heiligsten Eide, daß, abgesehen von der allen französischen Militärs eigenen Fröhlichkeit, die Herrn Husaren und die Herrn Jäger in der ganzen Stadt ob ihrer Freundlichkeit und Mäßigkeit bekannt seien und daß diese Nachbarschaft für Madame nicht die mindeste Unannehmlichkeit haben werde, da es bei den Herrn Offizieren Brauch sei, sich noch vor Mitternacht von der Tafel zu erheben.

Als Léon auf diese Versicherung hin, die ihn nur mäßig beruhigte, ins Blaue Zimmer zurückging, bemerkte er, daß sein Engländer das Zimmer neben dem seinen hatte. Die Tür stand offen. Der Engländer saß vor einem Tisch, auf dem ein Glas und eine Flasche standen, und betrachtete mit tiefer Aufmerksamkeit die Zimmerdecke, als zähle er die Fliegen, die dort herumspazierten.

›Was liegt schon an der Nachbarschaft!‹ sagte sich Léon; ›der Engländer wird bald betrunken sein, und die Husaren gehen vor Mitternacht weg.‹

Als er das Blaue Zimmer betrat, war seine erste Sorge, sich zu vergewissern, ob die Verbindungstüren gut verschlossen seien und Riegel hätten. Nach der Seite des Engländers hin gab es eine Doppeltür; die Wände waren dick. Nach der Husarenseite hinüber war die Trennwand dünner, aber die Tür hatte Schloß und Riegel. Alles in allem war dies eine wirksamere Schranke gegen Neugier als die Vorhänge eines Wagens, und wie viele Leute glauben sich in einem Fiaker von der Welt isoliert!

Selbst die blühendste Phantasie kann sich gewiß kein vollkommeneres Glück vorstellen als das zweier junger Verliebter, die nach einer langen Zeit des Wartens allein sind, fern den Eifersüchtigen und Neugierigen und in der Lage, sich mit Muße ihre vergangenen Leiden zu erzählen und die Wonnen einer gänzlichen Vereinigung auszukosten. Aber der Teufel findet immer ein Mittel, seinen Tropfen Wermut in den Becher des Glücks zu schütten. Johnson hat geschrieben, allerdings nicht als erster, er hatte es einem Griechen entnommen, daß kein Mensch sich sagen kann: ›Heute werde ich glücklich sein.‹ Diese in einem sehr weit zurückliegenden Zeitalter von den größten Philosophen erkannte Wahrheit ist einer Anzahl Sterblicher und besonders dem Großteil der Verliebten immer noch unbekannt.

Während Léon und seine Freundin im Blauen Zimmer ein ziemlich mittelmäßiges Diner zu sich nahmen, einige Gänge, die vom Bankett der Jäger und Husaren abgezweigt worden waren, hatten sie unter der Unterhaltung viel zu leiden, der sich die Herrn im Nebensaal hingaben.

Man führte dort Reden, die mit Strategie und Taktik nichts zu tun hatten und die zu berichten ich mich wohl hüten werde. Es war eine Folge von saftigen Geschichten, fast alle sehr ausgelassen und von schallendem Gelächter begleitet, an dem nicht teilzunehmen unseren Liebenden manchmal ziemlich schwerfiel. Léons Freundin war nicht prüde, aber es gibt Dinge, die man nicht einmal im Tête-à-tête mit dem Mann gern anhört, den man liebt. Die Situation wurde immer peinlicher, und als man den Herrn Offizieren den Nachtisch servierte, glaubte Léon, in die Küche hinuntergehen zu müssen, um den Wirt zu bitten, den Herrn vorzuhalten, daß sich im Zimmer neben ihnen eine leidende Frau befinde und man von der Höflichkeit der Herrn erwarte, sie möchten gütigst ein bißchen weniger Lärm machen.

Wie es bei festlichen Essen geschlossener Gesellschaften so ist, war der Hotelwirt völlig durcheinander und wußte nicht, auf wen er zuerst hören sollte. Gerade als Léon ihm die Botschaft für die Offiziere auftrug, bestellte ein Ober beim Wirt Champagner für die Husaren, und ein Zimmermädchen Portwein für den Engländer.

»Ich hab gesagt, es gibt keinen mehr«, fügte sie hinzu.

»Du bist eine dumme Gans. Bei mir gibt's alle Weine. Ich werde schon Portwein für ihn finden! Bring mir eine Flasche Fruchtlikör, die Flasche zu fünfzehn, und eine Karaffe Schnaps.«

Nachdem der Wirt im Handumdrehen Portwein fabriziert hatte, ging er in den großen Saal und richtete den Auftrag aus, den ihm Léon soeben gegeben hatte. Dies rief zunächst einen Sturm der Entrüstung hervor. Dann fragte eine Baßstimme, die alle anderen übertönte, was für eine Art Frau ihre Nachbarin sei. Es wurde etwas stiller. Der Wirt antwortete:

»Auf Ehre, Messieurs, ich weiß nicht, was ich Ihnen sagen soll. Sie ist recht hübsch und recht schüchtern.

Marie-Jeanne sagt, sie hat einen Ehering am Finger. Es könnte durchaus sein, daß es eine Jungvermählte ist, die zum Abschluß der Hochzeit hierher kommt, wie das manchmal geschieht.«

»Eine Braut!« riefen vierzig Stimmen. »Sie muß herüberkommen und mit uns anstoßen! Wir wollen auf ihr Wohl trinken und dem Bräutigam seine ehelichen Pflichten beibringen!«

Bei diesen Worten war ein gewaltiges Sporengeklirr zu hören; unsere Liebenden zitterten, weil sie dachten, ihr Zimmer werde im Sturm genommen. Plötzlich jedoch erhob sich eine Stimme, die der Unruhe ein Ende setzte. Offenbar war es ein Vorgesetzter, der sprach. Er warf den Offizieren ihre Unhöflichkeit vor und gab ihnen den Befehl, sich wieder zu setzen und sich geziemend zu unterhalten, ohne zu schreien. Er fügte dann noch einige Worte hinzu, die zu leise waren, als daß man sie im Blauen Zimmer hätte verstehen können. Sie wurden respektvoll angehört, nicht jedoch ohne eine gewisse verhaltene Heiterkeit zu erregen. Von diesem Augenblick an herrschte im Saal der Offiziere relative Stille, und unsere Liebenden, die die heilsame Macht der Disziplin segneten, begannen nun mit größerer Ungezwungenheit zu plaudern. Nach so viel Verdruß brauchte es allerdings Zeit, die zärtlichen Gefühle wiederzufinden, die die Aufregung, die Unannehmlichkeiten der Reise und vor allem die grobe Fröhlichkeit ihrer Nachbarn arg gestört hatten. In ihrem Alter ist dies nun aber nicht sehr schwer, und sie hatten bald alle Verdrießlichkeiten ihres abenteuerlichen Ausflugs so weit vergessen, daß sie an nichts anderes mehr dachten als an seine wichtigsten Ergebnisse.

Sie hielten den Frieden mit den Husaren für geschlossen; aber ach, es war nur ein Waffenstillstand. In einem

Augenblick, als sie sich's am wenigsten versahen und als sie unserer sublunarischen Welt tausend Meilen fern waren, da bliesen zwei Dutzend Trompeten, unterstützt von einigen Posaunen, das bekannte Lied der französischen Soldaten: »La victoire est à nous!« Man sage mir ein Mittel, einem solchen Sturm zu widerstehen! Die armen Liebenden waren gar sehr zu bedauern.

....

Nein, nicht ganz so sehr zu beklagen, denn endlich verließen die Offiziere den Speisesaal, defilierten mit lautem Säbel- und Sporenklirren an der Tür des Blauen Zimmers vorbei und riefen einer nach dem anderen:

»Guten Abend, junge Ehefrau.«

Dann hörte aller Lärm auf. Ich irre mich, der Engländer kam in den Gang heraus und rief:

»Ober! Bringen Sie mir noch eine Flasche vom selben Portwein!«

....

Die Ruhe im Hotel von N... war wiederhergestellt. Die Nacht war lau, der Vollmond schien. Seit undenklicher Zeit bedeutet es für die Liebenden ein Vergnügen, unseren Erdtrabanten zu betrachten. Léon und seine Freundin öffneten ihr Fenster, das auf einen kleinen Garten ging, und atmeten mit Genuß die frische Luft, die eine Klematislaube mit Duft erfüllte. Sie blieben jedoch nicht lange dort. Ein Mann ging mit gesenktem Kopf und gekreuzten Armen, eine Zigarre im Mund, im Garten hin und her. Léon glaubte den Neffen des Engländers zu erkennen, der den Portwein liebte.

....

Ich verabscheue unnütze Einzelheiten und halte mich überdies nicht für verpflichtet, dem Leser alles zu sagen, was er sich leicht denken kann, oder Stunde für Stunde alles zu erzählen, was im Hotel von N... vor sich ging. Ich sage also, daß die Kerze, die auf dem ungeheizten Kamin des Blauen Zimmers brannte, mehr als zur Hälfte verzehrt war, als im eben noch stillen Zimmer des Engländers sich ein seltsames Geräusch vernehmen ließ, wie es ein schwerer Körper verursachen kann, wenn er niederfällt. Mit diesem Geräusch verband sich ein nicht weniger seltsames Krachen, dem ein erstickter Schrei und einige undeutliche Worte folgten, die einer Verwünschung ähnelten. Die zwei jungen Bewohner des Blauen Zimmers fuhren zusammen. Vielleicht waren sie jäh aufgeweckt worden. Auf beide hatten die Geräusche, die sie sich nicht erklären konnten, einen geradezu unheimlichen Eindruck gemacht.

»Es ist unser Engländer, der träumt«, sagte Léon, der sich zu einem Lächeln zwang, denn er wollte seine Gefährtin beruhigen, schauderte aber wider Willen.

Zwei oder drei Minuten darauf wurde auf dem Gang eine Tür geöffnet, vorsichtig, wie es schien; sie schloß sich dann wieder sehr leise. Ein langsamer und unsicherer Schritt war zu vernehmen, der sich allem Anschein nach unhörbar zu machen versuchte.

»Verfluchte Absteige!« rief Léon.

»Oh, es ist das Paradies!« erwiderte die junge Frau und ließ den Kopf auf Léons Schulter sinken. »Ich bin todmüde!...«

Sie seufzte und schlief fast augenblicklich wieder ein.

Ein berühmter Moralist hat gesagt, daß die Männer nicht gesprächig sind, sobald sie nichts mehr zu verlangen haben. Man wundere sich also nicht, wenn Léon keinerlei Versuch machte, die Unterhaltung wieder anzuknüpfen oder sich über die Geräusche im Hotel von N... auszulassen. Wider seinen Willen beschäftigte er sich damit, und seine Phantasie brachte allerlei Umstände miteinander in Verbindung, denen er in anderer Geistesverfassung keinerlei Aufmerksamkeit geschenkt hätte. Das finstere Gesicht des Neffen des Engländers kam ihm wieder ins Gedächtnis. Haß lag in dem Blick, den er seinem Onkel zuwarf, wenn er auch in Demut mit ihm sprach – zweifellos, weil er Geld von ihm verlangte.

›Was ist leichter für einen noch jungen, kräftigen und überdies verzweifelten Menschen, als vom Garten aus ans Fenster des Zimmers nebenan zu klettern? Außerdem wohnte er wohl im Hotel, da er nachts im Garten spazierenging. Vielleicht... wahrscheinlich sogar... zweifellos wußte er, daß die schwarze Reisetasche seines Onkels ein dickes Bündel Banknoten enthielt... Und dieser dumpfe Schlag wie von einer Keule auf einen kahlen Schädel... der erstickte Schrei!... diese schreckliche Verwünschung! Und dann die Schritte! Dieser Neffe hatte die Physiognomie eines Mörders... Aber man mordet nicht in einem Hotel, das voll von Offizieren steckt. Ohne Zweifel hatte der Engländer als vorsichtiger Mensch den Riegel vorgeschoben, zumal er wußte, daß dieser Typ in der Nähe war. Er traute der Sache nicht, weswegen er ihm mit der Reisetasche in der Hand auch nicht nahekommen wollte... Warum sich garstigen Gedanken überlassen, wenn man so glücklich ist?‹

Das sagte sich Léon im stillen. Mitten in seinen Gedanken, die noch eingehender zu analysieren ich mich hüten werde und die sich ihm fast so konfus darboten wie die Bilder eines Traums, hatte er die Augen mechanisch auf die Verbindungstür zwischen dem Blauen Zimmer und dem des Engländers gerichtet. In Frankreich schließen die Türen schlecht. Zwischen dieser und dem

Parkett bestand ein Zwischenraum von wenigstens zwei Zentimetern. In diesem Zwischenraum, der von der Spiegelung des Parketts schwach erhellt war, erschien auf einmal irgend etwas Schwärzliches, Flaches, das einer Messerklinge glich, denn der vom Schein der Kerze getroffene Rand zeigte eine schmale, glänzende Linie. Dieses Etwas bewegte sich langsam in Richtung auf ein Pantöffelchen aus blauem Satin vorwärts, das nachlässig auf kurzen Abstand zu dieser Tür geschleudert worden war. War das irgendein Insekt wie ein Tausendfüßler?... ›Nein, es ist kein Insekt. Es hat keinen festen Umriß... Zwei oder drei braune Streifen, jeder mit seiner Lichtlinie am Rand, sind ins Zimmer eingedrungen. Ihre Bewegung beschleunigt sich bei der Neigung des Parketts... Sie kommen schnell voran, sie werden gleich das Pantöffelchen berühren. Kein Zweifel mehr! Es ist eine Flüssigkeit, und diese Flüssigkeit, deren Farbe man im Licht der Kerze jetzt deutlich sieht, ist Blut!‹ Und während Léon regungslos und mit Entsetzen diese schrecklichen Spuren betrachtete, schlief die junge Frau ihren ruhigen Schlummer weiter, und ihr regelmäßiger Atem wärmte Hals und Schulter ihres Geliebten.

....

Die Fürsorglichkeit, die Léon gleich nach der Ankunft im Hotel von N... bei der Bestellung des Essens gezeigt hatte, beweist zur Genüge, daß er einen recht hellen Kopf, eine höhere Intelligenz besaß und vorauszusehen verstand. Bei dieser Gelegenheit verleugnete er den Charakter nicht, den man bereits an ihm bemerken konnte. Er machte nicht eine Bewegung, und seine ganze Geisteskraft richtete sich angestrengt darauf, angesichts des schrecklichen Mißgeschicks, das ihm drohte, einen Entschluß zu fassen.

Ich denke mir, daß die Mehrzahl meiner Leser und vor allem meiner Leserinnen, erfüllt von heroischen Gefühlen, Léons Benehmen und seine Untätigkeit unter diesen Umständen tadeln werden. Er hätte, wird man mir sagen, ins Zimmer des Engländers stürzen und den Mörder festhalten, zum allerwenigsten die Klingel ziehen und die Hotelangestellten zusammenläuten müssen. Darauf werde ich zunächst antworten, daß es in Frankreich in den Hotels Klingeln nur zum Schmuck der Zimmer gibt und daß ihre Schnüre mit keinerlei metallischem Apparat in Verbindung stehen. Ich werde respektvoll, doch mit Nachdruck hinzufügen, daß es zwar schlimm ist, neben sich einen Engländer sterben zu lassen, aber auch nicht lobenswert, ihm eine Frau zu opfern, die schläft und deren Kopf man an der Schulter ruhen fühlt. Was wäre geschehen, wenn Léon Lärm geschlagen hätte, um das Hotel zu wecken? Die Gendarmen, der kaiserliche Staatsanwalt und sein Protokollführer wären alsbald erschienen. Noch bevor sie ihn gefragt hätten, was er gesehen oder gehört habe – die Herrn sind von Berufs wegen so neugierig – würden sie zuallererst zu ihm gesagt haben:

»Wie heißen Sie? – Ihre Papiere? – Und Madame? – Was taten Sie zusammen im Blauen Zimmer? – Sie werden vor dem Schwurgericht zu erscheinen haben, um auszusagen, daß Sie am Soundsovielten des Monats zu der und der Stunde nachts Zeugen von der und der Tat gewesen sind.«

Nun ist dies genau die Vorstellung von Staatsanwalt und Gerichtsbeamten, die sich als erste Léons Sinn darbot. Es gibt im Leben manchmal Gewissenskonflikte, die schwer zu lösen sind. Ist's besser, einen unbekannten Reisenden erwürgen zu lassen oder die Frau bloßzustellen und zu verlieren, die man liebt? Es ist unangenehm, sich eine solche Frage stellen zu müssen. Ich setze zehn gegen eins, auch der Geschickteste fände keine Lösung.

Léon tat also, was wahrscheinlich etliche an seiner Stelle getan hätten: er rührte sich nicht. Die Augen auf den blauen Pantoffel und das kleine rote Rinnsal gerichtet, das ihn erreicht hatte, verharrte er lange Zeit wie gebannt, während kalter Schweiß seine Schläfen feuchtete und sein Herz in der Brust zum Zerspringen schlug. Eine Menge seltsamer und schrecklicher Gedanken und Vorstellungen bedrängte ihn, und eine innere Stimme rief ihm alle Augenblicke zu: ›In einer Stunde wird man alles wissen, und es ist deine Schuld!‹

Fragt man sich jedoch immer wieder ›Was soll ich in dieser Zwangslage tun?‹, so wird man am Ende einiger Hoffnungsstrahlen gewahr. Er sagte sich schließlich: ›Wenn wir dieses verdammte Hotel vor Entdeckung der Vorgänge im Zimmer nebenan verließen, könnten wir vielleicht unsere Spuren verwischen. Niemand kennt uns hier; man hat mich nur mit blauer Brille gesehen; man hat sie nur hinter ihrem Schleier gesehen. Wir sind zwei Schritt vom Bahnhof und wären in einer Stunde weit weg von N...‹ Dann erinnerte er sich, da er das Kursbuch ausführlich studiert hatte, um seine Fahrt zu planen, daß um acht Uhr ein Zug in Richtung Paris ging. Bald darauf würde man sich in der Unermeßlichkeit dieser Stadt verlieren, wo sich so viele Missetäter verbergen. Wer könnte dort zwei Unschuldige aufspüren? Würde aber nicht vor acht Uhr jemand bei dem Engländer eintreten? Da lag das ganze Problem.

Fest überzeugt, daß er keinen anderen Entschluß fassen könne, machte Léon eine verzweifelte Anstrengung, die Erstarrung abzuschütteln, die sich seiner seit geraumer Zeit bemächtigt hatte; bei der ersten Bewegung jedoch, die er machte, erwachte seine junge Gefährtin und umarmte ihn zum Ersticken. Bei der Berührung seiner eisigen Wange entschlüpfte ihr ein kleiner Schrei.

»Was hast du?« sagte sie beunruhigt zu ihm. »Deine Stirn ist kalt wie Marmor!«

»Es ist nichts«, antwortete er mit wenig sicherer Stimme. »Ich habe im Zimmer nebenan ein Geräusch gehört...«

Er machte sich aus ihren Armen frei, entfernte zuerst den blauen Pantoffel und stellte einen Sessel vor die Verbindungstür, um auf diese Weise vor seiner Freundin die gräßliche Flüssigkeit zu verbergen, die aufgehört hatte, sich weiter zu verbreiten, und nun eine ziemlich große Lache auf dem Parkett bildete.

Dann öffnete er spaltbreit die Tür, die auf den Korridor ging, und horchte aufmerksam. Er wagte es sogar, sich der Tür des Engländers zu nähern. Sie war verschlossen. Im Hotel gab es schon einige Unruhe. Der Tag brach an. Die Stallknechte striegelten im Hof die Pferde, und aus dem zweiten Stock stieg ein Offizier die Treppe herunter, wobei er die Sporen klirren ließ: er wollte die interessante Arbeit beaufsichtigen, die für die Pferde angenehmer ist als für die Menschen und die man mit dem Fachausdruck ›Frühstall‹ bezeichnet.

Léon kam ins Zimmer zurück und setzte seiner Freundin mit aller Behutsamkeit, die die Liebe erdenken kann, und mit Hilfe vieler Umschreibungen und Euphemismen die Situation auseinander, in der sie sich befanden.

Gefährlich, zu bleiben; gefährlich, zu überstürzt abzureisen; noch weit gefährlicher, im Hotel zu warten, bis die Katastrophe im Zimmer nebenan entdeckt würde. Unnötig, das durch diese Eröffnung verursachte Entsetzen zu schildern, die Tränen, die darauf folgten, die unsinnigen Vorschläge, die vorgebracht wurden.

Wie oft stürzten sich die Unglücklichen in die Arme und sagten zueinander:

»Verzeih mir, verzeih mir!«

Jedes hielt sich für den am meisten Schuldigen. Sie versprachen sich, gemeinsam zu sterben, denn der junge Mann zweifelte nicht daran, daß die Justiz sie des Mords an dem Engländer für schuldig befinden würde, und da sie nicht sicher waren, daß man ihnen erlauben werde, sich auf dem Schafott noch einmal in die Arme zu nehmen, umarmten sie sich, als wollten sie sich ersticken, wobei sie sich um die Wette mit ihren Tränen netzten.

Nachdem sie sich eine Menge Ungereimtheiten und eine Menge zärtlicher und herzzereißender Worte gesagt hatten, erkannten sie schließlich unter tausend Küssen, daß der von Léon erdachte Plan, nämlich die Abreise mit dem Zug um acht Uhr, wirklich der einzige ausführbare und beste sei, den man verfolgen könne. Es blieben aber noch zwei tödliche Stunden zu überstehen. Bei jedem Schritt im Gang zitterten sie an allen Gliedern. Jedes Knarren von Stiefeln kündete ihnen das Eintreffen des Staatsanwalts an. Ihr leichtes Gepäck war im Nu fertig.

Die junge Frau wollte den blauen Pantoffel im Kamin verbrennen, aber Léon nahm ihn an sich, und nachdem er ihn am Bettvorleger abgewischt hatte, küßte er ihn und steckte ihn in die Tasche. Er war überrascht bei der Entdeckung, daß der Schuh nach Vanille roch; seine Freundin hatte ›Bouquet de l'Impératrice Eugénie‹ als Parfüm.

Schon war jedermann im Hotel munter. Man hörte Kellner lachen, Stubenmädchen singen, Soldaten, die Offiziersröcke bürsteten. Soeben hatte es sieben Uhr geschlagen. Léon wollte seine Freundin dazu bewegen, eine Tasse Milchkaffee zu sich zu nehmen, aber sie erklärte, ihre Kehle sei so zugeschnürt, daß sie stürbe, wollte sie versuchen, etwas zu trinken.

Mit seiner blauen Brille ausgerüstet, ging Léon hinunter, um die Rechnung zu bezahlen. Der Wirt bat ihn wegen des Lärms um Entschuldigung, der gemacht worden sei und den er sich immer noch nicht erklären könne; die Herrn Offiziere waren immer so ruhig! Léon versicherte, er habe nichts gehört und ausgezeichnet geschlafen.

»Bei Gott, Ihr Nachbar auf der anderen Seite«, fuhr der Wirt fort, »hat Sie nicht belästigen können. Der macht nicht viel Lärm. Ich wette, daß er noch tief und fest schläft.«

Léon stützte sich fest auf die Empfangstheke, um nicht umzusinken, und die junge Frau, die ihm hatte folgen wollen, krampfte sich an seinen Arm und zog den Schleier vor den Augen zusammen.

»Es ist ein Mylord«, fuhr der unbarmherzige Wirt fort. »Er muß immer das Beste haben. Ah, er ist ein sehr anständiger Mensch! Aber nicht alle Engländer sind wie er. Da war einer hier, der war ein Knauser! Er findet alles zu teuer, das Appartement, das Essen. Er wollte mir seinen Schein mit einhundertfünfundzwanzig Francs verrechnen, einen Schein der Bank von England über fünf Pfund Sterling... Immer noch vorausgesetzt, daß er echt ist!... Hören Sie, Monsieur, Sie müssen sich da auskennen, denn ich habe Sie mit Madame Englisch sprechen hören... Ist er echt?«

Während er so redete, zeigte er ihm eine Fünfpfundnote. An einer der Ecken war ein kleiner roter Fleck, den Léon sich sofort erklären konnte.

»Ich halte ihn für durchaus echt«, sagte er mit erstickter Stimme.

»Oh, Sie haben noch viel Zeit«, fing der Wirt wieder an; »der Zug fährt erst um acht Uhr durch, und er hat immer Verspätung. Wollen Sie sich doch bitte setzen, Madame. Sie sehen angegriffen aus...«

In diesem Augenblick kam ein molliges Zimmermädchen herein.

»Schnell heißes Wasser«, sagte sie, »für Mylords Tee! Bringt auch einen Schwamm her! Er hat seine Flasche zerbrochen, und sein ganzes Zimmer ist überschwemmt.«

Bei diesen Worten ließ sich Léon auf einen Stuhl sinken; seine Gefährtin tat desgleichen. Heftige Lachlust überkam alle beide, und sie hatten einige Mühe, nicht herauszuplatzen. Der junge Mann drückte ihr übermütig die Hand.

»Ganz bestimmt«, sagte Léon zum Wirt, »fahren wir erst mit dem Zug um zwei Uhr. Richten Sie uns ein gutes Mittagessen.«

. . . .

ANONYM

Dû bist mîn, ich bin dîn:
des solt dû gewis sîn.
dû bist beslozzen
in mînem herzen:
verlorn ist daz slüzzelîn:
dû muost immer drinne sîn.

IWAN BUNIN

Der Sonnenstich

Nach dem Essen gingen sie aus dem heißen, grell beleuchteten Speisesaal auf Deck und machten an der Reling halt. Sie schloß die Augen, preßte die äußere Handfläche an die Wange, brach in ein natürliches, entzückendes Lachen aus – alles an dieser kleinen Frau war entzükkend – und sagte:

»Ich bin ganz trunken ... ich bin ja ganz von Sinnen. Woher sind Sie denn aufgetaucht? Vor drei Wochen ahnte ich noch nichts von Ihrem Dasein. Ich weiß nicht mal, wo Sie eingestiegen sind. In Samara? Doch das ist ja gleichgültig, Sie sind so lieb. Ist mir schwindlig, oder wenden wir irgendwohin?«

In dem Dunkel vor ihnen flimmerten Lichter. Ein kräftiger, weicher Wind schlug ihnen aus der finsteren

Nacht ins Gesicht, und die Lichter flogen irgendwohin zur Seite: der Dampfer umschrieb mit wolgamäßiger Eleganz einen weiten Bogen und lief einen kleinen Hafen an.

Der Leutnant ergriff ihre Hand und zog sie an seine Lippen. Die Hand war klein und kräftig und duftete nach Sonne. Ein seliger Schauer durchzuckte sein Herz bei dem Gedanken, wie fest und gebräunt sie wohl unter dem dünnen Leinenkleide sein müsse, nachdem sie einen ganzen Monat in dem glühenden Meeressand unter der südlichen Sonne gelegen hatte (sie sagte, sie käme aus Anapa). Der Leutnant flüsterte:

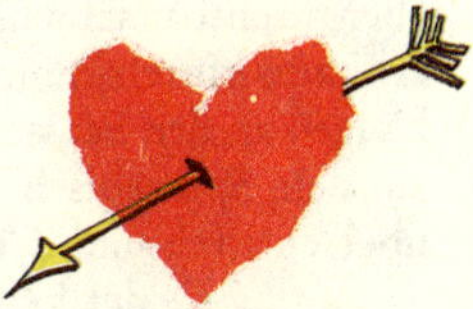

»Lassen Sie uns aussteigen.«

»Wo denn?« fragte sie erstaunt.

»In diesem Hafen.«

»Warum?«

Er schwieg. Sie legte wieder die Außenfläche ihrer Hand an die glühende Wange.

»Sie sind von Sinnen.«

»Wir wollen aussteigen«, wiederholte er hartnäckig. »Ich flehe Sie an ...«

»Ach, tun Sie, was Sie wollen«, sagte sie und wandte sich ab.

Der schnell dahingleitende Dampfer stieß weich rollend an die schwach beleuchtete Anlegestelle, so daß sie fast aneinanderprallten. Über ihre Köpfe hinweg flog das Ende des Seiles, dann wurde der Dampfer ein wenig abgetrieben, und das Wasser rauschte auf, der Landungssteg rasselte ... Der Leutnant stürzte nach dem Gepäck.

Nach einer Minute kamen sie an dem Schalterhäuschen vorbei, gingen durch den tiefen Sand, in dem die Füße versanken, und setzten sich schweigend in eine staubige Droschke. Die sanfte Steigung des Berges mit den vereinzelt dastehenden schiefen Laternenpfählen auf der von

Staub weichen Landstraße schien endlos. Doch nun war die Höhe erklommen. Der Wagen fuhr rasselnd über das Pflaster; ein offener Platz, Amtsgebäude, Fabrikschornsteine tauchten auf, und Gerüche einer nächtlichen sommerlichen Provinzstadt... Der Kutscher machte vor einer beleuchteten Auffahrt halt, hinter deren geöffneter Tür sich eine steile Holztreppe erhob, ein alter unrasierter Diener in hellrotem Russenhemd und Rock nahm mißmutig ihr Gepäck in Empfang und ging mit seinen durchgetretenen Füßen voran. Sie traten in ein großes, aber furchtbar schwüles, tagsüber von der Sonne glühend erhitztes Hotelzimmer mit weißen, herabgelassenen Vorhängen an den Fenstern und zwei ungebrauchten Kerzen auf dem Spiegeltisch – und kaum hatten sie die Schwelle überschritten und der Diener hatte die Tür geschlossen, da umfing sie der Leutnant stürmisch, und beide erstarrten in einem so leidenschaftlichen, atemlosen Kuß, daß sie an diesen Augenblick noch viele Jahre später zurückdachten; weder sie noch er hatten in ihrem ganzen Leben je etwas Ähnliches empfunden.

Um zehn Uhr des nächsten Morgens, eines sonnigen, heißen, glücklichen, von Kirchengeläute erfüllten Morgens mit dem Heu- und Teergeruch des Marktplatzes vor dem Hotel und all den mannigfaltigen Düften, die einer russischen Provinzstadt anhaften – reiste sie ab, die kleine namenlose Frau, tatsächlich ohne ihren Namen genannt zu haben; sie bezeichnete sich im Scherz als die schöne Unbekannte. Geschlafen hatte man wenig, als sie jedoch nach fünf Minuten gewaschen und angekleidet hinter dem Wandschirm am Bett hervortrat, sah sie frisch aus, als sei sie siebzehn Jahre alt. War sie verlegen? Nein, kaum merkbar. Wie vorhin, war sie natürlich, lustig und wieder ganz vernünftig.

»Nein, nein, mein Lieber«, antwortete sie auf seine Bitte, mit ihm weiterzureisen: »Nein, Sie müssen auf den nächsten Dampfer warten. Wenn wir zusammen fahren, ist alles verdorben. Das würde mir sehr unangenehm sein. Ich gebe Ihnen mein Ehrenwort, daß ich ganz und gar nicht das bin, wofür Sie mich halten könnten. Niemals hat es etwas auch nur annähernd Ähnliches wie das, was vorgefallen ist, in meinem Leben gegeben, und es wird das auch nie wieder geben. Es ist wie eine Geistesverwirrung über mich gekommen... Oder richtiger gesagt, wir sind beide von einer Art Sonnenstich getroffen...«

Und der Leutnant willigte ohne weiteres ein. Frohen und leichten Herzens brachte er sie zum Hafen – gerade zur Abfahrt des hellen Dampfers – küßte sie auf dem Deck vor aller Augen und sprang noch im letzten Augenblick auf das Landungsbrett, das schon zurückgeschoben wurde.

Ebenso leichten Herzens und sorglos kehrte er in sein Hotel zurück. Doch etwas hatte sich verändert. Das Hotelzimmer schien ohne sie ganz anders, als es mit ihr gewesen war. Es war noch ganz erfüllt von ihr und – doch leer. Wie sonderbar das war! Es duftete noch nach ihrem guten, englischen Toilettenwasser; auf dem Tablett stand noch ihre halb geleerte Tasse, und sie war nicht mehr da... und eine so heiße Zärtlichkeit durchzuckte plötzlich das Herz des Leutnants, daß er hastig zu rauchen begann und, mit der Reitpeitsche auf den Stiefelschaft klopfend, mehrmals im Zimmer auf und ab ging.

»Ein sonderbares Abenteuer!« sagte er laut. Er lachte und fühlte, daß ihm Tränen in die Augen stiegen... »›ich gebe Ihnen mein Ehrenwort, daß ich ganz und gar nicht das bin, wofür Sie mich halten könnten‹... Und fort ist sie. Sonderbare Frau«...

Der Wandschirm war zur Seite gerückt, das Bett noch nicht gemacht. Und er fühlte, daß es ihm einfach an Kraft gebrach, auf dieses Bett zu schauen. Er verdeckte es mit dem Wandschirm, schloß die Fenster, um das Gemurmel vom Markt und das Rattern der Wagen nicht zu hören, ließ die weißen, aufgeblähten Vorhänge herab, setzte sich auf den Diwan... Ja, das war nun das Ende dieses Reiseabenteuers! Fortgefahren ist sie und mag nun wohl im weißen Glassalon oder auf Deck sitzen und auf den gewaltigen, im Sonnenlicht glänzenden Strom schauen, auf die vorbeifahrenden Flößer, auf die gelben Sandbänke, auf die schimmernde Ferne von Wasser und Himmel, auf diese unendliche Weite... Lebewohl für ewig... Denn wo könnten sie sich jetzt treffen? »Ich kann doch nicht«, dachte er, »ich kann doch nicht ohne weiteres in diese Stadt kommen, wo es ihren Mann und ihr drei Jahre altes Töchterchen, ihre ganze Familie und ihr ganzes gewohntes Leben gibt!«

Und die Stadt erschien ihm irgendwie ganz eigentümlich unzugänglich, und der Gedanke, daß sie nun doch dort ihr einsames Leben leben, häufig an ihn denken und sich oft ihrer zufälligen, flüchtigen Begegnung entsinnen würde, er sie aber nie und nimmer wiedersehen könnte – dieser Gedanke setzte ihn in Erstaunen und erschütterte ihn. Nein, das durfte nicht sein. Das wäre zu unnatürlich, unwahrscheinlich, sonderbar! Und er empfand einen solchen Schmerz und sein weiteres Leben ohne sie als so unnötig, daß er von Schrecken und Verzweiflung ergriffen wurde!

»Teufel noch einmal!« dachte er aufstehend, und begann wieder im Zimmer auf und ab zu gehen, wobei er sich bemühte, nicht auf das Bett hinter dem Wandschirm zu sehen.

»Ja, was ist denn mit mir los? Schließlich ist es doch nicht zum erstenmal – und nun … Ja, was ist denn Besonderes an ihr, und was ist denn eigentlich vorgefallen? Tatsächlich – ein regelrechter Sonnenstich! Und vor allen Dingen, wie werde ich nur den ganzen Tag ohne sie in dieser Einöde verbringen?«

Er erinnerte sich ihrer noch ganz deutlich, all ihrer kleinsten Eigenheiten, des Geruches ihres sonnengebräunten Körpers, ihres Leinenkleides, des frischen, natürlichen, fröhlichen Tonfalles ihrer Stimme …

Das Gefühl des noch eben empfundenen Entzückens an ihrem weiblichen Liebreiz war ungewöhnlich wach in ihm, doch nun war das Wichtigste das zweite, ganz neue Gefühl – das eigentümliche, unerklärliche Gefühl, das es gar nicht gegeben hatte, solange sie zusammen waren, das er sich nicht einmal hätte vorstellen können, als er am vergangenen Tage diese, wie er meinte, nur amüsante Bekanntschaft anknüpfte, ein Gefühl, über das er jetzt mit ihr nicht mehr sprechen konnte. Und vor allem, man würde niemals mehr zu ihr davon sprechen können! Und was nun beginnen, wie diesen endlosen Tag verbringen, mit diesen Erinnerungen, dieser nicht zu lösenden Qual, in diesem gottverlassenen Nest an derselben schimmernden Wolga, auf der der helle Dampfer sie entführt hatte.

Man mußte versuchen, sich irgendwie zu retten, sich mit etwas zu beschäftigen, irgendwohin zu gehen. Er setzte energisch die Mütze auf, nahm die kleine Peitsche, ging schnell durch den leeren Korridor und lief sporenklirrend die steile Treppe zur Auffahrt hinunter … Ja, aber wohin gehen? An der Auffahrt hielt ein junger Droschkenkutscher in einem flotten Wams und rauchte gemächlich eine Zigarette, anscheinend auf jemanden wartend. Der Leutnant schaute ihn hilflos zerstreut und erstaunt an: wie konnte man so ruhig auf dem Bock sitzen, rauchen und überhaupt so schlicht sorglos, so gleichgültig sein? – »Vermutlich bin ich allein so furchtbar unglücklich in dieser ganzen Stadt«, dachte er, während er seine Schritte nach dem Marktplatz lenkte.

Der Markt wurde schon abgebrochen. Aus irgendeinem Grunde ging er zwischen dem frischen Mist, den Wagen, den Fuhren mit Gurken, zwischen neuen Töpfen und Schüsseln hindurch; die Weiber, die auf dem Boden hockten, riefen ihn an und suchten ihn einander abspenstig zu machen, nahmen die Töpfe in die Hand, beklopften sie mit ihren Fingern, daß es klang, und priesen die Güte ihrer Ware. Die Bauern betäubten ihn mit ihren Zurufen: »Hier prima Gurken, Euer Wohlgeboren!« – Alles das war so dumm und albern, daß er davonlief. Er trat in die Kathedrale, wo bereits laut, freudig und entschlossen, mit dem Gefühl einer wohl erfüllten Pflicht, gesungen wurde; dann streifte er lange umher, ging in dem kleinen, durchglühten und vernachlässigten Garten, der am Abhang eines Berges an der unübersehbaren, stahlhellen Weite des Flusses gelegen war, umher, immer in der Runde...

Die Achselklappen und Knöpfe seines Rockes hatten sich so erwärmt, daß man sie nicht anfassen konnte. Der Rand der Mütze war innen feucht von Schweiß, das Gesicht glühte... Er kehrte ins Hotel zurück, trat mit Genuß in das große, kühle Speisezimmer der unteren Etage, nahm mit Genuß die Mütze ab, setzte sich an den Tisch am offenen Fenster, durch das die Hitze hereinströmte, wo aber immerhin ein Luftzug wehte, und bestellte sich eine Betensuppe mit Eis. Alles war gut so, in allem war grenzenloses Glück, große Freude, selbst in dieser Glut und in all den Marktgerüchen; in dem ganzen unbekannten Städtchen und in dem alten Provinzhotel war sie, diese Freude, und doch wollte einem das Herz fast brechen. Er trank einige Schnäpse, aß dazu gesalzene Dillgurken und fühle, daß er ohne weiteres bereit wäre, morgen zu sterben, wenn es durch irgendein Wunder möglich wäre, sie zurückzuholen, noch einen einzigen Tag mit ihr zu verbringen, nur um ihr zu beteuern, ihr zu beweisen und sie davon zu überzeugen, wie qualvoll-hingerissen er sie liebe... Warum beweisen, warum überzeugen? Er wußte es nicht, aber es war notwendiger als das Leben.

»Meine Nerven lassen mich in Stich«, sagte er und schenkte sich einen fünften Schnaps ein.

Er trank eine ganze Karaffe leer, in der Hoffnung, sich zu betäuben, sich von diesem qualvollen Zustand zu befreien. Aber im Gegenteil – es wurde immer schlimmer.

Er schob die Betensuppe fort, bestellte schwarzen Kaffee und fing an zu rauchen und angestrengt nachzudenken: Was sollte er nur beginnen, wie sich von dieser unerwarteten, plötzlichen Liebe befreien? Doch sich befreien – das fühlte er zu klar – war unmöglich. Und plötzlich erhob er sich wieder, nahm Mütze und Reitgerte und ging, nachdem er sich erkundigt hatte, wo sich die Post befinde, eiligst dorthin mit dem schon fertig formulierten Inhalt des Telegrammes im Kopf. »Von nun ab ist mein ganzes Leben ewig, bis zum Grabe, Ihnen zu eigen.« Als er jedoch an dem alten Gebäude mit den dicken Mauern angelangt war, in dem die Post und das Telegraphenbüro sich befanden, machte er voller Entsetzen halt. Er wußte, in welcher Stadt sie lebte, wußte, daß sie einen Gatten und ein dreijähriges Töchterchen hatte, doch er kannte weder ihren Familiennamen noch ihren Vornamen! Er hatte sie gestern mehrmals danach gefragt, während des Mittagsmahls und im Hotel, und jedesmal hatte sie lachend gesagt:

»Warum müssen Sie denn wissen, wer ich bin? Ich bin Maria Marewna, die Märchenprinzessin ... und dann die schöne Unbekannte ... Genügt Ihnen das nicht?«

An der Ecke neben der Post befand sich ein photographischer Schaukasten. Er betrachtete lange das große Porträt eines Offiziers mit dicken Achselklappen, hervorstehenden Augen, niedriger Stirn, ungewöhnlich prachtvollem Backenbart und breiter, ganz mit Orden geschmückter Brust ... Wie seltsam, ungereimt und entsetzlich ist alles Gewohnte, Alltägliche, wenn das Herz getroffen ist – ja das war es, er begriff es jetzt – von diesem schrecklichen »Sonnenstich«, von einer zu großen Liebe, einem zu großen Glück!

Er blickte auf ein neuvermähltes Paar: ein junger Mann in langem Rock und weißem Schlips, mit kurz geschnittenem Haar, der stramm ein junges Mädchen im Brautschleier untergefaßt hielt, ließ seine Blicke auf das Bild eines hübschen, herausfordernden, reizvollen Fräuleins mit einer schief aufgestülpten Studentenmütze schweifen. Dann, von quälenden Neid auf all diese ihm unbekannten, nicht leidenden Leute erfüllt, schaute er angestrengt die Straße entlang.

Wohin gehen? Was beginnen? – Diese schwere, nicht zu lösende Frage erfüllte seinen Kopf und seine Seele.

Die Straße war ganz leer. Die Häuser waren alle gleich; weiße, zweistöckige Bürgerhäuser mit großen Gärten, und es hatte den Anschein, daß es keine Seele in ihnen gäbe. Dicker weißer Staub lag auf dem Pflaster; alles das war von der heißen, flammenden, doch hier gleichsam unnötigen Sonne übergossen. Die Straße stieg in der Ferne an und schien bis an das klare, wolkenlose, stahlgrau und lila schimmernde Himmelszelt zu reichen. Darin lag etwas Südliches, an Sebastopol, Kertsch... Anapa Gemahnendes. Das war ganz besonders unerträglich. Und mit gesenktem Haupt, in der Fülle des Lichts blinzelnd, angespannt auf seine Füße schauend, schwankend und stolpernd und die Sporen ineinander verhakend, schritt der Leutnant langsam wieder zurück.

Er kehrte so zerschlagen vor Müdigkeit ins Hotel zurück, als habe er einen gewaltigen Übergang in Turkestan oder einen Marsch durch die Sahara vollbracht. Die letzten Kräfte zusammenraffend, trat er in das große, leere Hotelzimmer. Das Zimmer war schon aufgeräumt, die letzten Spuren ihrer Anwesenheit waren verschwunden, nur eine Haarnadel lag, von ihr vergessen, auf dem Nachttisch! Er legte den Rock ab und betrachtete sich im Spiegel: sein Gesicht, das Durchschnittsgesicht eines gewöhnlichen Offiziers, grau vom Sonnenbrand, mit semmelblondem, von der Sonne gebleichtem Schnurrbart, mit dem bläulichen Weiß der Augen, das durch den Sonnenbrand noch weißer schien, hatte jetzt einen erregten, verstörten Ausdruck, und von seiner Gestalt, in dem feinen, weißen Hemd mit dem gestärkten Stehkragen, ging etwas sehr Jugendliches und tief Unglückliches aus. Er legte sich rücklings auf das Bett und ließ die bestaubten Stiefel herunterhängen. Die Fenster waren geöffnet, die Vorhänge heruntergelassen; ein leichter Wind blähte sie von Zeit zu Zeit auf, wehte die Glut ins Zimmer, den Geruch erhitzter Dächer und dieser in Licht getauchten, nun völlig verödeten, lautlosen, menschenleeren Wolgawelt. Er lag da, die Hände hinter dem Kopf verschränkt, und schaute aufmerksam auf die Weite vor sich. Im Kopf schwebte ihm ein verworrenes Bild des fernen Südens vor, des Meeres, Anapas; etwas Märchenhaftes malte er sich aus – jene keiner anderen ähnlich sehende Stadt, die Stadt, in der sie jetzt wahrscheinlich angelangt war, und der hartnäckige Gedanke an Selbstmord begann in ihm zu reifen. Er schloß die Lider, fühlte, wie unter ihnen scharfe, heiße Tränen auf seine Wangen hervorquollen und schlief endlich ein. Als er die Augen wieder aufschlug, schimmerte bereits die gelblich-rötliche Abendsonne hinter den Vorhängen. Der Wind war verstummt, im Zimmer war es schwül und trocken wie in einem Backofen. Und der gestrige Tag und der heutige Morgen tauchten in der Erinnerung auf, als lägen sie zehn Jahre zurück.

Er erhob sich ohne Hast, wusch sich langsam, zog die Vorhänge hoch, schellte, bestellte den Samowar und die Rechnung und trank bedächtig Tee mit Zitrone. Dann befahl er, eine Droschke zu holen, das Gepäck hinunterzutragen und gab, während er sich auf den rötlichen, verblichenen Sitz der Droschke niederließ, dem Diener ein ganzes Fünfrubelstück.

»Ich glaube, ich war es auch, der Euer Wohlgeboren heute nacht hierherbrachte!« sagte der Kutscher fröhlich, während er die Zügel anzog.

Als sie zum Hafen hinabfuhren, stand über der Wolga die blaue Sommernacht, viele buntfarbige Lichter waren über dem Fluß verstreut, und feurige Punkte hingen in dem Mastbaum des herannahenden Schiffes.

»Pünktlich angelangt«, sagte der Kutscher einschmeichelnd.

Der Leutnant gab auch ihm fünf Rubel, löste eine Fahrkarte, ging zum Hafen... Ganz wie gestern klapperten leicht die Taue, gab es den leichten Schwindel infolge des Schwankens unter den Füßen, dann das zurückgeworfene Tauende, das Geräusch des aufschäumenden und nach vorn eilenden Wassers unter den Rädern des ein wenig nach rückwärts nachgebenden Dampfers, der schon hell beleuchtet war und nach Küche roch.

Nach einer Minute lief er aus, stromaufwärts dahin, wohin auch sie vor nicht langer Zeit in der Frühe entführt worden war.

Die sommerliche Abendröte in der Ferne war erloschen und spiegelte sich schläfrig und farbenreich auf der krausen Oberfläche des Wassers, die ringsum in der Dunkelheit verstreuten Lichter entschwanden allmählich. Der Leutnant saß unter dem Schutzdach auf Deck und fühlte sich um zehn Jahre gealtert.

Ein Liebeslied

Komm zu mir in der Nacht – wir schlafen
engverschlungen.
Müde bin ich sehr, vom Wachen einsam.
Ein fremder Vogel hat in dunkler Frühe schon gesungen,
Als noch mein Traum mit sich und mir gerungen.

Es öffnen Blumen sich vor allen Quellen
Und färben sich mit deiner Augen Immortellen .....

Komm zu mir in der Nacht auf Siebensternenschuhen
Und Liebe eingehüllt spät in mein Zelt.
Es steigen Monde aus verstaubten Himmelstruhen.

Wir wollen wie zwei seltene Tiere liebesruhen
Im hohen Rohre hinter dieser Welt.

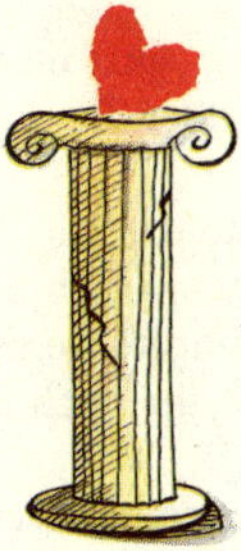

OVID

Heiß war der Tag und eben vorbei die mittlere Stunde;
Hatte die Glieder bequem breit auf das Lager gestreckt.

Wenig geöffnet das Fenster, der andere Laden geschlossen,
Wars ein Licht, wie des Walds dämmernder Schatten es birgt,

Oder wie Abendschein nachfolgt der entschwundenen Sonne,
Oder wenn morgens die Nacht weicht und noch säumet der Tag.

Solch ein Dämmer, er wär für geschämige Mädchen das Rechte,
Leiht der furchtsamen Scheu Schleier und deckenden Schutz.

Sieh, und Corinna erscheint! Umweht vom wallenden Kleide,
Frei verteilt sich das Haar über den schimmernden Hals:

So trat einst ins Gemach Semiramis' prangende Schöne,
Meldet die Sage, so kam Laïs, der mancher erlag.

Wollte das Kleid ihr entziehn; war leicht auch und spärlich die Hülle,
Kämpfte sie doch um den Schutz, den das Gewand ihr noch bot,

Kämpfte indessen wie eine, der nichts am Siege gelegen;
Unschwer ward sie besiegt durch ihren eignen Verrat.

Stand nun mir vor den Augen, gefallen war alle Verhüllung:
Auf und ab ohne Fehl strahlte und Makel der Leib.

Was für Schultern, wie schön zu schaun und zu fassen die Arme!
Brüste, wie fest! Ihre Form fordert die pressend Hand.

Nach der gemeißelten Brust wie blank dann der Leib und wie eben!
Edel die Hüfte und voll! Schenkel von Jugend gestrafft!

Aber was zähl ich es her? Ich sah, und ich sah nur Vollkommnes!
Dichter zog ich und dicht an mich die nackte Gestalt.

Über das Übrige nichts. Ermattet ruhten wir beide.
Wollt, mir gediehe noch oft also die Mitte des Tags!

RAINER MARIA RILKE

Liebes-Lied

Wie soll ich meine Seele halten, daß
sie nicht an deine rührt? Wie soll ich sie
hinheben über dich zu andern Dingen?
Ach gerne möcht ich sie bei irgendwas
Verlorenem im Dunkel unterbringen
an einer fremden stillen Stelle, die
nicht weiterschwingt, wenn deine Tiefen schwingen.
Doch alles, was uns anrührt, dich und mich,
nimmt uns zusammen wie ein Bogenstrich,
der aus zwei Saiten *eine* Stimme zieht.
Auf welches Instrument sind wir gespannt?
Und welcher Geiger hat uns in der Hand?
O süßes Lied.

Regenabend zu Zweien

Damals hatten wir gar kein Geld mehr. Aber auch nicht einen Pfennig. Das letzte Honorar war für Stefans Studiengebühren draufgegangen und neues war noch nicht in Sicht. Der Kaufmann hatte schon an zwanzig Mark von uns zu bekommen, und auch an der Waschanstalt gegenüber drückten wir uns seit Tagen scheu vorbei...

Ich war ziemlich hungrig und mißgestimmt nach Hause gekommen. Mein ganzes Essen waren zwei bunte Brötchen am Automatenbuffet gewesen, und wenn eine gebratene Taube versucht hätte, mir in den Mund zu fliegen, – ich hätte nicht nein gesagt.

Aber das kommt ja nur noch in ganz unmodernen Märchen vor.

Stefan hingegen machte es nichts aus, sich einmal nur auf geistige Genüsse einzustellen. Eine Pellkartoffel, sagte er, ist auch eine Gottesgabe. Er stand, wie immer um fünf, strahlend an der Haltestelle und winkte mir schon von weitem.

Es war ein trostloser Tag.

Seit Stunden schon schüttete der Himmel Regen, und immer, wenn man dachte, jetzt muß der Vorrat da oben doch endlich einmal aufgebraucht sein, – klatsch, kam eine neue Lieferung. Die Taxis patschten durch die Pfützen, und der Wind tat, was sich für einen ordentlichen Wind schickt: er heulte... Der Zeitungsmann vorm Café hatte sich mit seinem Kram in einen Hausflur geflüchtet. Da stand er nun, machte einen jämmerlichen Eindruck und ein schlechtes Geschäft. Der Eissalon an der Ecke lag einsam und verlassen da.

Wir schlurrten untergefaßt über den glitschigen Asphalt. Meine klatschnasse Baskenmütze hatte ich abgenommen, und mein weißes Sommerkleid hing traurig an mir herunter. – So liefen wir nach Hause...

Wir bewohnten damals noch bei Frau Meilich ein Möbliertes, wie es im Buche steht. Frau Meilich aber war eine liebe, brave Frau und das Zimmer sauber und billig. An die Plüschgarnitur mit den Häkeldeckchen hatten wir uns allmählich gewöhnt, und der Silberpokal mit der Widmung des ›Putlitzer Sportvereins 1910‹ war in das Zimmer des neuen Mieters gewandert. Es war also erträglich. Besonders, da wir uns sehr wenig im Zimmer aufhielten, denn die Tage vorher waren noch herrlich gewesen.

Nun aber goß es in endlosen Strömen, die Fenster sahen verweint ins Zimmer, und das Elektrische entblößte unbarmherzig die spießigen Möbel einer verflossenen Epoche. Unsere tropfenden Sachen baumelten zum Trocknen, und das ganze Zimmer roch nach Warteraum... Stefan stopfte sich am Schreibtisch eine ›Selfmade‹. So hatte er die Zigaretten getauft, die er sich aus einer verdächtig nach Seegras duftenden Tabakmischung zurechtdrehte. Ich hockte zusammengekauert in einer Talmulde unseres hügeligen Sofas, Beine hochgezogen, Arme über den Knien, machte ein dummes Gesicht und dachte gar nichts. – Da man aber, wie Stefan behauptet, immer irgend etwas denkt (folgt eine gründliche Analyse des menschlichen Denkapparates), muß ich wohl an ein ganz bestimmtes Garnichts gedacht haben.

So oder so: meine Gedanken waren durchaus nicht vergnüglich.

»Möchtest du eine Zigarette?« fing Stefan an.

Ich muß schon sehr unglücklich aussehen, wenn Stefan mir eine Zigarette anbietet. Er mag nicht, daß ich rauche.

»Danke.«

»Danke ja oder danke nein?«

»Nein!«

Lange Pause. Wir sitzen da und schweigen uns an. Es ist ganz still im Zimmer. Nur ab und zu schlagen vereinzelt ein paar Regentropfen an das Fenster. Das hört sich an, als pickten Vögel mit harten Schnäbeln an die Scheiben. Der Regen ist fort, nur von der Dachrinne kommen noch langsam ein paar schwerfällige dicke Tropfen wie Nachzügler hinterhergelaufen.

Wir gehen beide an das offene Fenster. Die Neunundsechzig klingelt über die Schienen. Der Himmel ist erdbeerrosa und hat ein paar helle Wolken vorgehängt. Ansichtskartenhimmel mit der Überschrift ›Sonnenuntergang‹.

–»Komm, wir wollen ein bißchen vors Haus, dann kann die schlechte Stimmung hier zum Fenster hinausziehen. Gute Luft ist auch für seelische Katarrhe gesund.«

Unten stehen die Häuser da, frischgewaschen, mit Fenstern, blank wie Kinderaugen. Auf den klitschnassen Trottoirsteinen spiegelt sich ein bißchen Sonne, und es riecht wie nach einem Regen. Die Straßen entlang, vorbei an Schaufenstern: Trikotagen, Drogerie, Meyers Dauerwellverfahren, Schnellbesohlanstalt und ff. Delikatessen...

»Eine Flasche Wermut jetzt wäre gar nicht übel, was meinst du?«

»Ach was.«

»Sag, habt ihr als Kinder auch manchmal ›Entsagung‹ gespielt? – Kennst du gar nicht? Na, da haben wir uns vor die verführerischsten Auslagen gestellt und, nach dem Muster Fuchs und saure Trauben, im Tone höchster Verachtung gerufen: ›Schokolade? – Hi... mag ich nicht. Marzipan? – Pfui... schmeckt ja gar nicht‹, und so bei vielen Leckerbissen. – Schade, daß man schon zu groß dafür ist...«

»Du, haben wir denn gar nichts mehr?«

– »Was meinst du... Geld?«

»Hm.«

– »Was meine Vermögensverhältnisse anbetrifft: Barbestand gleich null.«

»Das ist nicht viel.«

– »Nein... aber warte mal, mir fällt da ein, ich muß noch ein paar Briefmarken haben. Holla... schau her: drei à fünfzehn, eine Fünfer und fünf Achter – macht insgesamt neunzig deutsche Reichspfennige, was sagst du nun?«

»Her damit, es ist kurz vor sieben, vielleicht bekomme ich noch was dafür. Spring du nur inzwischen hinauf, das regnet ja schon wieder.«

Wie ich mit meinen Einkäufen die Treppe hinauf will, es hat gerade noch zu einem Achtel Kaffee, beste Mischung, und einer Büchse Milch gereicht, kommt Stefan heruntergesaust. In jeder Hand zwei Selterflaschen. »Weißt du, daß wir dafür nochmal vierzig Pfennig bekommen, – was bin ich für ein Finanzminister?«

Also rasch noch zum Bäcker.

Das wird ja ein Luxussouper heute abend. In der Kaffeemaschine dampft es schon, und durch das Zimmer geht ein Duft von ›Zuntz sel. Wwe., erste Mischung‹.

Wie hübsch die gelben Tassen auf der blauen Decke. Gemütlicher als vorhin. Will ich meinen. Und da draußen gießt es.

Wir saßen sehr vergnügt zusammen und fanden den Kaffee vorzüglich und den Kuchen ausgezeichnet. Dann legten wir eine Reveller-Platte aufs Grammophon, hörten begeistert zu, und es war bezaubernd. Wir begannen einen Foxtrott als Kanon zu singen, gaben es aber bald auf. Das Grammophon krähte sich ganz heiser, und als wir schon nichts Vernünftiges mehr hatten, holten wir ein paar uralte Schlager vor und spielten sie zu Ehren Vater Meilichs, dessen Photographie freundlich von der Wand herunterschielte. ›Oh, Katharina‹ und ›Wo hast du denn die schönen blauen Augen her‹ und ›Eine kleine Seeehnsucht‹ und ›Valencia‹ und noch viel mehr.

Und der Regen draußen dachte gar nicht daran, aufzuhören, das pruzzelte nur so an die Scheiben. Die Nadel surrte auf den alten, abgespielten Platten, wir summten dazu, saßen da und waren glücklich.

Denn wir hatten uns sehr lieb damals …

PAUL SCHEERBART

Noch ein Mal!

Laß dich noch ein Mal
Im tollsten Rausche
Verzückt umfangen –

Laß dir noch ein Mal
So selig küssen
Auf Hals und Wangen –

Laß mich noch ein Mal,
Ach nur noch ein Mal
Zu dir gelangen –

Hurrah!

Under der linden an der heide,
da unser zweier bette war,
Da mugt ir vinden schone beide
gebrochen bluomen unde gras.
Vor dem walde in einem tal,
tandaradei,
schone sanc die nahtegal.

Ich kam gegangen zuo der ouwe,
do was min friedel komen e.
Da wart ich enpfangen, here frouwe,
daz ich bin saelic iemer me.
Kust er mich? wol tusentstunt,
tandaradei,
seht wie rot mir ist der munt!

Do het er g(e)machet also riche
von bluomen eine bettestat.
Des wirt noch g(e)lachet innecliche,
kumt iemen an daz selbe pfat.
Bi den rosen er wol mac,
tandaradei,
merken wa mirs houbet lac.

Daz er bi mir laege, wessez iemen
(nu enwelle got!), so schamt ich mich.
Wes er mit mir pflaege niemer niemen
bevinde daz wan er unde ich,
Und ein kleinez vogellin,
tandaradei,
daz mac wol getriuwe sin.

Wer liebt, weiß wohl, was er begehrt,
aber nicht, was es ist

PLATON

Frauen und Männer

Anfangs gab es bei den Menschen drei Geschlechter, nicht wie jetzt zwei, männlich und weiblich, sondern es gab dazu ein drittes, welches diese beiden vereinte. Sein Name ist noch übrig, es selbst verschwunden. Mannweiblich war damals das Eine, Gestalt und Name aus beidem: Männlich und Weiblich zusammengesetzt – jetzt aber ist der Name ins Schimpfliche gewendet. Damals war die ganze Gestalt jedes Menschen rund, so daß Rükken und Flanken im Kreis standen, er hatte vier Hände und ebenso viele Beine und zwei Gesichter auf kreisrundem Nacken, ganz gleiche. Und zu den zwei gegenübergestellten Gesichtern nur einen Kopf und vier Ohren und zwei Schamteile und alles andre, wie man es sich hiernach vorstellen kann. Er ging auch aufrecht wie jetzt, wohin er wollte. Wenn er aber schnell laufen wollte, so bewegte er sich, so wie die Radschlagenden die Beine nach oben herumwerfend einen Kreis beschreiben, von seinen acht Gliedmaßen getragen schnell im Kreise davon. Die Zahl und Beschaffenheit dieser drei Geschlechter kam daher, daß das Männliche ursprünglich von der Sonne stammte, das Weibliche von der Erde, das Gemischte vom Monde, weil ja der Mond an beiden teilhat. Rund waren sie selbst und ihr Lauf, weil sie ihren Eltern ähnlich waren. Sie waren nun gewaltig an Kraft und Stärke und waren großen Sinnes, ja, sie legten Hand an die Götter, und was Homer von Ephialtes und Otos sagt, bezieht sich auf jene, daß sie es unternahmen, den Himmel zu ersteigen, um die Götter anzugreifen.

Da ratschlagten Zeus und die andern Götter, was sie tun sollten, und waren in Verlegenheit. Denn es war nicht möglich, sie zu töten und wie die Giganten mit dem Donner zu erschlagen und ihr Geschlecht zu vertilgen – dann wären ihnen ja auch die Ehren und Heiligtümer bei den Menschen vertilgt worden – aber sie konnten auch nicht den Frevel hingehn lassen. Endlich hatte Zeus etwas ersonnen, und er sagte: Ich glaube ein Mittel zu haben, wie die Menschen bestehn und doch von ihrem Übermut ablassen, indem sie schwächer werden. Jetzt durchschneide ich sie nämlich, jeden in zwei Teile, und so wie sie schwächer werden, werden sie uns auch nützlicher sein, weil sie ja an Zahl mehr geworden sind, und sie mögen aufrecht auf zwei Beinen gehen. Wenn sie sich aber weiter erfrechen und nicht Ruhe halten, werde ich sie, sprach er, noch einmal entzweischneiden, so daß sie sich auf einem Bein fortbewegen wie beim Sackhüpfen. Dies gesagt, zerschnitt er die Menschen in zwei Hälften, wie man Birnen zerschneidet, um sie einzumachen, oder wie man Eier mit einem Haare zerschneidet. Und immer wenn er einen zerschnitten hatte, hieß er den Apollon, ihm das Gesicht und den halben Hals nach der Schnittfläche herumdrehen, damit der Mensch, seine Zerschneidung betrachtend, bescheidener würde, und hieß ihn, das übrige verheilen. Jener drehte das Gesicht herum, zog von allen Seiten die Haut über das, was jetzt Bauch heißt, zusammen wie einen geschnürten Geldbeutel und band es zu einer Mündung mitten auf dem Bauche ab, die man jetzt Nabel nennt. Glättete dann die vielen Falten aus und fügte die Brust zusammen mit einem Werkzeug, wie es die Schuster haben, um über dem Leisten die Falten des Leders zu glätten. Nur einige ließ er übrig, die oben am Bauch und um den Nabel, ein Denkzeichen zu sein, was sie vor alters erlitten.

Nachdem nun so die Natur entzweigeschnitten war, ging sehnsüchtig jede Hälfte ihrer andern Hälfte nach, und indem sie sich mit den Armen umschlangen und sich zusammenflochten voll Begierde zusammenzuwachsen, starben sie aus Hunger und gänzlicher Untätigkeit, weil sie nichts getrennt voneinander tun wollten. Und wenn eine der Hälften starb, die andere übrigblieb, so suchte die gebliebene wieder eine andre und verflocht sich mit ihr, ob sie nun die Hälfte eines ganzen Weibes traf – die wir jetzt ein Weib nennen – oder die eines Mannes. Und so gingen sie zugrunde. Da erbarmte sich Zeus und erfand eine andere Hilfe: er versetzte ihre Schamteile nach vorn. Denn bisher hatten sie diese außen, und sie befruchteten und zeugten nicht ineinander, sondern in die Erde wie die Zikaden. So versetzte er sie nun nach vorn und machte, daß sie ineinander zeugten, das Männliche im Weiblichen, deswegen, damit in der Umarmung ein Mann, wenn er mit einem Weibe zusammenkommt, zeugt und Nachkommenschaft entsteht; wenn aber Männliches mit Männlichem, ihnen wenigstens Sättigung würde aus der Vereinigung und sie sich beruhigten und zum Werke wendeten und auf das andere Leben bedacht seien. So lange schon ist die Liebe zueinander den Menschen eingepflanzt, vereinend die ursprüngliche Natur, strebend aus zweien Eins zu machen und die Natur zu heilen, die menschliche.

ROBERT MUSIL

Der Traum, zwei Menschen zu sein und einer

Die ganze Liebe wird überschätzt! Der Wahnsinnige, der in seiner Sinnestäuschung ein Messer zückt und damit einen Unschuldigen durchbohrt, der gerade an der Stelle seiner Halluzination steht –: in der Liebe ist er der Normale!

*

Zu lieben scheint beiweitem nicht so einfach zu sein, wie die Natur glauben macht, weil sie jedem Stümper das Werkzeug dazu anvertraut hat!

*

Man macht sich aus einander die Puppen, mit denen man schon in Liebesträumen gespielt hat.

*

Die Liebe löst die Wahrheit auf wie der Wein die Perle.

*

Sie ist das gesprächigste aller Gefühle und besteht zum großen Teil ganz aus Gesprächigkeit. Ist der Mensch jung, so gehören diese sich auf alles erstreckenden Gespräche zu den Erscheinungen des Wachstums; ist er in der Reife, so bilden sie sein Pfauenrad, das sich, auch wenn es nur noch aus Federkielen besteht, umso lebhafter entfaltet, je später es das tut.

*

Man liebt einen Menschen, weil man ihn kennt; und weil man ihn nicht kennt. Und man erkennt ihn, weil man ihn liebt; und kennt nicht ihn, weil man ihn liebt.

*

Das Paradies ist vielleicht kein Märchen, es besteht wirklich.

Sie saßen und tranken am Teetisch,
Und sprachen von Liebe viel.
Die Herren, die waren ästhetisch,
Die Damen von zartem Gefühl.

Die Liebe muß sein platonisch,
Der dürre Hofrat sprach.
Die Hofrätin lächelt ironisch,
Und dennoch seufzet sie: Ach!

Der Domherr öffnet den Mund weit:
Die Liebe sei nicht zu roh,
Sie schadet sonst der Gesundheit.
Das Fräulein lispelt: Wieso?

Die Gräfin spricht wehmütig:
Die Liebe ist eine Passion!
Und präsentieret gütig
Die Tasse dem Herren Baron.

Am Tische war noch ein Plätzchen;
Mein Liebchen, da hast du gefehlt.
Du hättest so hübsch, mein Schätzchen,
Von deiner Liebe erzählt.

WALERIJ BRJUSSOW

Für mich selbst oder für eine andere?

I

»Sie ist es! Aber, natürlich, sie ist es!« sprach Pjotr Andrejewitsch Basmanow zu sich selbst, als zum fünften oder sechsten Mal die Dame, die seine Aufmerksamkeit auf sich gezogen hatte, an seinem Tisch vorbeiging.

Er zweifelte nicht mehr daran, daß es Jelisaweta war. Gewiß, sie hatten sich schon an die zwölf Jahre nicht mehr gesehen, und in dieser Zeit mußte sich das Gesicht einer Frau verändern. Ihre Züge, früher fein und scharf, hatten sich ein wenig gefüllt, ihr Blick, früher kindlich-zutraulich, war kalt und streng geworden, in ihrem ganzen Gesichtsausdruck zeigte sich eine Selbstsicherheit, die früher nicht dagewesen war. Aber waren es nicht jene Augen, die Basmanow so gerne mit den St. Elms-Feuern verglichen hatte, war es nicht jenes Gesichtsoval, das allein durch die Reinheit seiner Konturen jegliche Unruhe zu besänftigen vermochte, waren es nicht jene kleinen Ohren, die sich so süß küssen ließen! Es war Jelisaweta, weil es keine zwei Frauen geben kann, die einander so gleichen, wie sich zwei Abbilder gleichen in zwei nebeneinanderstehenden Spiegeln!

Schnell ließ Basmanow in seinem Geist die Geschichte seiner Liebe zu Jelisaweta vorbeiziehen. Ach, es war nicht das erste Mal, daß er eine solche Rückschau hielt, denn in all seinen Erinnerungen gab es nichts Wertvolleres, Heiligeres als diese Liebe. Als junger, in das Leben hinaustretender Rechtsanwalt war er dieser Frau begegnet, die etwas älter war als er und ihn geliebt hatte mit der ganzen Blindheit der Leidenschaft, wahnsinnig, rasend, grenzenlos. In diese Liebe hatte Jelisaweta ihre ganze Seele gelegt, und alles in der Welt war ihr einerlei geworden, außer: ihren Geliebten zu besitzen, sich ihm hinzugeben, ihn zu verehren. Jelisaweta war bereit gewesen, sich über alle Konventionen ihrer »vornehmen Welt« hinwegzusetzen, und hatte ihn um die Erlaubnis beschworen, ihren Mann zu verlassen und zu ihm zu kommen; in der Gesellschaft hatte sie sich ihrer Beziehung, die natürlich bemerkt worden war, keineswegs geschämt, sondern schien eher auf sie stolz gewesen zu sein. Niemals später war Basmanow einer so selbstvergessenen, so opferbereiten Liebe begegnet, und er war sich vollkommen sicher, wenn er damals von Jelisaweta verlangt hätte, sie solle sterben, so hätte sie sein Geheiß mit stiller, ergebener Begeisterung erfüllt.

Doch was hatte er, Basmanow, aus dieser Liebe, die uns nur einmal im Leben widerfährt, gemacht? Er war vor ihr zurückgeschreckt, zurückgeschreckt vor ihrer gewaltigen Größe und Kraft. Er hatte begriffen, daß dort, wo grenzenlose Opfer erbracht werden, unweigerlich auch kühne Forderungen entstehen. Er hatte nicht gewagt, diese Liebe anzunehmen, denn auch er hätte seinerseits etwas geben müssen; er aber hatte sich seelisch arm gefühlt. Auch hatte er nicht gewagt, diese Liebe anzunehmen, um nicht seine Karriere zu gefährden, die damals recht erfolgreich begonnen hatte ... Wie ein Dieb hatte sich Basmanow ein halbes Jahr Liebe erschlichen, die ihm nicht zuteil geworden wäre, wenn er sogleich sein wahres Antlitz gezeigt hätte, und er hatte dann den ersten Zwist als Vorwand benutzt, um die »Beziehung abzubrechen«.

Ach, jetzt noch schämte er sich der Erinnerung an die letzten Zusammenkünfte vor der Trennung. Jelisaweta, geblendet von ihrer Liebe, hatte nichts verstanden, sie hatte nicht bemerkt, daß der, den sie liebte, zu nichtig war, um sich vor ihm zu erniedrigen, und sie hatte ihn auf Knien beschworen, sie nicht zu verlassen. Er erinnerte sich, wie sie schluchzend seine Beine umschlungen hatte, ihm auf dem Boden nachgekrochen war und in der Verzweiflung den Kopf gegen die Wände geschlagen hatte. Später erfuhr er, daß Jelisaweta, nachdem er sie verlassen hatte, vor Kummer fast wahnsinnig geworden war, daß sie eine Zeitlang ins Kloster gehen wollte, daß sie danach Witwe geworden und ins Ausland gefahren war. Hier hatte Basmanow Jelisawetas Spuren verloren.

War es möglich, daß er ihr jetzt, zwölf Jahre nach ihrer Trennung, hier in Interlaken als einer ruhigen, strengen Frau wiederbegegnete, die noch immer wunderschön und für ihn durch die quälend-süßen Erinnerungen an Vergangenes unerklärlich bezaubernd war? Basmanow beobachtete, am Tisch des Cafés sitzend, wie an ihm die schlanke Dame mit einem großen Pariser Hut vorbeiging, und sein ganzes Wesen entbrannte qualvoll durch die Bilder und Gefühle, die in der Erinnerung seines Geistes und seines Körpers emporstiegen. Sie war es, sie, Jelisaweta, von der er sich nicht so hatte lieben lassen wollen, wie sie es erwartet hatte, und die er selbst nicht so zu lieben gewagt hatte, wie er es vermocht und gewünscht hätte! Sie war es, die bessere Hälfte seines schon fast durchlebten Lebens, sie war wiedererstanden und sie lebte – sie, die die Möglichkeit verkörperte, das wiederauferstehen zu lassen, was gewesen war, die Möglichkeit, ihn zu ergänzen, ihn zu bessern.

Ungeachtet seiner ganzen Selbstbeherrschung schwindelte Basmanow der Kopf. Er bezahlte für das Eis, erhob sich und ging auf die gleiche Allee hinaus, auf der auch die schlanke Dame promenierte.

II

Als sich Basmanow und die schlanke Dame begegneten, nahm er respektvoll seinen Hut ab und verbeugte sich. Die Dame schaute ihn so an, wie man auf Unbekannte blickt. Basmanow fragte auf Russisch:

»Erkennen Sie mich etwa nicht wieder, Jelisaweta Wassiljewna?«

Nach kurzem Bedenken antwortete die Dame, ebenfalls auf Russisch, wenngleich mit leichtem Akzent:

»Verzeihen Sie, aber wahrscheinlich irren Sie sich: Wir kennen uns nicht.«

»Jelisaweta Wassiljewna!« rief Basmanow, von einer solchen Antwort empfindlich verletzt. »Sie müssen mich doch wiedererkennen! Ich bin Pjotr Andrejewitsch Basmanow.«

»Diesen Namen höre ich zum ersten Mal«, sagte die Dame, »und Sie sind mir völlig unbekannt.«

Einige Augenblicke lang betrachtete Basmanow die Dame, die zu ihm sprach, und er fragte sich, ob er sich nicht geirrt habe. Aber die Ähnlichkeit war in einem solchen Grade unbezweifelbar, und er erkannte Jelisaweta mit einer solchen Bestimmtheit wieder, daß er sich der Dame mit dem großen Pariser Hut in den Weg stellte und beharrlich wiederholte:

»Ich habe Sie erkannt, Jelisaweta Wassiljewna! Ich verstehe, daß Sie Gründe haben mögen, Ihren wahren Namen zu verbergen. Ich verstehe, daß Sie eine Begegnung mit einem früheren Bekannten möglicherweise nicht wünschen. Aber auch Sie müssen verstehen, daß es für mich unerläßlich ist, Ihnen einige Worte zu sagen! Seit wir uns getrennt haben, habe ich viel durchgemacht! Ich muß mich vor Ihnen entschuldigen! Ich möchte nicht, daß Sie mich verachten!«

Basmanow war sich selbst nicht ganz im klaren darüber, was er da sprach. Er wollte einzig und allein, daß sie zugab, Jelisaweta zu sein. Er fürchtete, sie könnte fortgehen, nicht mehr wiederkommen, nun für immer verschwinden, und er fürchtete, daß diese Begegnung sich als Traumerscheinung herausstellen würde.

Die Dame ging ruhig um Basmanow herum und warf ihm einige Worte auf Französisch zu:

»Monsieur, laissez-moi passer s'il vous plaît! Je ne vous connais pas.«

Die Dame zeigte keinerlei Unruhe, und ihr Gesicht blieb bei Basmanows Worten völlig unverändert. Dennoch wollte er nicht von ihr ablassen, sondern folgte ihr nach und sagte:

»Jelisaweta! Verfluche mich, nenne mich den letzten Halunken, sage mir, daß du mich nicht mehr kennen willst – ich werde alles mit gebührender Demut ertragen. Doch erwecke nicht den Anschein, als ob du mich nicht kenntest, das zu ertragen, habe ich nicht die Kraft! So kränken darfst du mich nicht, du darfst es nicht tun!«

»Ich versichere Ihnen«, sagte die Dame mit bereits strengerer Stimme, »daß Sie mich für eine andere halten. Sie nennen mich Jelisaweta Wassiljewna, ich aber heiße anders. Ich bin Jekaterina Wladimirowna Sadikowa, mein Mädchenname ist Armand. Genügen Ihnen diese Angaben, und würden Sie mir wieder gestatten, so zu promenieren, wie es mir beliebt?«

»Aber warum«, rief Basmanow, indem er einen letzten Versuch unternahm, »warum lassen Sie so lange meine Zudringlichkeiten über sich ergehen? Wenn ich für Sie ein völlig fremder Mensch wäre, warum befehlen Sie mir nicht, sofort zu schweigen, und warum rufen Sie nicht die Polizei zu Hilfe? Geht man denn etwa so nachsichtig, wie Sie das tun, mit Straßenflegeln um?«

»Ich sehe sehr wohl«, antwortete die Dame, »daß Sie kein Straßenflegel sind und daß Sie sich nichts Unstatthaftes erlauben würden. Sie haben sich lediglich getäuscht, indem Sie sich von meiner Ähnlichkeit mit irgendeiner Ihrer Bekannten in die Irre führen ließen. Das ist kein Verbrechen, und ich habe keinen Grund, die Polizei zu rufen. Aber jetzt ist alles geklärt, leben Sie wohl.«

Basmanow konnte sich nicht entschließen, weiter zu drängen. Er blieb stehen, und die Dame ging langsam vorbei. Aber das ganze Gespräch, der Klang der Stimme dieser unbekannten Dame, ihr Gang – alles das bestärkte Basmanow nur darin, daß sie Jelisaweta war.

Ergriffen, aufgeregt ging er in sein Hotel. Hinter einer kleinen Wiese leuchtete wie eine gigantische Erscheinung der ewige Schnee der Jungfrau. Sie schien ganz nah, doch war sie endlos weit weg. Ebenso wie Jelisaweta, die wiederauferstanden schien und nun wieder in eine unbekannte Ferne fortgegangen war.

Es kostete Basmanow nur geringe Mühe, zu erfahren, wo die Dame, der er begegnet war, wohnte. Nach einigem Zögern schrieb er ihr einen Brief. Er schrieb, daß er augenscheinliche Tatsachen nicht bestreiten wolle; daß er sich offensichtlich geirrt habe, wenn ihm eine unbekannte Dame als alte Bekannte erschienen sei; doch habe ihn diese kurze Begegnung tief erstaunt, und er bitte um Erlaubnis, sie eingedenk der zufälligen Bekanntschaft zu gemeinsamen Spaziergängen begrüßen zu dürfen. Der Brief war in äußerst vorsichtigen und höflichen Ausdrücken abgefaßt. Als sich Basmanow am nächsten Tag mit der Dame, die sich als Sadikowa ausgegeben hatte, auf dem ›Höheweg‹ traf, war sie es, die als erste grüßte und als erste das Gespräch eröffnete. So begann ihre Bekanntschaft.

III

Sadikowa gab durch nichts zu erkennen, daß sie früher Basmanow gekannt habe. Im Gegenteil, sie benahm sich ihm gegenüber so wie gegenüber einem vollkommen unbekannten Menschen. Sie sprachen über verschiedene Neuigkeiten, vornehmlich aus dem Leben des Kurorts. Das Gespräch mit Sadikowa war interessant und geistreich, sie verriet große Belesenheit. Doch wenn Basmanow versuchte, zu präzisieren, brennenderen Fragen überzuleiten, wich seine Gesprächspartnerin ihnen klug und leicht aus.

Alles überzeugte Basmanow darin, daß er Jelisaweta vor sich hatte. Er erkannte ihre Stimme wieder, ihre geliebten Satzwendungen, er erkannte jenes unfaßbare Etwas wieder, das die Individualität eines Menschen ausmacht, aber nur schwer durch Worte zu bestimmen ist. Basmanow hätte schwören können, daß er recht hatte.

Allerdings, es gab auch kleine Unterschiede, aber waren sie nicht durch die Zeitspanne von zwölf Jahren erklärbar? Gewiß, die Prüfungen des Lebens hatten aus Jelisawetas feuriger Leidenschaftlichkeit eine stählerne Kälte geschmiedet. Gewiß, Jelisaweta hatte durch die vielen Jahre ihres Lebens im Ausland ihre Muttersprache etwas verlernt und sprach mit Akzent. Gewiß waren schließlich auch in der Art ihres Auftretens, in ihren Gesten, in ihrem Lachen neue Züge hervorgetreten, die es früher nicht gegeben hatte...

Übrigens wurde Basmanow manchmal von Zweifeln ergriffen, und er begann dann in seiner Vorstellung Hunderte von kleinen Besonderheiten zu bemerken, die Jekaterina von Jelisaweta unterschieden. Doch es genügte ihm, von neuem in Sadikowas Gesicht zu blicken, ihre Rede zu hören, daß sich alle Zweifel wie Nebel verflüchtigten. Er fühlte es, er empfand es mit seiner Seele, daß es sie war, die er vorzeiten geliebt hatte!

Selbstverständlich unternahm Basmanow alles, was er nur konnte, um dieses Geheimnis zu enträtseln. Er versuchte Sadikowa mit beiläufigen Fragen zu verunsichern: sie war stets auf der Hut und entwand sich mühelos allen Fallen. Er versuchte Leute aus Sadikowas Umgebung zu befragen: niemand wußte etwas über sie. Er ging so weit, einen Brief an Sadikowa abzufangen: es stellte sich heraus, daß er aus Paris kam und gänzlich aus unpersönlichen französischen Floskeln bestand.

Eines Abends, als Basmanow mit Sadikowa in einem Restaurant auf dem Harder war, ertrug er die ständige Spannung nicht mehr und rief plötzlich aus:

»Warum spielen wir dieses qualvolle Spiel! Du bist Jelisaweta, ich weiß es. Du kannst nicht vergessen haben, wie du mich geliebt hast. Und natürlich kannst du nicht vergessen haben, wie niederträchtig ich dich verlassen habe. Jetzt tue ich aus voller Seele Buße vor dir. Ich verachte mich selbst für meine damalige Tat. Ich schlage dir vor: ergreife für immer Besitz von mir, wenn du mir verzeihen kannst. Doch ich sage das zu Jelisaweta, ihr ergebe ich mich und keiner anderen Frau!«

Sadikowa hörte sich schweigend diesen kleinen Monolog an, der über den Rahmen einer vornehmen Konversation hinausging, und antwortete ruhig:

»Werter Pjotr Andrejewitsch! Wenn Sie sich an mich gewandt hätten, hätte ich Ihnen auf Ihre Worte möglicherweise etwas entgegnet. Doch da Sie ausdrücklich darauf verwiesen haben, daß Sie zu Jelisaweta sprechen, bleibt mir nur das Schweigen.«

In allergrößter Aufregung erhob sich Basmanow und fragte:

»Sie wollen behaupten, Sie sind nicht Jelisaweta Wassiljewna Swiblowa? Wiederholen Sie mir das mit aller Entschiedenheit, und ich gehe fort, verschwinde sofort aus Ihren Augen, verschwinde aus dem Leben. Dann habe ich keinen Grund mehr weiter zu leben.«

Sadikowa lachte liebenswürdig auf und sagte:

»Sie wünschen es sich so sehr, daß ich Jelisaweta bin. Nun gut, dann werde ich Jelisaweta sein.«

IV

Ein zweites Spiel begann, das vielleicht noch grausamer war als das erste. Sadikowa nannte sich Jelisaweta und benahm sich Basmanow gegenüber wie gegenüber einem alten Bekannten. Wenn er von früher sprach, tat sie, als erinnere sie sich an Menschen und Ereignisse. Wenn er, am ganzen Körper zitternd, sie an ihre Liebe zu ihm erinnerte, gab sie lachend zu, ihn geliebt zu haben, doch ließ sie durchblicken, daß mit den Jahren diese Liebe erloschen war, so wie jede Flamme einmal erlischt.

Um gewissenhaft ihre Rolle zu spielen, kam Sadikowa von sich aus auf Ereignisse früherer Zeiten zu sprechen, doch brachte sie dabei die Jahreszahlen durcheinander, verwechselte Namen, erdachte Dinge, die es nicht gegeben hatte. Besonders qualvoll war, daß sie, wenn sie von ihrer Liebe zu Basmanow sprach, diese als eine oberflächliche Begeisterung schilderte, als einen beiläufigen Zeitvertreib einer vornehmen Dame. Das erschien Basmanow als Sakrileg und in diesen Fällen bat er Sadikowa fast unter Stöhnen zu schweigen.

Doch damit nicht genug. Unmerklich, Schritt für Schritt sich vorwärtstastend, brachte Sadikowa Gift in Basmanows allergeheimste Erinnerungen. Mit ihren Andeutungen nahm sie all den wunderschönen Tatsachen der Vergangenheit ihren Nimbus. Sie gab zu verstehen, daß vieles von dem, was Basmanow für eine Äußerung ihrer selbstvergessenen Liebe gehalten hatte, nur Verstellung und Spiel gewesen war.

»Jelisaweta!« fragte Basmanow einmal. »Wie kann ich dir glauben, daß deine wahnsinnigen Schwüre, dein Schluchzen, deine Verzweiflung, als du dich ganz außer dir auf den Boden warfst – daß das alles nur Verstellung war? So vermag die beste dramatische Schauspielerin nicht zu spielen! Du verleugnest dich selbst!«

Sadikowa antwortete in Jelisawetas Namen, so wie sie es in letzter Zeit immer tat, und sagte mit einem Lächeln:

»Wie soll man entscheiden, wo die Verstellung endet und die Aufrichtigkeit beginnt? Ich wollte damals stark empfinden, und so erlaubte ich es mir, den Anschein zu erwecken, ich sei verzweifelt und wahnsinnig. Wenn an deiner Stelle nicht du, sondern irgendein anderer gewesen wäre, hätte ich genauso gehandelt. Doch gleichzeitig wäre es mir ein leichtes gewesen, mich zu beherrschen und durchaus nicht zu schluchzen. Im Leben sind wir doch alle Schauspieler, und wir leben nicht so sehr das Leben, als daß wir es darstellen.«

»Das ist nicht wahr«, rief Basmanow aus, »du sagst das nur, weil du nicht weißt, wie Jelisaweta geliebt hat. Sie hätte so etwas nicht gesagt! Du spielst nur ihre Rolle! Du bist nicht sie, du bist Jekaterina.«

Sadikowa lachte auf und sagte in einem anderen Tonfall:

»Wie es Ihnen beliebt, Pjotr Andrejewitsch. Ich habe doch lediglich zu Ihrem Vergnügen diese Rolle angenommen. Sie müssen es nur wollen, und ich bin wieder ich selbst, Jekaterina Wladimirowna Sadikowa.«

»Wie soll ich denn wissen, wer du wirklich bist?« zischte Basmanow durch die Zähne.

Es schien ihm allmählich, daß er dabei war, den Verstand zu verlieren. Fiktion und Wirklichkeit flossen für ihn ineinander, sie vermischten sich. Für einige Augenblicke wußte er nicht mehr, wer er selbst war.

Inzwischen hatte sich Sadikowa erhoben, sie schlug ihm einen Spaziergang auf den Rugen vor und begann von neuem, sich in Jelisawetas Namen mit ihm zu unterhalten.

V

Die Tage vergingen. Die Saison in Interlaken näherte sich ihrem Ende. Basmanow, ganz im Bann seiner geheimnisvollen Unbekannten, hatte vergessen, warum er hier war, er vergaß seine Geschäfte, antwortete nicht auf Briefe aus Rußland und führte ein nahezu unsinniges Leben. Einem

Wahnsinnigen gleich, dachte er nur an eines: das Geheimnis der Swiblowa-Sadikowa zu enträtseln.

Ob er in diese Frau verliebt war, vermochte er nicht zu sagen. Sie zog ihn an wie ein Abgrund, wie ein Schrekken, wie ein Ort, an dem der Untergang droht. Es hätten Monate und Jahre vergehen können, und er wäre froh gewesen, dieses Duell der Gedanken und Schlagfertigkeiten weiter fortzuführen, diesen geistigen Zweikampf, in dem der eine bestrebt war, sein Geheimnis zu wahren, und der andere alle Kräfte aufbot, um ihm dieses zu entreißen.

Doch plötzlich, in den ersten Oktobertagen, reiste Sadikowa ab. Sie war abgereist, ohne sich von Basmanow verabschiedet und ohne ihn vorher benachrichtigt zu haben. Am nächsten Tag jedoch bekam er mit der Post einen in Bern aufgegebenen Brief:

»Ich werde Sie nicht des Vergnügens berauben, weiter zu raten, wer ich bin«, schrieb Sadikowa. »Die Lösung dieser Frage überlasse ich Ihrem Scharfsinn. Doch wenn Sie der Mutmaßungen müde sind und eine einfachere Lösung wünschen, so will ich sie Ihnen einflüstern. Nehmen Sie einmal an, daß Sie mir völlig unbekannt waren, aber daß ich, als ich aus Ihren aufgeregten Erzählungen erfuhr, wie grausam Sie seinerzeit eine gewisse Jelisaweta behandelt haben, mich entschloß, diese Frau zu rächen. Mir scheint, ich habe erreicht, was ich wollte, und die Rache ist vollzogen: Sie werden niemals diese qualvollen Wochen in Interlaken vergessen. Für wen ich mich rächte, für mich selbst oder für eine andere, ist letztlich einerlei. Leben Sie wohl. Sie werden mich niemals wiedersehen. Jelisaweta-Jekaterina.«

FRIEDRICH NIETZSCHE

Liebe als Kunstgriff

Wer etwas Neues wirklich *kennen* lernen will (sei es ein Mensch, ein Ereignis, ein Buch), der thut gut, dieses Neue mit aller möglichen Liebe aufzunehmen, von Allem, was ihm daran feindlich, anstössig, falsch vorkommt, schnell das Auge abzuwenden, ja es zu vergessen: so dass man zum Beispiel dem Autor eines Buches den grössten Vorsprung giebt und geradezu, wie bei einem Wettrennen, mit klopfendem Herzen danach begehrt, dass er sein Ziel erreiche. Mit diesem Verfahren dringt man nähmlich der neuen Sache bis an ihr Herz, bis an ihren bewegenden Punct: und diess heisst eben sie kennen lernen. Ist man soweit, so macht der Verstand hinterdrein seine Restrictionen; jene Ueberschätzung, jenes zeitweilige Aushängen des kritischen Pendels war eben nur der Kunstgriff, die Seele einer Sache herauszulocken.

Der Betrug in der Liebe

Man vergisst manches aus seiner Vergangenheit und schlägt es sich absichtlich aus dem Sinn: das heisst, man will, dass unser Bild, welches von der Vergangenheit her uns anstrahlt, uns belüge, unserm Dünkel schmeichele, – wir arbeiten fortwährend an diesem Selbstbetruge. – Und nun meint ihr, die ihr so viel vom »Sich selbst vergessen in der Liebe«, vom »Aufgehen des Ich in der andern Person« redet und rühmt, diess sei etwas wesentlich Anderes? Also man zerbricht den Spiegel, dichtet sich in eine Person hinein, die man bewundert, und geniesst nun das neue Bild seines Ich, ob man es schon mit dem Namen der anderen Person nennt, – und dieser ganze Vorgang soll *nicht* Selbstbetrug, *nicht* Selbstsucht sein, ihr Wunderlichen! – Ich denke, Die, welche etwas von sich *vor sich* verhehlen und Die, welche sich als Ganzes vor sich verhehlen, sind darin gleich, dass sie in der Schatzkammer der Erkenntniss einen *Diebstahl* verüben: woraus sich ergiebt, vor welchem Vergehen der Satz »erkenne dich selbst« warnt.

JOHANN WOLFGANG GOETHE

Warum gabst du uns die tiefen Blicke,
Unsre Zukunft ahndungsvoll zu schaun,
Unsrer Liebe, unserm Erdenglücke
Wähnend selig nimmer hinzutraun?
Warum gabst uns, Schicksal, die Gefühle,
Uns einander in das Herz zu sehn,
Um durch all' die seltenen Gewühle
Unser wahr Verhältnis auszuspähn?

Ach, so viele tausend Menschen kennen,
Dumpf sich treibend, kaum ihr eigen Herz,
Schweben zwecklos hin und her und rennen
Hoffnungslos in unversehnem Schmerz;
Jauchzen wieder, wenn der schnellen Freuden
Unerwart'te Morgenröte tagt.
Nur uns armen liebevollen beiden
Ist das wechselseit'ge Glück versagt,
Uns zu lieben, ohn' uns zu verstehen,
In dem andern sehn, was er nie war,
Immer frisch auf Traumglück auszugehen
Und zu schwanken auch in Traumgefahr.

Glücklich, den ein leerer Traum beschäftigt!
Glücklich, dem die Ahndung eitel wär'!
Jede Gegenwart und jeder Blick bekräftigt
Traum und Ahndung leider uns noch mehr.
Sag', was will das Schicksal uns bereiten?
Sag', wie band es uns so rein genau?
Ach, du warst in abgelebten Zeiten
Meine Schwester oder meine Frau;

Kanntest jeden Zug in meinem Wesen,
Spähtest, wie die reinste Nerve klingt,
Konntest mich mit *einem* Blicke lesen,
Den so schwer ein sterblich Aug' durchdringt.
Tropftest Mäßigung dem heißen Blute,
Richtetest den wilden irren Lauf,
Und in deinen Engelsarmen ruhte
Die zerstörte Brust sich wieder auf;
Hieltest zauberleicht ihn angebunden
Und vergaukeltest ihm manchen Tag.
Welche Seligkeit glich jenen Wonnestunden,
Da er dankbar dir zu Füßen lag,
Fühlt' sein Herz an deinem Herzen schwellen,
Fühlte sich in deinem Auge gut,
Alle seine Sinnen sich erhellen
Und beruhigen sein brausend Blut.

Und von allem dem schwebt ein Erinnern
Nur noch um das ungewisse Herz,
Fühlt die alte Wahrheit ewig gleich im Innern,
Und der neue Zustand wird ihm Schmerz.
Und wir scheinen uns nur halb beseelet,
Dämmernd ist um uns der hellste Tag.
Glücklich, daß das Schicksal, das uns quälet,
Uns doch nicht verändern mag.

FRANZ GRILLPARZER

Hero und Leander

HERO.
Wie schön du brennst, o Lampe, meine Freundin!
Noch ist's nicht Nacht, und doch geht alles Licht,
Das rings umher die laute Welt erleuchtet,
Von dir aus, dir, du Sonne meiner Nacht.
Wie an der Mutter Brust hängt alles Wesen
An deinem Umkreis, saugend deinen Strahl.

Hier will ich sitzen, will dein Licht bewahren,
Daß es der Wind nicht neidisch mir verlöscht.
Hier ist es kühl, im Turme schwül und schläfrig,
Die dumpfe Luft drückt dort die Augen zu.
Das aber soll nicht sein, es gilt zu wachen.
(Sie sitzt.)
Sie haben mich geplagt den langen Tag
Mit Kommen und mit Gehn. Nicht absichtslos!
Allein weshalb? warum? Ich weiß es nicht.
(Den Kopf in die Hand gesenkt.)
Doch immerhin! Drückt erst nicht mehr die Stirn,
Erkenn ich's wohl. Und dann – soll auch – wenn nur –
(Emporfahrend.)

Was ist? Wer kommt? – Ich bin allein. Der Wind nur
Weht schärfer von der See. – So besser denn,
Treibst du den Holden früher ans Gestade.
Die Lampe brennt noch hell. Pfui, wer wird träumen?
Hellauf und frisch! Der Liebe süße Wacht.

(Den Kopf wieder in die Hand gestützt.)
Genau besehn, wollt' ich, er käme nicht.
Ihr Argwohn ist geweckt, sie lauern, spähn.
Wenn sie ihn träfen – Mitleidsvolle Götter!
Drum wär' es besser wohl, er käme nicht.
Allein er wünscht's, er flehte, bat. Er will's.
Komm immer denn, du guter Jüngling, komm!
Ich will dich hüten, wie der Jungen Schar
Die Glucke schützt, und niemand soll dir nahn,
Niemand, als ich allein; und nicht zu schäd'gen;
Bewahr! bewahr! – Ich bin doch müd'.
Es schmerzt der Fuß. Löst niemand mir die Schuh?
(Sie zieht einen Fuß auf die Ruhebank.)
Hier drückt es, hier. Hat mich ein Stein verletzt?
(Auch den zweiten Fuß an sich ziehend, in halbliegender Stellung.)
Wie süß, wie wohl! – Komm Wind der Nacht
Und kühle mir das Aug', die heißen Wangen!
Kommst du doch übers Meer, von ihm.
Und, oh, dein Rauschen und der Blätter Lispeln,
Wie Worte klingt es mir: von ihm mir, ihm, von ihm.
Breit aus die Schwingen, hülle sie um mich,
Um Stirn und Haupt, den Hals, die müden Arme,
Umfaß, umfang! Ich öffne dir die Brust. –
Und kommt er, sag es an! – Leander – du? –

BERTOLT BRECHT

Erinnerung an die Marie A.

1

An jenem Tag im blauen Mond September
Still unter einem jungen Pflaumenbaum
Da hielt ich sie, die stille bleiche Liebe
In meinem Arm wie einen holden Traum.
Und über uns im schönen Sommerhimmel
War eine Wolke, die ich lange sah
Sie war sehr weiß und ungeheuer oben
Und als ich aufsah, war sie nimmer da.

2

Seit jenem Tag sind viele, viele Monde
Geschwommen still hinunter und vorbei.
Die Pflaumenbäume sind wohl abgehauen
Und fragst du mich, was mit der Liebe sei?
So sag ich dir: ich kann mich nicht erinnern
Und doch, gewiß, ich weiß schon, was du meinst.
Doch ihr Gesicht, das weiß ich wirklich nimmer
Ich weiß nur mehr: ich küßte es dereinst.

3

Und auch den Kuß, ich hätt ihn längst vergessen
Wenn nicht die Wolke dagewesen wär
Die weiß ich noch und werd ich immer wissen
Sie war sehr weiß und kam von oben her.

Die Pflaumenbäume blühn vielleicht noch immer
Und jene Frau hat jetzt vielleicht das siebte Kind
Doch jene Wolke blühte nur Minuten
Und als ich aufsah, schwand sie schon im Wind.

ELIZABETH BARRETT BROWNING

Wie ich dich liebe? Laß mich zählen wie:
Ich liebe dich so tief und weit und hoch
Als meine Seele reicht', wenn blind sie flog
Ans End' des Daseins und der Harmonie.

Ich lieb dich zu des Tages stillstem Stand
Bei Sonnenschein oder bei Kerzenlicht.
Ich lieb dich frei, wie man das Recht verficht.
Ich lieb dich rein, vom Ruhme abgewandt.

Ich lieb dich mit der Leidenschaft, die Leiden
Mir stillte, und so gläubig wie als Kind.
Ich lieb dich wie ich Heil'ge liebte, eh'

Ich sie verlor. Ja, voll von Liebe sind
Mein Atmen, Lachen, Weinen. Will uns scheiden
Gott durch den Tod, lieb ich dich mehr denn je.

BOTHO STRAUSS

Männer und Frauen

Als sie zu Bett liegt und mich groß ansieht, versuche ich, ohne daß sie es forderte, eine Gute-Nacht-Geschichte zu erzählen, um sie in den Schlaf zu bringen und mich zu beruhigen.

Was also willst du hören, du aufgeklärtes Geschöpf? Eine wahre Geschichte will ich dir noch erzählen, bevor dir der kluge Kopf ins Kissen rutscht. Willst du hören: ›Männer und Frauen‹ oder ›Ein Buchstabe fehlt im Alphabet‹? ›Ein Buchstabe fehlt im Alphabet‹ erzählt davon, wie der 27. Buchstabe geklaut wurde und wie das Weiße zwischen den Wörtern entstand und wie die ganze Sprache von neuem aufgebaut werden mußte, als man endlich den 27. Buchstaben wiederfand. Also lieber ›Männer und Frauen‹. Gut.

Ursprünglich waren die beiden Geschlechter nicht füreinander bestimmt. Männer und Frauen lebten als friedliebende Volksstämme in guter Nachbarschaft und tauschten ihre Waren miteinander. Denn ein jedes Geschlecht besaß jeweils prächtige und nützliche Güter, die das andere entbehrte. So besaßen die Frauen zum Beispiel die Weiden, das Kino und die Schmalzbrote, während die Männer Salzsäure, Diamanten und Mehl anlieferten. Liebe und Haß unter den Menschen gab es noch nicht. Jeder liebte am meisten das, was er herstellte und in den Tausch brachte. Alle liebten nur ihre Dinge. Damals war auch der Tod noch ein guter Freund der Menschen und er war fruchtbar. Geburt und Tod waren eins und der Tod schenkte das Leben. Jedesmal wenn ein Mann sich zum Sterben legte, kroch ein Junge aus seinem Leib hervor, und jedesmal wenn eine Frau sich zum Sterben legte, kroch ein Mädchen hervor. Dieses Leben, in dem es nur den Unterschied zwischen Arbeit und Müßiggang gab und der Unterschied zwischen Mann und Frau nicht bedeutsamer war als der zwischen zwei anderen gewöhnlichen Dingen, etwa Stein und Gras oder Hüpfen und Winken oder Tuch und Salz, dieses Leben, das weder glücklich noch unglücklich war, dauerte eine unbemessene Zeit. Eines Tages aber legte sich Mara, die Fürstin und Vorarbeiterin des Frauengeschlechts, zum Sterben und gebar eine Thronfolgerin. Doch Mara blieb nur einen Tag bei den Toten und kehrte am folgenden zurück und arbeitete weiter an ihren Dingen, worüber alle erschraken, aber sie war eine sehr tauschsüchtige Frau.

Dies erzürnte den Geist des Todes und er versagte fortan den sterbenden Frauen die Fruchtbarkeit. Kein Mädchen kam mehr zur Welt. In großer Unruhe bereiteten die Frauen dem Geburtstodgott ein üppiges Opferfest nach dem anderen, ohne daß es ihnen Nutzen gebracht hätte. Sie verausgabten sich dabei so sehr, daß sie immer ärmer wurden und sich bei den Männern verschuldeten, welche nun ihrerseits immer reicher wurden. So kam die Ungleichheit unter die Geschlechter und die Hälfte der Schöpfung schien vom Aussterben bedroht.

Da sah der Gott des Geburtstodes, daß er nicht länger den Beleidigten spielen durfte und er nahm seine Schiefertafel zur Hand, auf der er mit den Menschen seine Pläne und seine Logik trieb, und rechnete fieberhaft, den Fehler wieder auszusteuern. Doch es gelang ihm nicht, die alte Gleichung der Geschlechter wiederzufinden.

Verzweifelt an sich selbst, schleuderte er die Tafel auf die Erde hinab, gab die ganze Übung auf und wandte sich nach anderswo. So empfingen die Menschen die zersprungene Schiefertafel, die verwirrte göttliche Materie und wußten nicht, wie ihnen geschah: alles geriet durcheinander. Die Männer starben im kräftigsten Mannesalter und hinterließen zwei Nüsse. Die Frauen aßen gierig jene Dinge auf, die sie zum Tausch und für ihren Lebensunterhalt hergestellt hatten. Da liefen alle ziellos umher. Eines Tages aber grüßten sich plötzlich einige Männer und Frauen, und in höchster Angst, unterzugehen, umklammerten sie sich. Da sahen die Frauen, daß sie fruchtbar wurden von den Männern und gebären konnten, ohne selbst zu gleicher Zeit zu sterben. Die Männer aber hatten die Fähigkeit zu gebären für immer verloren und sie brauchten die Frauen, die nun Mädchen und Jungens zur Welt bringen konnten, aber nur wenn die Männer sie fest umklammerten. So entstand aus den verworfenen Gesetzen und den Scherben der göttlichen Weisheit unter den Geschlechtern der ungleiche Tausch zwischen Samen und Kindern und es entstand die Liebe als eine Schwester des formlosen Grauens, das der trübsinnige Gott, der seine Gleichung nicht wiederfand, über die Menschen gebracht hatte: Die Frauen aber waren ehrlich und liebten und verteilten die Kinder gerecht, die Jungen den Männern, sich selbst die Mädchen. Doch die Männer, einmal habgierig geworden, übervorteilten die Frauen, die nun mehrmals im Leben gebären mußten und sich nicht genug um ihre Güter kümmern konnten. Daher vergessen die Frauen bis heute nicht, wie es war, vor der Liebe, als sie noch die Hälfte der Dinge besaßen.

Treue ist ein seltner Gast,
Halt ihn fest, wenn du ihn hast

ALEXANDER PUSCHKIN

Bitter vor Eifersucht schluchzend, schalt eine Jungfrau
den Jüngling;
Aber der Jüngling schlief ein, auf ihre Schulter gelehnt.
Gleich verstummte das Mädchen, den leichten
Schlummer behütend,
Leise tränte ihr Aug, und sie lächelte ihm.

CARL MARIA VON WEBER

Brief an seine Frau

Dresden, am 28. Mai 1817

Mein vielgeliebter Mucks und Schneefuß!

Ich muß heute mit einem schweren Bekenntniß zu Dir kommen, welches Du wohl nie von Deinem Carl erwartet hättest, und doch befiehlt mir meiner eigenen Ruhe wegen mein ehrliebendes Gefühl, Dir alles zu entdecken. Ja, liebe Lina, ich kann es nicht länger bergen, daß mich seit ein paar Tagen eine andere unwiderstehliche Neigung abgehalten hat Dir zu schreiben. Ein Mädchen, dessen Liebreiz ich Dir hier nicht zu erzählen im Stande bin, hat mich ganz gefesselt, und mit 2 Worten sey es gesagt, sie ist sogar meine Braut. Doppelt frevelhaft erscheint dieses Vergehen weil sie auch Braut eines Andern ist. Aber dies Alles hilft nicht nur nichts, sondern kettet mich unbegreiflicher Weise nur noch fester an sie. Ja! ich muß Dir alles entdecken. Nur sie lebt in meiner Phantasie, jeden Augenblick schwebt ihr Bild mir vor. Mit glühender Liebe umfasse ich sie, und auch ihre Gegenliebe scheint mir gewiß, denn sie geht mit mir schlafen und verläßt mich keinen Augenblick. Ja, sie hat ihres Vaters Haus verlassen um mir ganz anzugehören. Giebt es größere Beweise von Liebe? Ich erkenne es aber auch. In ihrer Blöße ist sie zu mir gekommen, ich will sie mit meinem Herzblut nähren, und kleiden mit dem Besten, das ich habe. Sie hat eine unwiderstehliche Neigung zum Theater, und ich will ihr dazu verhelfen, obwohl ich alle Gefahren kenne, die ihr da drohen; O meine geliebte Agathe, wirst Du mir treu bleiben, rufe ich oft aus!

Du kennst nun meine ganze Schuld – richte, aber verdamme mich nicht. Wer kann für sein Gefühl, und wenn sie mich ganz umfangen hält, kann ich dann Briefe schreiben? O ich bitte um Verzweiflung! Alle Tränen, die ich für sie weine, fallen wie Schwerenoten aufs Papier – O!! O! – Nun!??

Etsch, Etsch, Etsch!! Ich sollte mich sehr wundern, wenn Du nicht eine halbe Secunde lang ein ängstliches Gefühl gekriegt hättest! Nun, gieb mir nur Haue, es thut nichts, Du tust mir nicht weh, und dann hast Du doch gewiß gelacht! – Ja, es ist wahr, Mukin, die verdammte Jägers Braut spukt mir recht im Kopfe, und wie es mir immer geht, wenn ich so eine Riesenarbeit vor mir sehe, so verliere ich Anfangs allen Mut und verzweifle fast daran es zu Stande zu bringen, und komme mir wie ein Ochs vor, dem nichts einfallen will. Es geht aber dann doch immer am Ende, und diese so oft bewährte Erfahrung tröstet mich. Die Oper ist wirklich trefflich geworden durch die neue Bearbeitung. Kurz, gedrängt, schönes Finale und andre Ensemble Stücke, und nun glaube ich, daß in dieser Gattung noch keine existiert. Gott gebe seinen Segen dazu. ...

Nun guten Appetitt alter Schneefuß. behüte Dich Gott bis Morgen, da kommt ein Brieferl von Dir, und das wird hoffentlich gut und froh sein und mich erwärmen, denn mich friert wie ein Schneider, die Sonne ist ganz verschleiert und kalt. ade. Millionen gute Bußen von Deinem alten treuliebenden Carl.

HEINRICH HEINE

Saphire sind die Augen dein,
Die lieblichen, die süßen.
O, dreimal glücklich ist der Mann,
Den sie mit Liebe grüßen.

Dein Herz, es ist ein Diamant,
Der edle Lichter sprühet.
O, dreimal glücklich ist der Mann,
Für den es liebend glühet.

Rubinen sind die Lippen dein,
Man kann nicht schönre sehen.
O, dreimal glücklich ist der Mann,
Dem sie die Liebe gestehen.

O, kennt ich nur den glücklichen Mann,
O, daß ich ihn nur fände,
So recht allein im grünen Wald,
Sein Glück hätt bald ein Ende.

Ghita und Tofano

O Amor, wie groß sind deine Kräfte, wie zahlreich sind deine Ratschläge und wie tief sind deine Einsichten! Welcher Philosoph, welcher Künstler hätte jemals solche Argumente, solche Einsichten und solche Beweise vorführen können – oder könnte sie noch vorführen –, wie du sie dem eingibst, der deinen Spuren folgt? An dir gemessen kommt jede andere Belehrung zu spät, wie man es aus dem entnehmen kann, was bisher erzählt worden ist. Dem füge ich, liebenswerte Frauen, einen Einfall hinzu, den eine einfache Frau angewandt hat; ein anderer als Amor hätte sie nicht darauf bringen können.

Es lebte also in Arezzo ein reicher Mann, der Tofano hieß. Diesem ward zur Ehe eine sehr schöne Frau namens Ghita zuteil, auf die er plötzlich, ohne zu wissen warum, eifersüchtig wurde. Als die Frau das bemerkte, war sie empört; sie fragte ihn mehrmals, welchen Grund er für seine Eifersucht hätte; als er darauf nichts außer einigen allgemeinen und bösartigen Gründen anführen konnte, kam es der Frau in den Sinn, ihn an der Krankheit sterben zu lassen, vor welcher er Angst hatte. Da sie bemerkt hatte, daß ein junger Mann, der nach ihrem Urteil stattlich war, sie verehrte, verständigte sie sich heimlich mit ihm. Als die Dinge zwischen ihr und ihm schon so weit fortgeschritten waren, daß zu den Worten nur noch die Taten fehlten, gedachte die Frau auch hierzu einen Weg zu finden. Und da sie schon erkannt hatte, daß zu den schlechten Sitten ihres Ehemannes die Lust am Trinken gehörte, ermunterte sie ihn nicht nur, sondern drängte ihn häufig mit Arglist dazu; das tat sie so oft, und das spielte sich derart ein, daß, immer wenn es ihr paßte, sie ihn so weit brachte, daß er trank, bis er voll war. Als sie sah, daß er betrunken war, legte sie ihn schlafen und traf sich ein erstes Mal mit ihrem Geliebten; das Ganze wiederholte sie danach regelmäßig und in aller Ruhe. Sie hatte so großes Vertrauen in seine Trunkenheit, daß sie es nicht nur wagte, ihren Geliebten mit ins Haus zu bringen, sondern selbst auch manchmal einen großen Teil der Nacht zu ihm nach Hause ging, was nicht weit weg war.

Die verliebte Frau trieb es auf diese Weise, als der unglückliche Mann mit einem Mal bemerkte, daß sie selbst, wenn sie ihn zum Trinken ansporte, niemals trank. Daraus schöpfte er den Verdacht, daß es etwa so sein könnte, wie es tatsächlich war, daß die Frau ihn nämlich betrunken machte, um, wenn er eingeschlafen war, ihrem eigenen Vergnügen nachzugehen. Er wollte herausbekommen, ob das wirklich so war, und ohne etwas getrunken zu haben, führte er sich eines Abends mit seinen Reden und seinem Verhalten so auf, als wäre er voller denn je. Die Frau glaubte ihm das, meinte, daß er für einen guten Schlaf nichts weiter mehr zu sich zu nehmen brauchte, und legte ihn ins Bett. Danach ging sie, wie sie es manchmal tat, außer Haus zu ihrem Geliebten, wo sie bis Mitternacht blieb.

Als Tofano hörte, daß seine Frau nicht im Hause war, stand er auf, ging zur Haustür, schloß sie von innen zu und postierte sich am Fenster, damit er sähe, wann sie zurückkehrte, und ihr vor Augen führen könnte, daß er sie ertappt habe. Er harrte aus, bis die Frau zurückkehrte. Als sie ankam und die Tür verschlossen fand, war sie äußerst erschrocken und versuchte, den Eingang mit Gewalt zu öffnen. Tofano schaute sich das eine Weile an und sagte schließlich: »Frau, du rackerst dich vergebens ab, denn hier kommst du nicht wieder herein. Geh dorthin zurück, wo du bis jetzt gewesen bist, und sei gewiß, daß du nicht eher wieder hier hereinkommst, bis ich dir in Gegenwart deiner Verwandtschaft und der Nachbarn die Ehre erwiesen haben werde, die dir gebührt.«

Um der Liebe Gottes willen bat ihn die Frau, daß er ihr doch öffnen möge, denn sie käme nicht daher, woher er glaubte; sie käme von einer Nachbarin, wo sie gemeinsam aufgeblieben wären, denn die Nächte wären so lang, und sie könne doch nicht immer alleine zu Hause schlafen oder alleine wach bleiben. Das Flehen nutzte nichts, denn dieser dumme Kerl hatte sich vorgenommen, daß alle Einwohner Arezzos, die noch gar nichts davon wußten, die Familienschande erführen.

Als die Frau bemerkte, daß Bitten nichts half, versuchte sie es mit Drohungen und sagte: »Wenn du nicht öffnest, wird es dir noch sehr leid tun.«

Darauf antwortete Tofano: »Was willst du denn schon anstellen?«

Die Frau, deren Verstand bereits von Amors Eingebungen geschärft worden war, antwortete: »Bevor ich die Schmach erdulde, die du mir zu Unrecht antun willst, werde ich mich hier in diesen Brunnen stürzen; wenn man mich tot auffindet, wird man glauben, daß du selbst in deiner Trunkenheit mich hineingestoßen hast. So wirst du fliehen müssen, alles, was du besitzt, verlieren und in Verbannung leben; oder man hackt dir als meinem Mörder – der du in Wahrheit auch gewesen bist – den Kopf ab.«

Auch diese Worte brachten Tofano um nichts von seinem dummen Vorhaben ab. So sagte die Frau: »Nun denn, ich kann deine Bosheit nicht länger ertragen; Gott verzeihe sie dir, laß den Spinnrocken, den ich hier liegen lasse, wieder ans Spinnrad bringen.« Nach diesen Worten ging die Frau zum Brunnen; die Nacht war so finster, daß man draußen einander nicht sehen konnte. Sie nahm einen großen Stein, der dort lag, und rief: »Herrgott, verzeih mir!« und ließ ihn in den Brunnen fallen.

Der Stein klatschte laut auf das Wasser; als Tofano das hörte, glaubte er tatsächlich, daß sie sich hinuntergestürzt hätte. Er ergriff den Eimer mit dem Seil, stürzte aus dem Haus, um ihr zu Hilfe zu eilen, und rannte zum Brunnen. Die Frau hatte sich neben dem Hauseingang versteckt, sah ihn zum Brunnen eilen, schlüpfte ins Haus, verschloß die Tür, ging ans Fenster und sprach: »Den Wein soll man mit Wasser verdünnen, wenn man ihn trinkt, und nicht in der Nacht danach.«

Tofano hörte sie, sah sich genasführt und ging zur Haustür zurück. Als er nicht hineinkam, forderte er sie auf, ihm zu öffnen.

Sie gab es auf, so gedämpft wie bisher zu sprechen, und schrie los: »Beim heiligen Kreuz, du widerwärtiger Saufbold, du kommst heute abend nicht mehr herein! Dein Treiben kann ich nicht mehr ertragen; alle sollen es sehen, wer du bist und wann du nachts heimkommst.«

Tofano seinerseits kochte vor Wut, wurde grob und schrie laut; der Lärm weckte die Nachbarn, sie standen auf; Männlein und Weiblein kamen ans Fenster und fragten, was es gäbe.

Die Frau begann mit tränenerstickter Stimme: »Schaut euch nur diesen bösen Menschen an, der abends betrunken nach Hause kommt, der in den Wirtshäusern schon einschläft und dann um diese Stunde hier eintrifft. Lange habe ich ihn ertragen, nichts hat es geholfen; ich konnte es nicht mehr ertragen; so habe ich ihn ausgesperrt und ihm diese Schmach angetan, um zu sehen, ob er nicht in sich geht.«

Gereizt erzählte Tofano seinerseits, was geschehen war, und drohte mit lauter Stimme.

Die Frau wandte sich an die Nachbarn und sagte: »Nun seht ihr, was für ein Mann das ist! Was würdet ihr wohl sagen, wenn ich draußen stünde und er drinnen so wie ich? Bei Gott, ich zweifle daran, ob ihr glaubt, er sage die Wahrheit. Jetzt könnt ihr einmal seinen Verstand beurteilen! Er behauptet in der Tat, daß ich getan hätte, was ich glaube, daß er getan hat. Er glaubte, mich damit zu erschrecken, daß er irgend etwas in den Brunnen geworfen hat; aber wollte Gott, daß er sich wirklich hinuntergestürzt hätte und ersoffen wäre, so wäre wenigstens der Wein, den er getrunken hat, mit Wasser versetzt worden.«

Die Nachbarn, Männer und Frauen, redeten auf Tofano ein und gaben ihm die Schuld; sie beschimpften ihn, weil er Schlechtes über seine Frau sagte. Und in kurzer Zeit breitete sich der Lärm von Nachbar zu Nachbar aus, so daß auch die Verwandten der Frau geweckt wurden. Sie kamen herbei, hörten den Bericht erst dieses, dann jenes Nachbarn; sie nahmen Tofano beiseite und schlugen ihn windelweich; dann kehrten sie zusammen mit seiner Frau nach Hause zurück und drohten ihm böse Folgen an. Tofano sah, daß er böse hereingefallen war und daß seine Eifersucht ihn schlecht beraten hatte. Da er seine Frau gern hatte, setzte er einige Freunde als Mittler ein, er brachte es so weit, daß sie schließlich zu ihm zurückkehrte. Er versprach ihr, nie mehr eifersüchtig zu sein; darüber hinaus gewährte er ihr die Freiheit zu tun, was sie wollte, nur daß sie es so vorsichtig täte, daß niemand davon erführe. So macht der blöde Bauer Frieden, nachdem er eine aufs Dach bekommen hat. Hoch die Liebe und nieder mit dem Geiz und was dazugehört!

CATULL

Sperling, reizender Liebling meiner Liebsten,
mit dir spielt sie, läßt auf dem Schoß dich sitzen,
streckt zum Picken die Fingerspitze hin und
pflegt zu eifrigem Angriff dich zu reizen,
wenn es meiner ersehnten strahlend Schönsten
in den Sinn kommt, dich irgendwie zu necken,
daß auch, mein ich, wenn ihre Glut dann schwindet,
sie sich tröstet in ihrem Liebeskummer:
Mit dir spielen zu können wie die Herrin,
um des traurigen Herzens Qual zu lindern,
wäre so mir erwünscht, wie einst dem Mädchen,
heißts, beim Wettlauf der goldne Apfel lieb war,
der den lange verschlossnen Gürtel löste.

Aus

TAUSENDUNDEINE NACHT

Mohammed esch-Schalabī, seine Geliebte und seine Frau

Man erzählt, daß in Kairo, der von Gott behüteten Stadt, ein Emir lebte, der einen Sohn hatte, Namens Mohammed esch-Schalabī, einen Jüngling einzig an Schönheit und Lieblichkeit in seinen Tagen, und ohnegleichen an Anmut und Liebreiz unter den Männern und Frauen seiner Zeit. Als er das Alter von zehn Jahren erreicht hatte, und sich der Mannesreife näherte, verlobte ihn sein Vater und verheiratete ihn mit einem hübschen Mädchen, das ihn auch nach der Heirat aufs zärtlichste liebte. Ebenso lebte in Kairo ein Kadi der Armee, der eine Tochter hatte, einzig an Gestalt und Gesicht, Schönheit und Glanz und Wuchs und ebenmäßiger Grazie, und sie war bekannt als Sitt el-Husn – die Herrin der Schönheit. Eines Tages nun, als sie mit ihrer Mutter und den Sklavinnen zum Bad ging, trafen sie unterwegs den jungen Schalabī, und sein Blick kreuzte sich mit dem des jungen Mädchens, worauf sich beide ineinander verliebten. Bald darauf begann sie ihm Botschaften und Briefe zu senden, und er in gleicher Weise ihr, jedoch vermochten sie nicht, einander zu besitzen oder auch nur insgeheim an einem Ort zusammenzukommen. Dies dauerte drei Jahre lang, so daß ihre Herzen in gegenseitiger Liebe hinschmolzen, bis das junge Mädchen eines

Tages eine Alte zu ihrem Geliebten schickte und ihn bat, an dem und dem Ort mit ihr zusammenzutreffen; und, als die Vermittlerin ihn hiervon benachrichtigt hatte, erhob er sich sofort ihr zu gehorchen, ohne zu wissen, was im Verborgenen auf ihn lauerte. Um die Stunde des Sonnenuntergangs erreichte er den Platz des Stelldicheins und fand die Tochter des Kadis, begleitet von ihren Sklavinnen, bereits vor. Nach dem Ratschluß Gottes jedoch, der auf den Stirnen der Menschen geschrieben steht, streifte einer der Polizisten des Wâlîs gerade, als das Paar die verborgene Stätte betrat, dort umher; und, als sie es sich dort bequem gemacht hatten, begann ein jeder dem andern die Schmerzen der Trennung zu klagen. Hernach brachten ihnen die Sklavinnen Essen, Fleisch und Wein, und sie aßen und scherzten und waren fröhlich und vergnügt vom Sonnenuntergang an bis zur Mitternacht und plauderten als Bechergenossen miteinander, bis sich ein jeder am andern gesättigt hatte, und die Schmerzen der Trennung aus ihren Herzen gewichen waren.

So erging es dem Liebespärchen; was nun aber den Mann des Wâlîs anlangt, so kannte er genau den Platz, in den sich das Paar zurückgezogen hatte, und, als er sich davon überzeugt hatte, begab er sich zum Wâlî und berichtete ihm: »Dort und dort in dem und dem Viertel ist ein Mann und ein Mädchen, an denen die Spuren des Reichtums zu sehen sind, und sicherlich erhältst du, wenn du sie festnimmst, von einem jeden ohne Mühe fünfzehn Beutel.« Als der Wâlî dies vernahm, führte er sofort seine Schar heraus und machte sich mit ihnen zu dem angegebenen Platz auf den Weg. Um Mitternacht gelangten alle zum Platz des Stelldicheins, wo er nun mit der Axt in der Hand vordrang und die Tür einschlug; dann stürzte er in den Raum, ohne von dem Jüngling und dem Mädchen erwartet zu werden, die gerade im Gipfel ihrer Wonnen dasaßen. Als sie ihn so plötzlich erscheinen sahen, wurden sie bestürzt und verwirrt und ratlos, er aber verhaftete sie und führte sie nach seinem Hause ab, wo er sie ins Gefängnis sperrte. Und alsbald verbreitete sich das Gerücht und erreichte auch seine Familie, daß Mohammed esch-Schalabī vom Wâlī mit seiner Geliebten festgenommen sei. Der Wâlī aber sprach, nachdem er beide eingesperrt hatte: »Dieses Paar soll einen oder zwei Tage lang bei mir eingesperrt bleiben, bis wir ihr Lösegeld empfangen haben.« Einer der Leute sagte jedoch: »Fürwahr, du weißt nicht und hast nicht erfahren, daß dieses Mädchen die Tochter des Kadis der Armee ist, der während des vergangenen Jahrs deinen Tod bei dem Sultan betrieb.« Kaum hatte der Wâlī diese Worte vernommen, da ward sein Herz von Freude erfüllt, und er rief aus: »Bei Gott, ich muß diese Dirne öffentlich bloßstellen und sie durch die Straßen von Kairo paradieren lassen, und will ihn ebenso vor dem Sultan entehren, daß er degradiert wird.«

Am Morgen flog das Gerücht durch die Stadt, daß die Tochter des Kadis von dem Wâlī und der Wache zugleich mit dem jungen Schalabī an einem gewissen Ort festgenommen war, und so kam das Gerücht auch ihrem Vater zu Ohren, so daß er rief: »Es gibt keine Macht und keine Kraft außer bei Gott, dem Hohen und Erhabenen! O du rettender Gott, rette mich! O über den elenden Schimpf und die gemeine Schande vor dem Sultan und den Untertanen, wenn es heißt, daß die Tochter des Kadis verführt und mißbraucht worden ist! Indessen, mag mich der Verhüller verhüllen!« Der Wâlī seinerseits begab sich zum Palast und suchte dem Sultan hiervon Mitteilung zu machen; da er jedoch fand, daß er Geschäfte hatte, setzte er sich nieder und wartete, bis er fertig wäre, um ihm dann die Sache in betreff der Tochter seines Feindes des Oberkadis zu berichten.

So stand es mit ihm; als jedoch die Frau des Jünglings vernahm, daß der Schalabī vom Wâlī und der Wache festgenommen war, erhob sie sich unverzüglich auf ihre Füße, legte ihre Frauenkleider ab und zog Mannestracht an. Dann nahm sie etwas Lebensmittel zu sich und machte sich zum Gefängnis des Wâlīs auf. Unterwegs fragte sie nach dem Weg, und ein Mann aus dem Volk wies sie zu seinem Amtslokal, bis sie den Platz erreichte. Hier erkundigte sie sich nach dem Kerkermeister und sprach zu ihm: »Öffne mir das Gefängnis, in das sie den Schalabī und das Mädchen eingesperrt haben.« Durch Zeichen versprach sie ihm ein Goldstück, und so ließ er sie zu, und sie trat in den Raum, wo ihr Gatte und das Mädchen lag, und setzte ihnen das Essen vor. Er erkannte sie jedoch nicht und rief: »Ich will weder essen noch trinken, geh von mir und laß mich allein in dieser meiner Lage.« Sie erwiderte: »Nein, du mußt essen, und dir wird dann Freude widerfahren.« Da trat er herzu und aß eine Kleinigkeit, während sie eine Weile neben ihm saß. Dann legte sie ihre Mannskleidung ab und zog der Tochter des Kadis alle Sachen, die sie anhatte, aus, worauf sie sie in die Sachen kleidete, in denen sie zu ihnen eingetreten war. Das junge Mädchen sah nun ganz so wie die Frau des Schalabī aus, und diese sagte zu ihr, nachdem sie ihr den Rest des Essens vorgesetzt hatte: »Mach dich auf und geh nach Hause.« Und so ging die Tochter des Kadis in der Verkleidung eines eleganten Jünglings fort, gleich dem, der zuvor ins Gefängnis gekommen war, während sich die Frau an die Seite ihres Gatten setzte. Als er sie in den Kleidern der Tochter des Kadis sah, erkannte er sie als seine Gattin und fragte sie: »Was hat dich hierher geführt?« Sie versetzte: »Ich bin unter dieser List hierhergekommen, um dich und die Ehre des Mädchens, das du liebst, zu retten.« Sobald aber die Tochter des Kadis in ihrer Verkleidung fortgegangen war, blieb der Kerkermeister allen Bitten gegenüber taub und verschloß die Tür des Gefängnisses, und so saßen der Schalabī und seine Frau beisammen, und sein Herz ward zufriedengestellt und sein Gemüt beruhigt, und alle Sorgen waren von seinem Herzen gefallen.

So stand es mit ihnen; was nun aber den Wâlī anlangt, so trat er, als der Sultan sein Geschäft beendet hatte, vor und küßte die Erde vor ihm, ihn begrüßend und segnend. Der König erwiderte ihm den Salâm und fragte ihn: »Was gibt's?« Da sagte er: »O König der Zeit, ich fand während der letzten Nacht die Herrin Sitt el-Husn, die Tochter des Kadis der Armee, in Gesellschaft ihres Geliebten, eines gewissen Mohammed Schalabī, Sohn des Emirs So und So; ich nahm deshalb das Pärchen fest und sperrte es bei mir ein; und nun komme ich selber, dir die Sache zu berichten.« Als der Sultan diese Worte vernahm, ergrimmte er gewaltig; seine Augen blitzten wie im Feuer, seine Drosseladern schwollen an, der Schaum trat ihm vor den Mund, und er schrie: »Wie kann die Tochter des Kadis der Armee mit einem Liebhaber zusammenstecken und sich entehren lassen? Bei Gott, ich muß sie, ihren Vater und den Burschen, ihren Geliebten, hinrichten lassen.«

Dies trug sich zwischen dem Sultan und dem Wâlī zu; als nun aber Sitt el-Husn, die Tochter des Kadis, wieder zu Hause angelangt war, kleidete sie sich in einem verborgenen Gemach um und begab sich heimlich in ihr Zimmer, wo sie sich beruhigten Herzens und frei von aller Angst und Aufregung niederlegte. Zu derselben Zeit jammerte ihre Mutter, als lamentierte sie über einen Toten, und schlug sich das Gesicht und die Brust und schrie in einem fort: »O unsre Schande! o die Schmach! Wenn sie dem Sultan hiervon Mitteilung machen, so läßt er sicherlich ihren Vater hinrichten.« Ebenso versank der Kadi in trübe Gedanken und ward verstört und sprach bei sich: »Wie soll ich Kadi des Islams bleiben, wenn die Leute von Kairo sagen: ›Fürwahr, die Tochter des Großkanzlers ist entehrt?‹« Unter solchen Gedanken suchte er das Gemach seiner Frau auf und blieb eine Weile bei ihr, worauf er wieder fortging und wie geistesgestört von Raum zu Raum wanderte. Da traf es sich, daß eine der Sklavinnen das Zimmer betrat, in dem die Tochter des Kadis lag, und sie auf ihrem Bett liegen sah. Sie blickte sie an, und, wie sie sie nun erkannte, lief sie eilends zu ihrer Herrin und rief: »O meine Herrin, Sitt el-Husn, von der ihr redet, liegt in dem und dem Zimmer des Harems und schläft.« Da erhob sich die Mutter und suchte ihre Tochter auf, worauf sie erfreut zum Kadi in sein Zimmer eilte und es ihm mitteilte. Er begab sich nun gleichfalls in das Zimmer seiner Tochter und fragte sie, als er sie dort fand: »Wo bist du gewesen?« Sie versetzte: »O mein Vater, ich bekam gestern Abend Kopfschmerzen und legte mich deshalb hier nieder.« Hierauf setzte sich der Kadi ohne Aufschub und Verzug mit seinen Untergebenen auf und ritt zum Sultan. Nachdem er bei ihm eingetreten war und ihn begrüßt hatte, sprach er zu ihm: »O König der Zeit, ist es erlaubt und von Gott, dem Erhabenen, verstattet, daß der Wâlī falsche und verleumderische Anschuldigungen gegen uns erhebt?« Da der Wâlī dicht daneben stand, versetzte der Sultan: »Wie kann der Wâlī dich und deine Tochter verleumdet haben, wenn sie noch bei ihm in seinem Hause eingesperrt ist?« Und der Wâlī fügte hinzu: »Es ist wahr, seine Tochter ist mit ihrem Geliebten bei mir eingesperrt, denn ich fand sie an dem und dem Platz.« Da sagte der Kadi: »O König der Zeit, ich will hier bei dir bleiben, und du laß den Wâlī gehen und seine Gefangenen vor dich bringen, damit die Sache offenbar wird, denn Hören mit dem Ohr ist nicht wie Sehen mit dem Auge.« Der Sultan versetzte: »Dein Rat ist recht.« Und so kehrte der Wâlī heim und befahl dem Pförtner, das Gefängnis zu öffnen und daraus das Mädchen Sitt el-Husn und ihren Geliebten, den Jüngling Mohammed Schalabī, hervorzuholen. Der Mann tat nach seinem Geheiß und holte das Paar aus dem Gefängnis, sie dem Wâlī übergebend, der nun erfreut mit ihnen wieder zum Sultan zurückkehrte. Da aber die Bewohner von Kairo von alledem vernommen hatten, strömten sie in Scharen herbei, um sich an dem Schauspiel zu weiden. Als der Wâlī beim Sultan angelangt war, stellte er das Mädchen und den Jüngling vor ihn, und der König fragte nun den Jüngling: »Wer bist du, junger Mann, und wer ist dein Vater?« Er versetzte: »Ich bin der Sohn des und des Emirs.« Hierauf fragte der König, der immer noch im Glauben war, das Mädchen wäre die Tochter des Oberkadis: »Und wer und wessen Tochter ist das Mädchen da bei dir?« Der Jüngling erwiderte: »Es ist meine Frau, o König der Zeit.« Da entgegnete der König: »Wie kann es deine Frau sein?« Der Jüngling antwortete: »Fürwahr, sie ist es; und der und der und der und der und eine Menge deiner Vertrauten wissen sehr wohl, daß es meine Frau ist, und die Tochter des und des.« Da redeten sie sie an und sie gab ihnen Antwort, und so erkannten sie und waren überzeugt, daß sie des Schalabīs gesetzmäßige Frau war. Alsdann fragte der König: »Wie kam es, daß der Wâlī dich und sie festnahm?« Der Jüngling versetzte: »O König der Zeit, ich ging mit meiner Frau aus, mich zu vergnügen, und, da wir einen behaglichen Platz fanden, der uns gefiel, verweilten wir dort bis Mitternacht, als der Wâlī zu uns einbrach und uns festnahm, indem er behauptete, ich hätte ein Stelldichein mit der Tochter des Kadis. Dann führte er uns fort und sperrte uns in seinem Hause ein, und nun – gelobt sei Gott! – befinden wir uns vor dir. Tu, was du willst, und befiehl nach dem heiligen Gesetz, und, wer Züchtigung verdient, dem teile sie aus, denn du bist der Herr über unsre Nacken und der Meister unserer Wohlfahrt.« Als der Jüngling diese Worte gesprochen hatte, befahl der König den Wâlī hinzurichten, sein Haus einzureißen und seine Frauen zu Sklavinnen zu machen, und ließ den Herold vor der Exekution in den Straßen Kairos vor dem Wâlī ausrufen, daß er zum Tode geführt würde, und daß dies die Strafe für den sei, der die Vornehmen entehre und gegen die Leute falsche Anschuldigungen und Verleumdungen vorbringe. Hierauf richteten sie den Wâlī hin und führten so den Befehl des Königs aus, der das Gut des Wâlīs Mohammed Schalabī übermachte und ihn reichbeschenkt und in allen Ehren mit seiner Frau heimsandte. Als der Jüngling in seine Wohnung heimgekehrt war, küßte er seiner Frau die Hände und Füße, da sie ihn durch ihre List gerettet und die Ehre der Tochter des Kadis bewahrt und ihren Vater instand gesetzt hatte, über seinen Feind, den Wâlī, zu triumphieren.

Hatem:

Nicht Gelegenheit macht Diebe,
Sie ist selbst der größte Dieb;
Denn sie stahl den Rest der Liebe,
Die mir noch im Herzen blieb.

Dir hat sie ihn übergeben,
Meines Lebens Vollgewinn,
Daß ich nun, verarmt, mein Leben
Nur von dir gewärtig bin.

Doch ich fühle schon Erbarmen
Im Karfunkel deines Blicks
Und erfreu' in deinen Armen
Mich erneuerten Geschicks.

Suleika:

Hochbeglückt in deiner Liebe,
Schelt' ich nicht Gelegenheit;
Ward sie auch an dir zum Diebe,
Wie mich solch ein Raub erfreut!

Und wozu denn auch berauben?
Gib dich mir aus freier Wahl;
Gar zu gerne möcht' ich glauben –
Ja, ich bin's, die dich bestahl.

Was so willig du gegeben,
Bringt dir herrlichen Gewinn,
Meine Ruh', mein reiches Leben
Geb' ich freudig, nimm es hin!

Scherze nicht! Nichts von Verarmen!
Macht uns nicht die Liebe reich?
Halt' ich dich in meinen Armen,
Jedem Glück ist meines gleich.

KURT TUCHOLSKY

Lottchen beichtet 1 Geliebten

»Es ist ein fremder Hauch auf mir? Was soll das heißen – es ist ein fremder Hauch auf mir? Auf mir ist kein fremder Hauch. Gib mal 'n Kuß auf Lottchen. In den ganzen vier Wochen, wo du in der Schweiz gewesen bist, hat mir keiner einen Kuß gegeben. Hier war nichts. Nein – hier war wirklich nichts! Was hast du gleich gemerkt? Du hast gar nichts gleich gemerkt... ach, Daddy! Ich bin dir so treu wie du mir. Nein, das heißt... also, ich bin dir wirklich treu! Du verliebst dich ja schon in jeden Refrain, wenn ein Frauenname drin vorkommt... ich bin dir treu... Gott sei Dank! Hier war nichts. ... Nur ein paarmal im Theater. Nein, billige Plätze – na, das eine Mal in der Loge... Woher weiß du denn das? Was? Wie? Wer hat dir das erzählt? Na ja, das waren Plätze...

durch Beziehungen... Natürlich war ich da mit einem Mann. Na, soll ich vielleicht mit einer Krankenschwester ins Theater... lieber Daddy, das war ganz harmlos, vollkommen harmlos, mach doch hier nicht in Kamorra oder Mafia oder was sie da in Korsika machen. In Sizilien – meinetwegen, in Sizilien! Jedenfalls war das harmlos. Was haben sie dir denn erzählt? Was? Hier war nichts.

Das war... das ist... du kennst den Mann nicht. Na, das werd ich doch nicht machen – wenn ich schon mit einem andern Mann ins Theater gehe, dann geh ich doch nicht mit einem Mann, den du kennst. Bitte: ich hab dich noch nie kompromittiert. Männer sind doch so dußlig, die nehmen einem das übel, wenn man schon was macht, daß es dann ein Berufskollege ist. Und wenn es kein Berufskollege ist, dann heißt es gleich: Fräulein Julie! Man hats wirklich nicht leicht. Also du kennst den Mann nicht. Du kennst ihn nicht. Ja – er kennt dich. Na, sei doch froh, daß dich so viele Leute kennen – biste doch berühmt. Das war jedenfalls ganz harmlos. Total. Nachher waren wir noch essen. Aber sonst war nichts.

Nichts. Nichts war. Der Mann... der Mann ist eben – ich hab ihn auch im Auto mitgenommen, weil er so nett neben einem im Auto sitzt, eine glänzende Begleitdogge – so, hat das die Reventlow auch gesagt? Na, ich nenne das auch so. Aber *nur* als Begleitdogge. Der Mann sah glänzend aus. Doch, das ist wahr. Einen wunderbaren Mund, so einen harten Mund – gib mal 'n Kuß auf Lottchen, er war dumm. Es war nichts.

Direkt dumm war er eigentlich nicht. Das ist ja... ich habe mich gar nicht in ihn verliebt; du weißt ganz genau, daß ich mich bloß verliebe, wenn du dabei bist – damit du auch eine Freude hast! Ein netter Mann... aber ich will ja die Kerls gar nicht mehr. Ich nicht. Ich will das überhaupt alles nicht mehr. Daddy, so nett hat er ja gar nicht ausgesehn. Außerdem küßte er gut. Na so – es war jedenfalls weiter nichts.

Sag mal, was glaubst du eigentlich von mir? Glaubst du vielleicht von mir, was ich von dir glaube? Du – das verbitt ich mir! Ich bin treu. Daddy, der Mann... das war doch nur so eine Art Laune. Na ja, erst läßt du einen hier allein, und dann schreibst du nicht richtig, und telefoniert hast du auch bloß einmal – und wenn eine Frau allein ist, dann ist sie viel alleiner als ihr Männer. Ich brauche gewiß keinen Mann... ich nicht. Den hab ich auch nicht gebraucht; das soll er sich bloß nicht einbilden! Ich dachte nur: I, dachte ich – wie ich ihn gesehn habe... Ich habe schon das erstemal gewußt, wie ich ihn gesehn habe – aber es war ja nichts.

Nach dem Theater. Dann noch zwei Wochen lang. Nein. Ja. Nur Rosen und zweimal Konfekt und den kleinen Löwen aus Speckstein. Nein. Ich ihm meinen Hausschlüssel? Bist wohl...! Ich hab ihm meinen Hausschlüssel doch nicht gegeben! Ich werde doch einem fremden Mann meinen Hausschlüssel nicht geben...! Da bring ich ihn lieber runter. Daddy, ich habe ja für den Mann gar nichts empfunden – und er für mich auch nicht – das weißt du doch. Weil er eben solch einen harten Mund hatte... und ganz schmale Lippen. Weil er früher Seemann war. Was? Auf dem Wannsee? Der Mann ist zur See gefahren – auf einem riesigen Schiff, ich habe den Namen vergessen, und er kann alle Kommandos, und er hat einen harten Mund. Ganz schmale Lippen. Mensch, der erzählt ja nicht. Küßt aber gut. Daddy, wenn ich mich nicht so runter gefühlt hätte, dann wäre das auch gar nicht passiert... Es ist ja auch eigentlich nichts passiert – das zählt doch nicht. Was? In der Stadt.

Nein, nicht bei ihm; wir haben zusammen in der Stadt gegessen. Er hat bezahlt – na, hast du das gesehn! Soll ich vielleicht meine Bekanntschaften finanzieren... na, das ist doch...! Es war überhaupt nichts.

Tätowiert! Der Mann ist doch nicht tätowiert! Der Mann hat eine ganz reine Haut, er hat... Keine Details? Keine Details! Entweder ich soll erzählen, oder ich soll nicht erzählen. Von mir wirst du über den Mann kein Wort mehr hören. Daddy, hör doch – wenn er nicht Seemannsmaat gewesen wäre, oder wie das heißt... Und ich wer dir überhaupt was sagen:

Erstens war überhaupt nichts, und zweitens kennst du den Mann nicht, und drittens weil er Seemann war, und ich hab ihm gar nichts geschenkt, und überhaupt, wie Paul Graetz immer sagt:

Kaum hat man mal, dann ist man gleich – Daddy! Daddy! Laß mal... was ist das hier? Was? Wie? Was ist das für ein Bild? Was ist das für eine Person? Wie? Was? Wo hast du die kennengelernt? Wie? In Luzern? Was? Hast du mit der Frau Ausflüge gemacht? In der Schweiz machen sie immer Ausflüge. Erzähl mir doch nichts... Was? Da war nichts?

Das ist ganz was andres. Na ja, mir gefällt schon manchmal ein Mann. Aber ihr –?

Ihr werft euch eben weg!«

JOHANN CHRISTIAN GÜNTHER

Abschied von seiner ungetreuen Liebsten

Wie gedacht,
Vor geliebt, jetzt ausgelacht.
Gestern in den Schoß gerissen,
Heute von der Brust geschmissen,
Morgen in die Gruft gebracht.
Wie gedacht,
Vor geliebt, jetzt ausgelacht.

Dieses ist
Aller Jungfern Hinterlist:
Viel versprechen, wenig halten;
Sie entzünden und erkalten
Öfters, eh ein Tag verfließt.
Dieses ist
Aller Jungfern Hinterlist.

Dein Betrug,
Falsche Seele, macht mich klug;
Keine soll mich mehr umfassen,
Keine soll mich mehr verlassen,
Einmal ist führwahr genug.
Dein Betrug,
Falsche Seele, macht mich klug.

Denke nur,
Ungetreue Kreatur,
Denke, sag ich, nur zurücke

Und betrachte deine Tücke
Und erwäge deinen Schwur.
Denke nur,
Ungetreue Kreatur!

Hast du nicht
Ein Gewissen, das dich sticht,
Wenn die Treue meines Herzens,
Wenn die Größe meines Schmerzens
Deinem Wechsel widerspricht?
Hast du nicht
Ein Gewissen, das dich sticht?

Bringt mein Kuß
Dir so eilends Überdruß,
Ei so geh und küsse diesen,
Welcher dir sein Geld gewiesen,
Das dich wahrlich blenden muß,
Bringt mein Kuß
Dir so eilends Überdruß.

Bin ich arm,
Dieses macht mir wenig Harm;
Tugend steckt nicht in dem Beutel,
Gold und Schmuck macht nur die Scheitel,
Aber nicht die Liebe warm.
Bin ich arm,
Dieses macht mir wenig Harm.

Und wie bald
Mißt die Schönheit die Gestalt!
Rühmst du gleich von deiner Farbe,
Daß sie ihresgleichen darbe,
Auch die Rosen werden alt.

Und wie bald
Mißt die Schönheit die Gestalt!

Weg mit dir,
Falsches Herze, weg von mir!
Ich zerreiße deine Kette,
Denn die kluge Henriette
Stellet mir was Bessers für.
Weg mit dir,
Falsches Herze, weg von mir!

ARTHUR SCHNITZLER

Denksteine

Anatol. Emilie.

Emiliens Zimmer, mit maßvoller Eleganz ausgestattet. Abenddämmerung. Das Fenster ist offen, Aussicht auf einen Park; der Gipfel eines Baumes, kaum noch belaubt, ragt in die Fensteröffnung.

EMILIE. ... Ah ... hier find ich dich –! Und vor meinem Schreibtisch ... ? Ja, was machst du denn? Du stöberst meine Laden durch? ... Anatol!

ANATOL. Es war mein gutes Recht – und ich *hatte* recht, wie sich soeben zeigt.

EMILIE. Nun – was hast du gefunden –? Deine eigenen Briefe ... !

ANATOL. Wie? – Und das hier –?

EMILIE. Das hier –?

ANATOL. Diese zwei kleinen Steine ...? Der eine ein Rubin, und dieser andere, dunkle? – Ich kenne sie beide nicht, sie stammen nicht von mir ...!

EMILIE. ... Nein ... ich hatte ... vergessen ...

ANATOL. Vergessen? ... So wohl verwahrt waren sie; da in dem Winkel dieser untersten Lade. Gesteh es doch lieber gleich, statt zu lügen wie alle ... So ... du schweigst? ... Oh, über die wohlfeile Entrüstung ... Es ist so leicht zu schweigen, wenn man schuldig und vernichtet ist ... Nun aber will ich weitersuchen. Wo hast du deinen anderen Schmuck verborgen?

EMILIE. Ich habe keinen anderen.

ANATOL. Nun – *(Er beginnt die Laden aufzureißen.)*

EMILIE. Such nicht ... ich schwöre dir, daß ich nichts habe.

ANATOL. Und dieses hier ... warum dieses hier?

EMILIE. Ich hatte unrecht ... vielleicht ...!

ANATOL. Vielleicht! ... Emilie! Wie sind an dem Vorabend des Tages, wo ich dich zu meinem Weibe machen wollte. Ich glaubte wahrhaftig alles Vergangene getilgt ... Alles ... Mit dir zusammen hab ich die Briefe, die Fächer, die tausend Nichtigkeiten, die mich an die Zeit erinnerten, in der wir uns noch nicht kannten ... mit dir zusammen habe ich all das in das Feuer des Kamins geworfen ... Die Armbänder, die Ringe, die Ohrgehänge ... wir haben sie verschenkt, verschleudert, sie sind über die Brücke in den Fluß, durchs Fenster auf die Straße geflogen ... Hier lagst du vor mir und schwurst mir ... »Alles ist vorbei – und in deinen Armen erst hab ich empfunden, was Liebe ist ...« Ich natürlich habe dir geglaubt ... weil wir alles glauben, was uns die Weiber sagen, von der ersten Lüge an, die uns beseligt...

EMILIE. Soll ich dir von neuem schwören?

ANATOL. Was hilft es?... Ich bin fertig... fertig mit dir... Oh, wie gut du das gespielt hast! Fieberisch, als ob du jeden Flecken abwaschen wolltest von deiner Vergangenheit, bist du hier vor den Flammen gestanden, als die Blätter und Bänder und Nippes verglühten... Und wie du in meinen Armen schluchztest, damals, als wir am Ufer des Flusses lustwandelten und jenes kostbare Armband in das graue Wasser hinabwarfen, wo es alsbald versank... wie du da weintest, Tränen der Läuterung, der Reue... Dumme Komödie! Siehst du, daß alles vergebens war? Daß ich dir dennoch mißtraute? Und daß ich mit Recht da herumwühlte?... Warum sprichst du nicht?... Warum verteidigst du dich nicht?...

EMILIE. Da du mich doch verlassen willst.

ANATOL. Aber wissen will ich, was diese zwei Steine bedeuten... warum du gerade *diese* aufbewahrt hast?

EMILIE. Du liebst mich nicht mehr...?

ANATOL. Die Wahrheit, Emilie... die Wahrheit will ich wissen!

EMILIE. Wozu, wenn du mich nicht mehr liebst.

ANATOL. Vielleicht steckt in der Wahrheit irgend etwas.

EMILIE. Nun was?

ANATOL. Was mich die Sache... begreifen macht... Hörst du, Emilie, ich habe keine Lust, dich für eine Elende zu halten!

EMILIE. Du verzeihst mir?

ANATOL. Du sollst mir sagen, was diese Steine bedeuten!

EMILIE. Und dann willst du mir verzeihen–?

ANATOL. Dieser Rubin, was er bedeutet, warum du ihn aufbewahrst –

EMILIE. – Und wirst mich ruhig anhören?

ANATOL. ... Ja! ... Aber sprich endlich ...

EMILIE. ... Dieser Rubin ... er stammt aus einem Medaillon ... er ist ... herausgefallen ...

ANATOL. Von wem war dies Medaillon?

EMILIE. Daran liegt es nicht ... Ich hatte es nur an einem ... bestimmten Tage um – an einer einfachen Kette ... um den Hals.

ANATOL. Von wem du es hattest –!

EMILIE. Das ist gleichgültig ... ich glaube, von meiner Mutter ... Siehst du, wenn ich nun so elend wäre, als du glaubst, so könnte ich dir sagen: Darum, weil es von meiner Mutter stammt, hab ich es aufbewahrt – und du würdest mir glauben ... Ich habe aber diesen Rubin aufbewahrt, weil er ... an einem Tage aus meinem Medaillon fiel, dessen Erinnerung ... mir teuer ist ...

ANATOL. ... Weiter!

EMILIE. Ach, es wird mir so leicht, wenn ich dir's erzählen darf. – Sag, würdest du mich auslachen, wenn ich eifersüchtig wäre auf deine erste Liebe?

ANATOL. Was soll das?

EMILIE. Und doch, die Erinnerung daran ist etwas Süßes, einer von den Schmerzen, die uns zu liebkosen scheinen ... Und dann ... für mich ist der Tag von Bedeutung, an welchem ich das Gefühl kennenlernte, welches mich – dir verbindet. Oh, man muß lieben *gelernt* haben, um zu lieben, wie ich dich liebe! ... Hätten wir uns beide zu einer Zeit gefunden, wo uns die Liebe etwas Neues war, wer weiß, ob wir aneinander nicht achtlos vorübergegangen wären? ... Oh, schüttle den

Kopf nicht, Anatol; es ist so, und du selbst hast es einmal gesagt –

ANATOL. Ich selbst –?

EMILIE. Vielleicht ist es gut so, so sprachst du, und wir mußten beide erst reif werden für diese Höhe der Leidenschaft!

ANATOL. Ja... wir haben immer irgendeinen Trost solcher Art bereit, wenn wir eine Gefallene lieben.

EMILIE. Dieser Rubin, ich bin ganz offen mit dir, bedeutet die Erinnerung an den Tag...

ANATOL. ... So sag's... sag's...

EMILIE. – Du weißt es schon... ja... Anatol... die Erinnerung an *jenen* Tag... Ach... ich war ein dummes Ding... sechzehn Jahre!

ANATOL. Und er zwanzig – und groß und schwarz!...

EMILIE *(unschuldig).* Ich weiß es nicht mehr, mein Geliebter... Nur an den Wald erinnere ich mich, der uns umrauschte, an den Frühlingstag, der über den Bäumen lachte... ach, an einen Sonnenstrahl erinnere ich mich, der zwischen dem Gesträuche hervorkam und über einen Haufen gelber Blumen glitzerte –

ANATOL. Und du verfluchst diesen Tag nicht, der dich mir nahm, bevor ich dich kannte?

EMILIE. Vielleicht gab er mich dir...! Nein, Anatol... wie immer es sei, ich fluche jenem Tage nicht und verschmähe auch, dir vorzulügen, daß ich es jemals tat... Anatol, daß ich dich liebe wie keinen je – und so wie du nie geliebt worden – du weißt es ja... aber wenn auch jede Stunde, die ich je erlebte, durch deinen ersten Kuß bedeutungslos geworden – jeder Mann, dem ich begegnete, aus meinem Gedächtnis schwand – kann ich deswegen die Minute vergessen, die mich zum Weibe machte?

ANATOL. Und du gibst vor, mich zu lieben –?

EMILIE. Ich kann mich der Gesichtszüge jenes Mannes kaum erinnern; ich weiß nicht mehr, wie seine Augen blickten –

ANATOL. Aber daß du in seinen Armen die ersten Seufzer der Liebe gelacht hast … daß von seinem Herzen zuerst jene Wärme in das deine überströmte, die das ahnungsvolle Mädchen zum wissenden Weibe machte, das kannst du ihm nicht vergessen, dankbare Seele! Und du siehst nicht ein, daß mich dies Geständnis toll machen muß, daß du mit einem Male diese ganze schlummernde Vergangenheit wieder aufgestört hast! … Ja, nun weiß ich's wieder, daß du noch von anderen Küssen träumen kannst als von den meinen, und wenn du deine Augen in meinen Armen schließest, steht vielleicht ein anderes Bild vor ihnen als das meine!

EMILIE. Wie falsch du mich verstehst! … Da hast du freilich recht, wenn du meinst, wir sollten auseinandergehen …

ANATOL. Nun – wie denn soll ich dich verstehen … ?

EMILIE. Wie gut haben es doch die Frauen, die lügen können. Nein … ihr vertragt sie nicht, die Wahrheit … ! Sag mir nur eines noch: Warum hast du mich immer darum angefleht? »Alles würde ich dir verzeihen, nur eine Lüge nicht!« … Noch hör ich es, wie du's mir sagtest … Und ich … ich, die dir alles gestand, die sich vor dir so niedrig, so elend machte, die es dir ins Angesicht schrie: »Anatol, ich bin eine Verlorene, aber ich liebe dich … !« Keine von den dummen Ausflüchten, die die andern im Munde führen, kam über meine Lippen. – Nein, ich sprach es aus: Anatol, ich habe das Wohlleben geliebt, Anatol, ich war lüstern, heißblütig – ich habe mich verkauft, verschenkt – ich bin deiner Liebe nicht wert ... Erinnerst du dich auch, daß ich dir das sagte, bevor du mir das erstemal die Hand küßtest? ... Ja, ich wollte dich fliehen, weil ich dich liebte, und du verfolgtest mich ... du hast um meine Liebe gebettelt ... und ich wollte dich nicht, weil ich mich den Mann nicht zu beflecken getraute, den ich mehr, den ich anders – ach, den ersten Mann, den ich liebte ...! Und da hast du mich genommen, und ich war dein! ... Wie hab ich geschauert ... gebebt ... geweint ... Und du hast mich so hoch gehoben, hast mir alles wieder zurückgegeben, Stück für Stück, was sie mir genommen hatten ... ich ward in deinen wilden Armen, was ich nie gewesen: rein ... und glücklich ... du warst so groß ... du konntest verzeihen ... Und jetzt ...

ANATOL. ... Und jetzt ... ?

EMILIE. Und jetzt jagst du mich eben wieder davon, weil ich doch nur bin wie die andern –

ANATOL. Nein, ... nein, das bist du nicht.

EMILIE *(mild)*. Was willst du also ... Soll ich ihn wegwerfen ... den Rubin ... ?

ANATOL. Ich bin nicht groß, ach nein ... sehr, sehr kleinlich ... wirf ihn weg, diesen Rubin ... *(Er betrachtet ihn.)* Er ist aus dem Medaillon gefallen ... er lag im Grase – unter den gelben Blumen ... ein Sonnenstrahl fiel darauf ... da glitzerte er hervor ... *(Langes Schweigen.)* – Komm, Emilie, ... es dunkelt draußen, wir wollen im Park spazierengehen ...

EMILIE. Wird es nicht zu kalt sein ... ?

ANATOL. Ach nein, es duftet schon vom erwachenden Frühling ...

EMILIE. Wie du willst, mein Geliebter!

ANATOL. Ja – und *dieses* Steinchen...

EMILIE. Ach dies...

ANATOL. Ja, dieses schwarze da – was ist's mit *dem* – was ist's...?

EMILIE. Weißt du, was das für ein Stein ist...?

ANATOL. Nun –

EMILIE *(mit einem stolzen begehrlichen Blick).* Ein schwarzer Diamant!

ANATOL *(erhebt sich).* Ah!

EMILIE *(immer den Blick auf den Stein geheftet).* Selten!

ANATOL *(mit unterdrückter Wut).* Warum... hm... warum hast du den... aufbewahrt?

EMILIE *(nur immer den Stein ansehend).* Den... der ist eine viertel Million wert!...

ANATOL *(schreit auf).* Ah!... *(Er wirft den Stein in den Kamin.)*

EMILIE *(schreit).* Was tust du!!... *(Sie bückt sich und nimmt die Feuerzange, mit der sie in der Glut herumfährt, um den Stein hervorzusuchen.)*

ANATOL *(sieht sie, während sie mit glühenden Wangen vor dem Kaminfeuer kniet, ein paar Sekunden an, dann ruhig).* Dirne! *(Er geht.)*

(Vorhang.)

EDUARD MÖRIKE

Das verlassene Mägdlein

Früh, wann die Hähne krähn,
Eh die Sternlein verschwinden,
Muß ich am Herde stehn,
Muß Feuer zünden.

Schön ist der Flammen Schein,
Es springen die Funken;
Ich schaue so drein,
In Leid versunken.

Plötzlich, da kommt es mir,
Treuloser Knabe,
Daß ich die Nacht von dir
Geträumet habe.

Träne auf Träne dann
Stürzet hernieder;
So kommt der Tag heran –
O ging' er wieder!

GIOVANNI VERGA

Cavalleria Rusticana

Als Turiddu Macca, der Sohn von Frau Nunzia, von den Soldaten zurückkam, stolzierte er jeden Sonntag in seiner Bersaglieriuniform auf dem Dorfplatz einher, mit der roten Mütze, die aussah wie die der Wahrsagerin, wenn sie ihren Stand mit dem Kanarienvogelkäfig aufschlägt. Die Mädchen verschlangen ihn mit den Augen, wenn sie, die Nase in ihren Umhang gedrückt, zur Messe gingen, und die Jungen umschwirrten ihn wie die Fliegen. Er hatte auch eine Pfeife mitgebracht mit dem König zu Pferd darauf, der wie echt aussah, und er zündete die Schwefelhölzer hinten am Hosenbein an, wozu er den Fuß hob, als wolle er zu einem Tritt ausholen. Trotz alledem hatte sich die Lola des Bauern Angelo weder in der Kirche noch vor dem Haus sehen lassen, weil sie sich mit einem aus Licodia verlobt hatte, einem Fuhrmann, der vier Maultiere aus Sortino im Stall stehen hatte. Als Turiddu davon erfuhr, heiliger Teufel!, wollte er ihm gleich die Eingeweide herausreißen, dem Kerl da, dem aus Licodia, aber dann tat er nichts dergleichen und machte seinem Zorn Luft, indem er unter dem Fenster der Schönen alle Spottlieder sang, die er nur kannte.

»Hat denn Turiddu von der Frau Nunzia nichts zu tun«, sagten die Nachbarn, »daß er die ganze Nacht singt wie eine einsame Drossel?« Schließlich begegnete er Lola, die gerade von der Wallfahrt zur »Madonna del Pericolo« zurückkehrte, und als sie ihn sah, wurde sie weder blaß noch rot, so als ob sie das gar nichts anginge. »Glücklich, wer Euch zu sehen bekommt!« sagte er zu ihr. »Ach, Gevatter Turiddu, ich habe schon gehört, daß Ihr zum Ersten zurückgekommen seid.«

»Ich habe noch ganz andere Dinge gehört!« antwortete er. »Stimmt es also, daß Ihr Gevatter Alfio heiratet, den Fuhrmann?«

»Wenn es Gottes Wille ist!« antwortete Lola und zog den Zipfel ihres Kopftuches fester um das Kinn.

»Gottes Willen biegt Ihr zurecht, wie es Euch gerade paßt! Gottes Wille war es wohl auch, daß ich von so weit zurückkommen mußte, um diese schönen Neuigkeiten zu erfahren, Fräulein Lola!«

Der arme Kerl versuchte noch aufzutrumpfen, aber seine Stimme war rauh geworden, und er ging mit wiegendem Kopf hinter dem Mädchen her, daß ihm die Troddel seiner Uniformmütze auf den Schultern hin- und hertanzte. Ihr tat es aufrichtig leid, ihn so traurig zu sehen, aber sie wagte nicht, ihm mit schönen Worten zu schmeicheln.

»Hört, Gevatter Turiddu«, sagte sie schließlich, »ich muß wieder zu meinen Freundinnen. Was würde man im Dorf sagen, wenn man mich mit Euch sähe?«

»Richtig«, antwortete Turi, »jetzt, da Ihr Gevatter Alfio heiratet, der vier Maultiere im Stall hat, darf man den Leuten keinen Anlaß zum Reden geben. Aber meine Mutter, die Arme, mußte unser gutes Maultier verkaufen und das Stück Weinberg an der Landstraße, während ich Soldat war. Die alten Zeiten sind vorbei, und Ihr denkt nicht mehr daran zurück, als wir am Fenster zum Hof miteinander sprachen und Ihr mir dieses Taschentuch schenktet, bevor ich ging, und Gott weiß, wieviele Tränen ich hinein geweint habe auf meinem Weg, der so weit war, daß man schließlich nicht einmal mehr den Namen unseres Dorfes kannte. Jetzt lebt wohl, Fräulein Lola, denn jetzt ist der Regen vorbei, und unsere Freundschaft ist aus.«

Fräulein Lola heiratete den Fuhrmann; und am Sonntag stellte sie sich vor das Haus und hielt die Hände vor den Bauch, um all die dicken goldenen Ringe herzuzeigen, die ihr ihr Mann geschenkt hatte. Turiddu ging weiterhin die Gasse auf und ab, die Pfeife im Mund, die Hände in den Taschen, scheinbar gleichgültig und den Blick auf die Mädchen gerichtet, innerlich aber verzehrte er sich, daß Lolas Mann all dieses Gold besaß und daß sie so tat, als sehe sie ihn nicht, wenn er vorüberging. »Ich will es ihr vor der Nase heimzahlen, dieser Hündin!« brummte er.

Gevatter Alfio gegenüber wohnte Cola, der Weinbauer, der vor Geld strotzte, wie es hieß, und der eine Tochter im Haus hatte. Turi ruhte nicht, bis er schließlich der Feldhüter des Bauern Cola wurde, und dann trieb er sich im Haus herum und sagte dem Mädchen schöne Worte.

»Warum geht Ihr nicht zur Frau Lola und sagt ihr all diese schönen Dinge?« erwiderte Santa.

»Frau Lola ist jetzt eine feine Dame. Frau Lola hat ja einen gekrönten König geheiratet.«

»Ich bekomme keinen gekrönten König.«

»Ihr seid hundert Lolas wert, und ich kenne einen, der keinen Blick für Frau Lola und ihren Heiligen hätte, wenn Ihr dabei wärt, denn die Frau Lola ist es nicht wert, Euch die Schuhe zu reichen, nicht einmal das.«

»Der Fuchs, dem die Trauben zu hoch hingen ....«

»Sagte: Wie schön du bist, mein Zuckertäubchen!«

»He, weg mit den Händen, Gevatter Turi!«

»Habt Ihr Angst, daß ich Euch auffresse?«

»Angst habe ich weder vor Euch noch vor Eurem Gott.«

»Na! Aber Eure Mutter war ja aus Licodia. Da habt Ihr hitziges Blut. Mmh. Ich könnte Euch schon mit den Augen verschlingen!«

»Verschlingt mich ruhig mit den Augen, das gibt wenigstens keine Krümel; aber erst einmal hebt mir dieses Bündel an.«

»Für Euch würde ich das ganze Haus anheben, wirklich!«

Sie warf, um nicht rot zu werden, ein Holzscheit nach ihm und verfehlte ihn nur um Haaresbreite.

»Beeilen wir uns, mit Reden kann man kein Reisig bündeln.«

»Wenn ich reich wäre, würde ich mir eine Frau suchen wie Euch, Fräulein Santa.«

»Ich werde keinen gekrönten König heiraten wie die Frau Lola, aber meine Aussteuer habe ich auch beisammen, wenn der Herr mir jemanden schicken will.«

»Ja, Ihr seid reich, das weiß man ja!«

»Wenn Ihr es wißt, dann beeilt Euch, denn gleich kommt der Vater, und ich will nicht, daß er mich auf dem Hof findet.«

Der Vater begann die Nase zu rümpfen, aber das Mädchen tat so, als merke sie es nicht, weil ihr die Troddel an der Mütze des Bersagliere im Herzen ein Kitzeln verursacht hatte und ihr immer vor den Augen tanzte. Als der Vater Turiddu vor die Tür setzte, öffnete ihm die Tochter das Fenster und unterhielt sich den ganzen Abend mit ihm, daß man in der ganzen Nachbarschaft von nichts anderem sprach.

»Deinetwegen werde ich noch verrückt«, sagte Turiddu, »ich kann nicht mehr schlafen und nicht mehr essen.«

»Gerede.«

»Ich möchte der Sohn von Viktor Emanuel sein, um dich heiraten zu können!«

»Gerede.«

»Bei der Madonna, ich würde dich wie Brot aufessen!«

»Gerede.«

»Doch, bei meiner Ehre!«

»Oh, mein Gott.«

Lola, die jeden Abend, hinter dem Basilikumtopf verborgen, zuhörte und abwechselnd blaß und rot wurde, rief eines Tages Turiddu zu:

»Na, Gevatter Turiddu, grüßt man die alten Freunde nicht mehr?«

»Ach«, seufzte der junge Mann, »glücklich, wer Euch grüßen kann!«

»Wenn Ihr mich grüßen wollt, wißt Ihr ja, wo ich wohne.«

Turiddu kam so oft, sie zu grüßen, daß Santa es merkte und ihm das Fenster vor der Nase zuschlug. Die Nachbarn machten sich mit einem Lächeln oder einem Kopfnicken darauf aufmerksam, wenn der Bersagliere vorbeikam. Lolas Mann war mit seinen Maultieren auf den Jahrmärkten unterwegs.

»Am Sonntag will ich beichten gehen, denn heute Nacht habe ich von schwarzen Weintrauben geträumt«, sagte Lola.

»Geh nicht, geh nicht«, flehte Turiddu.

»Doch, jetzt, da bald Ostern ist, würde mein Mann wissen wollen, warum ich nicht zur Beichte gegangen bin.«

»Oh«, murmelte die Santa des Bauern Cola, die knieend vor dem Beichtstuhl wartete, bis sie an der Reihe war, während Lola sich dort gerade von ihren Sünden reinwusch. »Bei meiner Seele, von mir aus brauchst du nicht bis Rom zu fahren, um Buße zu tun!«

Gevatter Alfio kam mit seinen Maultieren zurück, mit Geld beladen, und brachte seiner Frau ein schönes, neues Kleid für die Feiertage mit.

»Ihr tut gut daran, ihr Geschenke mitzubringen«, sagte die Nachbarin, »denn während Ihr weg seid, schmückt Euch Eure Frau das Haus!«

Gevatter Alfio war einer jener Fuhrleute, die nicht auf den Kopf gefallen sind; er verfärbte sich, als er so von seiner Frau reden hörte, als habe er ein Messer in den Leib bekommen. »Heiliger Teufel!« rief er aus, »wenn Ihr nicht richtig gesehen habt, werde ich Euch keine Augen zum Weinen lassen, Euch nicht und Eurer ganzen Verwandtschaft nicht!«

»Ich bin es nicht gewohnt zu weinen«, sagte Santa, »ich habe auch nicht geweint, als ich mit meinen eigenen Augen sah, wie Turi von der Frau Nunzia des Nachts ins Haus Eurer Frau ging.«

»Es ist gut«, sagte Gevatter Alfio, »vielen Dank.«

Jetzt, da die Katze zurückgekommen war, trieb sich Turiddu tagsüber nicht mehr in der Gasse herum, sondern schlug die Zeit in der Schenke mit seinen Freunden tot. Am Ostersamstag hatten sie einen Teller mit Bratwurst vor sich stehen. Als Gevatter Alfio eintrat, merkte Turiddu schon an der Art, wie der ihn ansah, daß er wegen dieser Angelegenheit gekommen war, und legte die Gabel auf den Teller.

»Wünscht Ihr mir etwas aufzutragen, Gevatter Alfio?« sagte er zu ihm.

»Keine Bitte, Gevatter Turi, ich habe Euch schon eine Weile nicht gesehen und wollte mit Euch über die bewußte Sache reden.«

Turiddu hatte ihm sogleich ein Glas hingehalten, aber Gevatter Alfio schob es mit der Hand weg. Da stand Turiddu auf und sagte zu ihm:

»Hier bin ich, Gevatter Alfio.«

Der Fuhrmann legte ihm die Arme um die Schultern.

»Wenn Ihr morgen zu den Kakteenstauden in der Canziria kommt, können wir über diese Angelegenheit reden, Gevatter.«

»Wartet bei Sonnenaufgang an der Landstraße auf mich, dann können wir den Weg zusammen gehen.«

Mit diesen Worten gaben sie sich den Kuß der Herausforderung. Turiddu packte das Ohr des Fuhrmanns mit den Zähnen und gab ihm so das feierliche Versprechen, die Abmachung zu halten. Die Freunde hatten wortlos die Wurst stehen lassen und begleiteten Turiddu nach Hause. Frau Nunzia, die Arme, wartete wie jeden Abend bis spät auf ihn.

»Mutter«, sagte Turiddu, »wißt Ihr noch, wie ich als Soldat fortgezogen bin, und Ihr dachtet, ich würde nicht wiederkommen? Gebt mir einen so schönen Kuß wie damals, denn morgen früh werde ich weit weggehen.«

Vor Tagesanbruch nahm er sein Schnappmesser, das er im Heu versteckt hatte, als er einberufen worden war, und machte sich auf den Weg zu den Feigenkakteen der Canziria.

»Jesus Maria! Wohin geht Ihr denn in einer solchen Wut«, jammerte Lola ganz erschrocken, als ihr Mann aus dem Haus ging.

»Ich gehe nicht weit«, antwortete Gevatter Alfio,

»aber für dich wäre es besser, ich würde nicht wiederkommen.«

Lola betete im Nachthemd zu Füßen des Bettes; sie preßte den Rosenkranz an die Lippen, den ihr Bruder Bernardino von den Heiligen Stätten mitgebracht hatte, und sprach alle Ave Maria, die darauf Platz hatten.

»Gevatter Alfio«, begann Turiddu, nachdem er ein Stück Wegs neben seinem Gefährten gegangen war, der stumm blieb und die Mütze tief ins Gesicht gezogen hatte. »Bei Gott, ich weiß, daß ich im Unrecht bin, und ich würde mich töten lassen. Aber bevor ich hierher kam, habe ich meine alte Mutter gesehen, die, unter dem Vorwand, die Hühner zu versorgen, aufgestanden war, um mich fortgehen zu sehen, als ob das Herz ihr es gesagt hätte; und beim großen Gott, ich werde Euch wie einen Hund töten, um der armen Alten die Tränen zu ersparen.« »So ist es gut«, sagte Gevatter Alfio und legte seine Weste ab. »Wir werden also beide fest zuhauen.«

Beide waren gute Kämpfer; Turi bekam den ersten Hieb und konnte ihn mit dem Arm abfangen; als er ihn zurückgab, gab er ihn richtig zurück und traf in den Unterleib.

»Ha, Gevatter Turiddu, Ihr wollt mich also wirklich töten!«

»Ja, ich habe es Euch gesagt; nachdem ich meine Mutter bei den Hühnern gesehen habe, steht sie mir immer vor Augen.«

»Macht sie nur gut auf, Eure Augen!« schrie ihm Gevatter Alfio zu, »denn ich werde Euch jetzt das richtige Maß zurückgeben.«

Da er ganz gebückt stand, um sich mit der Linken die schmerzende Wunde zu halten, und mit dem Ellbogen fast den Boden berührte, griff er schnell eine Handvoll Staub und warf sie dem Gegner in die Augen.

»Oh«, schrie Turi geblendet, »ich bin verloren.«

Er versuchte sich in Sicherheit zu bringen, indem er verzweifelte Sätze nach rückwärts machte, aber Gevatter Alfio traf ihn mit einem zweiten Stoß in den Magen und einem dritten in die Gurgel. »Und drei. Der hier ist für das Haus, das du mir geschmückt hast. Jetzt wird sich deine Mutter nicht mehr um die Hühner kümmern.«

Turiddu tappte noch ein Stück weit in der Kakteenhecke hin und her und fiel dann wie ein Stein um. Das Blut stieg ihm schäumend im Hals auf, und er konnte nicht einmal mehr hervorbringen: »Oh, mein Gott.«

TORQUATO TASSO

Welch ein Tau
Oder Weinen in jenen
Vom hellen Antlitz der Sterne,
Vom Mantel der Nacht versprühten Tränen?
Und warum goß
Der weiße Mond
Ein reines Gewölk kristallener Tropfen
Dem feuchten Gras in den Schoß?
Warum in dunkeler Luft wie Klage
Tönte, tönte es rings
Vom Wehen der Winde bis hin zum Tage?
Zeichen vielleicht, daß du
Dich wegbegeben,
O meines Lebens Leben?

Der Mensch liebt nur einmal...
...einmal des Jahrs ist nicht oft

Ich laß, wo treue Geister sich vermählen,
kein Hemmnis gelten. Liebe wär nicht sie,
wollt sie, wo Wandlung ist, die Wandlung wählen;
noch beugt sie vor dem Beugenden die Knie.

O nein, sie steht, ein unverrückbar Zeichen,
sie sieht über die Stürme weg, sie währt;
sie ist der Barke Stern, hoch, ohnegleichen –:
die Höh – ermessen, unbekannt sein Wert.

Legt sie, die Sichel, sich auch um die Wangen,
die rosigen – Lieb' ist kein Narr der Zeit.
Nicht können Stunden, Wochen sie belangen;
der Jüngste Tag, er findet sie bereit.

So ich dies hier als Wahn erwiesen seh,
so schrieb ich nie und keiner liebte je.

Die Witwe von Ephesus

Es gab einmal eine Dame in Ephesus, die war so bekannt für ihre Sittsamkeit, daß selbst aus angrenzenden Ländern Frauen kamen, nur um sie zu sehen. Nun starb ihr Mann; da begnügte sie sich nicht damit, nach der Art des Volkes dem Leichenzug mit herunterhängenden Haaren nachzulaufen oder vor aller Welt sich heulend die Brust zu entblößen und daran zu schlagen, sondern sie folgte dem Verschiedenen sogar in seine Gruft. Die Leiche wurde nach griechischer Sitte in einem unterirdischen Gewölbe beigesetzt, und dort hielt sie Wache über ihn und weinte Tag und Nacht. Sie härmte sich und wollte sich zu Tode hungern, und weder Eltern noch Freunde konnten sie davon abbringen; schließlich kamen sogar Beamte der Stadtverwaltung, aber auch sie mußten sich unverrichtetersache zurückziehen. Die ganze Stadt weinte mit dieser Frau, die ein so einzigartiges Beispiel gab, und nun verbrachte sie schon den fünften Tag, ohne irgendwelche Nahrung zu sich zu nehmen. Bei ihr saß, ihren Kummer zu teilen, eine treue Magd, die ihr mit ihren Tränen beim Trauern half und auch das im Grab befindliche Lämpchen wieder nachfüllte, wenn es heruntergebrannt war. In der ganzen Stadt gab es also nur eines, worüber man sprach, daß nämlich dieses das strahlendste Beispiel von Züchtigkeit und Liebe sei, das es je gegeben habe: Menschen aller Stände waren sich darin einig.

Da ließ nun der Statthalter der Provinz einige Räuber ans Kreuz schlagen, und zwar ganz in der Nähe der

Gruft, wo die Dame über der frischen Leiche weinte. In der Nacht nach der Hinrichtung hielt ein Soldat an den Kreuzen Wache, damit niemand eine Leiche zur Beerdigung herunternehmen könne. Da sah er auf einmal, wie ein helles Licht zwischen den Grabdenkmälern schien, und zugleich hörte er auch, wie jemand weinte und jammerte. Die allen Menschen gemeinsame Schwäche, die Neugier, ließ ihn erkunden, wer wohl da wäre und was er täte. Er stieg also in die Gruft hinab, doch als er dort eine wunderschöne Frau erblickte, da blieb er wie versteinert stehen, als hätte er gespenstischen Höllenzauber gesehen. Als er aber die Leiche, die dort lag, sah und wahrnahm, wie die Frau weinte und ihr Gesicht ganz zerkratzt hatte, da erkannte er, was wirklich der Fall war, nämlich daß hier eine Frau von Sehnsucht nach dem Hingeschiedenen überwältigt wurde. Da brachte er sein bißchen Essen mit ins Gewölbe und redete der Trauernden zu, sie möge doch nicht in zwecklosem Schmerz verharren und mit Wehklagen, das doch niemandem nütze, sich das Herz zerreißen. Wir müßten ja alle schließlich zum selben Ausgang heraus und in dasselbe Heim hinein – und noch andere solche Redensarten, mit denen man ein zerrissenes Herz gewöhnlich tröstet. Sie aber wollte sich nicht trösten lassen, schlug sich noch heftiger an die Brust, ja sie riß sich die Haare aus und warf sie auf die Leiche.

Doch der Soldat wich nicht zurück, sondern redete ihr weiterhin zu und versuchte, der armen Frau Speise zu reichen. Schließlich wurde die Magd als erste vom Duft des Weines verführt und streckte die Hand nachgiebig dem freundlichen Angebot entgegen. Als die dann durch Speise und Trank erfrischt war, setzte sie ihrer hartnäckigen Herrin zu und sagte: »Was nützt es dir, wenn du verhungerst, wenn du dich lebendig begräbst, wenn du deine unschuldige Seele aufgeben willst, noch ehe das Geschick es bestimmt hat?

Glaubst du, daß Asche, daß Tote im Grab dies Opfer erfreuet?

Kehr doch ins Leben zurück! Gib doch diese weibliche Verirrung auf und genieße, was das Licht an Gutem bietet, solange du kannst. Gerade die Leiche, die hier liegt, sollte dich mahnen, das Leben zu genießen.«

Niemand hört es ungern, wenn man ihn drängt, doch etwas zu essen oder am Leben zu bleiben. Daher gab die Dame, die von hartnäckigem Fasten schon ganz ausgedörrt war, endlich ihre Hartnäckigkeit auf und füllte sich mit Speise – nicht weniger gierig als die Magd, die als erste nachgegeben hatte.

Nun wißt ihr wohl, in was für Versuchungen der Mensch meist dann gerät, wenn er sich satt gegessen hat. Hatte der Soldat mit schmeichelnden Worten es schließlich erreicht, daß die Dame wieder leben wollte, so belagerte er mit denselben Argumenten auch ihre Züchtigkeit. Die keusche Frau sah, daß der junge Mann weder häßlich noch ungebildet war, und auch die Magd setzte sich für ihn ein und zitierte immer wieder:

»Willst widerstreiten du der Liebe, auch wenn sie dir zusagt?«

Also kurz und gut, die Dame versagte ihm nicht einmal den bewußten Körperteil, und der siegreiche Soldat hatte sie in beiderlei Hinsicht überzeugt. Sie lagen also beieinander, nicht nur in der Nacht, in der sie ihren Bund geschlossen hatten, sondern auch am folgenden und am dritten Tage. Natürlich schlossen sie die Tore der Gruft, damit jeder, der zu dem Mausoleum käme, Bekannter oder Unbekannter, glauben solle, die höchst tugendsame Witwe habe auf der Leiche ihres Ehemannes den Geist aufgegeben.

Inzwischen genoß der Soldat mit größtem Vergnügen sowohl die schöne Frau als auch, daß dies so geheimnisvoll geschah; und was ihm seine bescheidenen Mittel nur erlaubten, das kaufte er an Leckereien zusammen und brachte es am Abend sofort in die Gruft. Nun sahen aber die Eltern eines der Gekreuzigten, daß die Wache nicht auf dem Posten war, und in der Nacht nahmen sie den Gehenkten vom Kreuz und erwiesen ihm den letzten Liebesdienst. Als der Soldat, dessen Pflichtvergessenheit so ausgenutzt worden war, am nächsten Tage sah, daß an einem Kreuz die Leiche fehlte, fürchtete er sich vor der Todesstrafe, die er zu erwarten hatte, und erzählte der Dame, was geschehen war. »Ich werde gar nicht das Kriegsgericht abwarten, sondern meine Pflichtvergessenheit mit meinem Schwert bestrafen. Bestimme mir nur ein Eckchen, wo ich sterben kann, und dann soll diese tragische Gruft Liebhaber und Ehemann gemeinsam aufnehmen.«

Die Dame aber war ebenso mitleidig wie züchtig und sagte: »Da sei Gott vor, daß ich auf einmal den Tod von zwei Männern sehen soll, die mir die liebsten waren. Lieber gebe ich den Toten dran, als daß ich den Lebendigen umbringe.« Dementsprechend läßt sie ihn die Leiche ihres Mannes von der Bahre aufheben und an das freistehende Kreuz schlagen. Der Soldat folgte der Eingebung dieser äußerst klugen Dame, und am nächsten Tag wunderte sich das Volk, wie wohl ein Toter aufs Kreuz geklettert sei.

Tristan

Wer die Schönheit angeschaut mit Augen,
Ist dem Tode schon anheimgegeben,
Wird für keinen Dienst auf Erden taugen,
Und doch wird er vor dem Tode beben,
Wer die Schönheit angeschaut mit Augen!

Ewig währt für ihn der Schmerz der Liebe,
Denn ein Tor nur kann auf Erden hoffen,
Zu genügen einem solchen Triebe:
Wen der Pfeil des Schönen je getroffen,
Ewig währt für ihn der Schmerz der Liebe!

Ach, er möchte wie ein Quell versiechen,
Jedem Hauch der Luft ein Gift entsaugen
Und den Tod aus jeder Blume riechen:
Wer die Schönheit angeschaut mit Augen,
Ach, er möchte wie ein Quell versiechen!

An Chloen

Gestern, als ein Rosen-Blatt durch die Luft schwamm, Chloe, da als ein sysser Geruch uns umduftete, ich will dir sagen, was ich da sah, das du nicht sehen konntest; da ich an deiner Seite mit umschlingendem Arme saß, da als mein entzykter Blik und meine Seufzer beredter waren, als mein stammelnder Mund; da sah ich, (denn uns Dichtern ist vieles zu sehen vergœnnt) da sah ich den kleinen Amor auf dem Rosen-Blatt; er stand da, wie der Gott der Meere auf seiner Muschel steht, und Zephirs, kleiner noch als Bienen, waren vor den leichten Wagen gespannt. Der kleine Gott war reizend, wie einer deiner Blike, und lieblich, wie dein Læcheln. Er lenkte den Wagen gerade nach deinem Busen hin, und hielt auf dem Rand deiner Schnyrbrust still; die Zephirs schlypften da in den Schatten des Blumen-Strauses, der spielende Schatten auf deinen Busen warf. Der kleine Gott stieg aus, und flatterte den athmenden Busen hinauf; recht in der Mitte, ô wie wollystig legt' er sich da hin! --- Mæchtiger Gott der Liebe? so seufzt' ich leise ihm zu, Mæchtigster der Gœtter! ô hœre mein Flehen! Noch kein Sterblicher hat deine Macht empfunden, wie ich; belohne meine Unruhe, meine Schmerzen; belohne sie dem Dichter, der immer deine Macht verehrte! Laß, ô laß Chloens Liebe, die izt aus ihren Augen so mæchtig zu mir redt, laß sie doch nie in ihrem Herzen erlœschen! Wie leicht, ach! wie leicht muß es der seyn, ungetreu zu werden! schwarzer tœdender Gedanke! der jedes Herz entgegen wallet, wo sie mit unyberwindlichen Reizen erscheint! O hœre, hœre mich, Mæchtigster der Gœtter!

Amor læhnte den einen Arm an deinen Busen hin, oben am Lilien-weissen Hals, und in der Rechten hielt er den siegreichen Bogen empor. --- Sie haben unsichtbar die Gratien erzogen, (so redt er, mir nur hœrbar,) und jeden ihrer Reize haben die Liebes-Gœtter zur Vollkommenheit gepflegt. Ihr Blik und ihr Læcheln sind siegreich wie ich, ihr muntrer Scherz ist wie die Pfeile meines Kœchers; er sie hœrt, ist entzykt, und wer sie sieht, muß sie lieben. Sie liebt dich, aus allen Sterblichen hat sie dich gewehlt; sie soll dich lieben, das schwœr ich bey jedem meiner siegreichen Pfeile! Sie, die jeden Lieb-Reiz vereint besizt, die sonst im ganzen Gefolge der Venus zerstreut entzyken, Glyklichster unter den Sterblichen!

So sprach Amor, und flatterte den schœnsten Busen hinunter, stieg in den Rosen-Wagen. --- Izt eil ich nach Gnidus, so sprach er, Chloens Bild soll in glænzendem Marmor neben dem Bild meiner Mutter stehn; sie soll das Bildniß getreuer Liebe seyn, und wer getreue Flammen in seinem Busen nehrt, soll Blumen-Krænze an ihrem Altar ihr opfern.

Izt schwamm das Rosen-Blatt wieder in die Luft empor; du sahst mein stummes Erstaunen, aber mein Entzyken konnt' ich dir nicht sagen, nur an meine Brust dich dryken, an deinen Hals mich schmiegen und seufzen.

WOLFGANG BÄCHLER

Die Göttin

Vergebens versuche ich, ihren Marmorhaarknoten zu
lösen.
Man sollte sich nicht in eine Göttin verlieben.
Meine streichelnde Hand läßt sie kalt.

FRANK WEDEKIND

Der Brand von Egliswyl

Im Kanton Aargau in der Nordschweiz liegen die Bergschlösser dichter beieinander als in Norddeutschland die Bauernhöfe. Jeder Berggipfel, jeder Vorsprung des Gebirges ist von einem alten Schloß oder doch wenigstens von einer alten Ruine gekrönt. Von einem Schloß aus kann man mit einem halbwegs guten Fernrohr immer zwei oder drei anderen zu den Söllerfenstern hineinsehen. Im Umkreis von wenigen Meilen liegen da beieinander Wildegg, Habsburg, Bruneck, Casteln, Wildenstein, Lenzburg, Liebegg und Hallwyl. Das Schloß Lenzburg hatte mein Vater gekauft, als ich acht Jahre alt war. Das Städtchen Lenzburg hat aber außer seinem alten hohen Schloß noch eine andere, weniger erfreuliche Merkwürdigkeit. Es ist die nach neuestem amerikanischem Muster erbaute kantonale Strafanstalt. Wenn nun die Gutsbesitzer der Umgegend irgend schwere Arbeiten zu verrichten haben, so mieten sie eine Anzahl von Sträflingen aus der Anstalt, die sich an das ihnen aufgedrungene Heim zur Genüge gewöhnt haben, um keinen Fluchtversuch mehr befürchten zu lassen. Unter diesen Arbeitern finden sich nicht selten schwere Verbrecher.

Im Jahre 1876 war bei uns zu Hause dicht unter den Schloßfelsen ein großes Stück Matte abgerutscht und hatte die halbe Straße verschüttet. Es mußten zwanzig Fuß tiefe Dolen und Senklöcher angelegt werden, um das Grundstück zu entwässern. Mein Vater wandte sich an den Strafhausdirektor, der ihm eine Anzahl seiner Zöglinge für die Arbeiten zur Verfügung stellte. Ein Aufseher aus der Anstalt begleitete sie. Übrigens war auch mein Vater von früh bis spät auf dem Platze. Da die Arbeiter nicht rauchen durften, gab er ihnen Kautabak. Eines Tages handelte es sich um eine lange Bleiröhre, die im Städtchen unten gekauft werden sollte. Mein Vater nahm einen der Sträflinge mit. Auf dem Heimwege holte ich ihn unten am Schloßberg ein. Ich kam eben aus der Schule und hatte den Tornister auf dem Rücken. So gingen wir zu dritt langsam den Berg hinan, in der Mitte mein Vater, trotz seiner sechzig Jahre noch frisch und rüstig, zu seiner Rechten der Sträfling in seinen blauen Zwillichkleidern, mit einem von Bartstoppeln überdeckten verdüsterten Gesicht, die zusammengerollte Bleiröhre über der Schulter tragend; zu seiner Linken ich, den Tornister auf dem Rücken.

»Wie lange seid Ihr schon in der Anstalt?« fragte mein Vater den Sträfling.

»Sieben Jahr.«

»Und wie lange bleibt Ihr noch?«

»Acht Jahr.«

»Was hat Euch denn hineingebracht?«

»Ich bin Brandstifter«, sagte der Sträfling.

»Ihr hattet wohl Schulden und wolltet die Versicherungssumme für Euer Haus einstreichen?«

»Ich hatte niemals ein Haus und niemals Schulden. Ich war Knecht. Aber – aber –« Darauf erzählte er seine Geschichte. Er war aus dem Dorfe Egliswyl gebürtig, wo er auch sein Verbrechen begangen. Ich war damals höchstens zwölf Jahre alt, aber seine Erzählung machte einen derartigen Eindruck auf mich, daß ich mich heute, zwanzig Jahre später, noch jedes einzelnen seiner Worte erinnere.

»Die Amrain-Susanne«, begann der Sträfling, »das war eine! Der hatte es unser Herrgott an nichts fehlen lassen, weder außen noch innen. An der hätte jeder, der Mensch ist, seine Freude gehabt. Freilich, sie war auch die Tochter vom Gemeindeammann. Sogar in der Woche war sie immer gekämmt und gewaschen und trug ein weißes Hemd unter der Jüppe. Und ich war nur der Knecht, drüben beim Suter-Bauer und war von der Gemeinde verköstigt worden von Kind auf. Ich habe nie gewußt, wer meine Mutter gewesen ist, geschweige der Vater. Ich habe überhaupt nichts gewußt, nicht von Männern, nicht von Weibern, nur von Vieh, von Kühen, Kälbern: von denen habe ich gewußt, wozu sie in der Welt sind und wie alt sie sind, aber nicht von mir, bis es mir die Amrain-Susanne gesagt hat, der Vater habe gesagt, ich sei neunzehn Jahr und müsse in zwei Jahren zu den Rekruten. Sie holte den Wasserkessel vom Brunnen und ich hielt die Bethi an der Halfter, weil der Milchbub zur Stadt gefahren war. Sie sah mich an, daß ich mich umwandte, weil ich dachte, sie meinte die Bethi, so groß waren ihre Augen. Du bist neunzehn Jahr, sagte ich ganz laut, wo ich die Bethi im Stall anband, und von da an ging es auch nicht mehr gut mit mir.

Die Amrain-Susanne war die erste. Nie, solang ich denken kann, hatte ich bis dahin gewagt, sie von vorne anzusehen. Ich glaube, ich hätte es nicht einmal im Traum gekonnt. Ich hatte sie immer erst angesehen, wenn sie wieder dem Haus zuging und mir den Rücken zukehrte. Und nun machte sie solche Augen. Am nächsten Abend sagte sie, ich solle am Sonntag zum ›Egli‹ kommen. Ich sagte, ich habe kein Geld. Sie sagte, das macht nichts. Am Sonntag ging ich zum ›Egli‹ und stellte mich an die Türe und sah, wie sie drinnen tanzten. Da kam die Amrain-Susanne mit ihrer Freundin, der kleinen Marianne, und sie zogen mich herein. Zuerst mußte die Marianne mit mir tanzen. Anfangs wollte es nicht recht zusammen gehen; ich hielt sie auch nicht fest, aber sie war so klug, als wir dreimal herum waren, da ging es schon so feurig wie bei den anderen, die mit ihren Uhrgehängen rasselten, und da fühlte ich es auch schon deutlicher, daß es etwas ganz Besonderes mit mir war. Und da ließ die Amrain-Susanne ihren Buben fahren und nahm mich, warm wie ich war, der Marianne aus dem Arm und tanzte mit keinem anderen mehr, bis es dunkel wurde im Saal. Nur zuweilen, wenn die Musikanten sich schneuzten, gab sie mir ein Glas Wein zu trinken, damit ich frisch blieb. Nachher drückte ich sie dann um so fester an mich, daß sie die Schultern zurückbog und mit den Schuhen nicht wußte wohin treten. Als der Tanz aus war, zog sie mich nach, an der Hand. Die Marianne mußte Streit anheben, daß niemand mitkam. Die Schuhe ließ ich auf der Straße, unter dem Brunnentrog. Der Gemeindeammann trank im ›Egli‹. Am Bett waren oben zwei Rosen gemalt. Als ich in unseren Stall zurückkam, und unsere fünf Kühe schliefen in der Reihe, da sagte ich mir selber: Es ist alles eins! Mensch oder Vieh – ich wollte nicht die Hand umkehren!

Alle Nacht stieg ich zur Susanne zum Fenster hinein und heraus, und draußen sprang des Gemeindeammanns Barry an mir auf und leckte mir den Mund, ohne einen Laut in der Nacht. – Aber da war die Veronika, dem reichen Leser-Bauer die Tochter, ein stolzes Weibsbild, die war das erste Mädchen im ganzen Dorf. Am Sonntag gingen sie und ihre Gespaninnen das Dorf hinauf, alle in einer Reihe, daß kein Wagen nicht vorbei mochte, die Veronika in der Mitte, weil sie die Größte war. Und wenn ein junger Bursche daherkam, dann sahen ihm alle sieben ins Gesicht, gerade in die Augen hinein, bis er vorbei war; und wenn er vorbei war, lachten sie, daß man es bei der Kirche oben hören mochte. Die Veronika hatte auch ihren Buben, schon seit einem Jahr. Aber der Weber-Ruodi hatte die Auszehrung seit dem Herbst. Er konnte nur mehr drei Tänze machen im ›Egli‹, so viel Wein er auch trank. Dann stützte er die Ellbogen auf den Wirtstisch und sagte kein Wort. Wie mich die Veronika dann tanzen sah, die ganze Nacht durch mit der Susanne, ohne daß ich mich einmal zum Tisch setzte, da kam sie und bat die Susanne um einen Tanz mit mir, sie wolle mich ihr nicht abwendig machen. Die Susanne wollte nicht, aber ich wollte schon und tanzte mit ihr. Die Susanne lief hinaus. Draußen auf der Bank heulte sie. Und die Veronika lachte im Tanz, ich konnte ihr bis in den Hals sehen. Da spürte ich zuerst, wie heiß es in ihr war. Wo man die Veronika nahm, war alles fest, als hätte man sie für den Metzger den Winter gefüttert. Wäre es ein dreijähriges Rind gewesen, bei meinem Eid, ich hätte zwanzig Napoleon dafür lösen wollen. Wir kamen einander nicht aus den Armen und gingen heim, so wie wir getanzt hatten. Es schlug ein Uhr, da klopfte es an den Laden. Das ist der Weber-Ruodi, sagte sie und stand auf und sagte ihm Gutenacht zum Fenster hinaus, daß er nicht die Nachtbuben holte. Dann sagte sie, ich dürfe nicht mehr zur Susanne, und weil sie mir so lieb war, sagte ich ja. Aber am Tag darauf meinte ich, ich müsse doch zur Susanne gehen. Deshalb ging ich zur Susanne, als es Nacht war, und berichtete ihr alles. Da sagte sie, sie sei nicht wie die Veronika; ihrethalben dürfe ich zu jeder gehen, es sei ihr gleich; nur zu einer nicht, zu ihrer Gespanin, der kleinen Marianne. Und weil die Susanne so gut war, sagte ich ja. Aber am anderen Tag dachte ich, es sei schlecht von der Susanne, daß sie mir verboten, zur Marianne zu gehen. Als dann aber unser Muni beschlagen wurde, weil Glatteis war und wir in den Wald fahren mußten, kam die kleine Marianne in die Schmiede und sagte, der Vater käme gleich, er braue noch einen Trank für dem Gemeindeammann sein krankes Roß. Da fragte ich sie, ob ich kommen dürfe. Die Marianne stand wie angefroren und sah nach dem Kohlenfeuer und ging leise die Treppe hinauf. –

Im ›Egli‹ am Sonntag gab es Streit zwischen der großen Veronika und der Susanne. Da tanzte ich den ganzen Nachmittag nur mit der kleinen Marianne. Und als der Tanz zu Ende ging, hatten sie sich wieder ausgesöhnt, und wir gingen zu vieren nach Hause. Sie hielten mich in der Mitte, weil sie Angst hatten, ich könnte ihnen davonlaufen. So gingen wir auch am nächsten Sonntag durchs Dorf, und die Buben fluchten und verschworen sich, wie sie mich sahen, sie wollten mich erschlagen, und die

Mädchen, die bei ihnen standen, lachten sie aus und staunten mich an wie ein Kamel, weil ich mit den drei schönsten Mädchen ging. Die Veronika, die Susanne und die Marianne sahen nicht nach rechts und nicht nach links. Untereinander diskurrierten sie, es war wie drei Hanfrätschen, und dabei lachten sie, daß es das ganze Dorf hören mußte. Der Pfarrer kam daher durch den frischen Schnee und tat, als sähe er nichts. Nur mir sah er unter die Augen. Aber ich dachte, es ist der Neid, weil er schneeweißes Haar hat. – Die kleine Marianne hatte mich so lieb, sie hatte mir eine Tabakspfeife geschenkt. Ich aber zeigte die Tabakspfeife der Susanne, und die Susanne schenkte mir eine große Pelzmütze. Und ich zeigte die Pelzmütze der Veronika, und die Veronika schenkte mir eine silberne Uhr. – Und so kam es, daß, als man die Sommerfrucht säte, da tanzte kein Mädchen im ›Egli‹, und keine ging in die Spinnstube, bei der ich nicht gewesen zur Nacht. Am Tag schaffte ich, daß es mir eine Freude war. Der Suter-Bauer hatte auch seine Freude. Alle staunten, wie ich in die Breite gegangen war seit einem Jahr. Ich hatte Schultern, man hätte mich können in den Pflug spannen, und nahm mehr auf die Hutte als der Müller-Werni am Bach, wenn ich schon alle Nacht aus war und er nicht. Und bäumige Arme hatte ich bekommen; und gescheit war ich geworden, da fragte mich keiner mehr, wo Hüst oder Hott ist; dem hätt' ich's zeigen wollen! – Jetzt hat er das Maß, sagte der Suter-Bauer. Jetzt schicken sie ihn nicht zurück bei den Rekruten.

Es war mitten im Sommer. Da machte ich die Stalltür auf in der Nacht, da stand die Suter-Bäuerin vor dem Stall. Hans, wohin willst du? – Kümmert Euch das, Bäuerin? – Hans, ich berichte es dem Suter-Bauer. – Da ging ich zurück in den Stall. Die Suter-Bäuerin war dreiundfünfzig Jahr alt. Ihr Gesicht war nicht wie Wiesenland; es war wie Ackerfeld. Aber ich sagte mir, es ist für die Amrain-Susanne, sonst macht sie dem Suter-Bauer Bericht. Die Bethi wandte den Kopf im Schlaf, aber die Suter-Bäurin tat, als kenne sie die Bethi nicht. Ich aber sah ein Mal. Und ich sagte: Wenn Ihr dem Suter-Bauer berichtet, ich gehe aus bei der Nacht, dann berichte ich dem Suter-Bauer. Ihr habt ein Mal. – Da kam sie nie mehr in den Stall, und ich ging, wohin mich der Teufel trieb.

Und dann kam das Heuet, und dann kam die Ernte, und dann kam das Emd, und dann kam die Weinlese, und an der Weinlese hat mich der Herrgott gestraft, daß ich mein Leben abkürzen sollte und zum Brandstifter werden. Dort drüben war es, auf dem Schloß Wildegg. Der Rebmann auf dem Schloß, weil er ein Egliswyler war, nahm die Leser und Leserinnen von Egliswyl. Es war ein reiches Jahr, das letzte, in dem ich Trauben in der Tanse getragen. Die Weinlese währte drei Tag. Wir waren sieben Mannsbilder und zwanzig Weibervölker. Und am dritten Tag, am Abend, da brachte der Schloßherr einen Zigeuner mit, der hatte eine Fiedel, und da tanzten wir auf dem Rasen im Schloßhof. Die Schloßbuben hatten Laternen aufgehängt, und da kamen die Mägde aus dem Haus und tanzten auch mit. Da war eine, die war das Stubenmädchen, die war aus dem Schwabenland. Die war dünn und klein wie ein Kienspan, aber Augen hatte sie, die gingen mir ins Fleisch, daß ich sie nicht mehr vergaß, und ich sehe sie noch heute. Die tanzte einmal mit mir, aber als wir gingen, kam sie mit, mit der dicken Köchin, den Weg entlang und sang. Das hörte ich die ganze Nacht. Ich lag im Stall und schaute in die Laterne.

Am Abend ging ich wieder nach Wildegg hinunter, weil eine Tanse vergessen war, und da kam das Stubenmädchen mit mir in den unteren Hof unter die Felsen und gab mir den Mund zum Küssen. Als ich ging, fühlte ich es hier, wo die Brust ist, da tat es weh, ich wußte nicht, was das ist, weil ich niemals krank gewesen war. So ging ich den zweiten Abend wieder hinunter und bat sie, ich wolle bei ihr sein bis am Morgen, aber sie sagte nein. Da habe ich geweint. Drei Tage ging ich nur auf das Feld hinaus, aber ich konnte nicht schaffen. Der Suter-Bauer sagte: Was ist dem Hans? Er ißt nicht, er trinkt nicht, er schafft nicht mehr. – Da ging ich wieder hinunter in der Nacht nach Wildegg. Bei jedem Schritt wurde mir besser. Das Schloßtor war zu, alles war finster. Da saß ich bis am Morgen und ging nicht mehr nach Egliswyl; ich verdingte mich unten im Dorf. Dann ging ich jeden Abend hinauf, wenn es dunkelte, und konnte ich nur einen Zipfel ihrer Schürze sehen, so wurde mir wohl. Unter der Woche fuhr ich mit einem Klafter Holz nach Lenzburg ins Städtchen. Da kaufte ich einen Ring, daß ich etwas hatte, wenn ich zu ihr kam. Sie lachte, als sie ihn nahm, und gab mir ihren Mund. Dann sagte sie, ich dürfe übermorgen wiederkommen, wenn es dunkel sei. Und als ich den Berg hinunterging, sa sagte ich mir: dort drüben liegt Egliswyl, und jetzt bist du ein guter Mensch, jetzt kann es nicht dir fehlen in diesem Leben. Geschafft habe ich die drei Tage, bis ich die Marie sah, das war ihr Name, der Bauer hatte nie einen solchen Knecht gehabt. Da kamen mir auch Gedanken unter dem Schaffen: Wenn du vom Militär kommst, dann trägst du jeden Rappen zur Sparkasse, bis es genug ist zu einem Strohhaus und einem Acker. Dann gehst du hinauf aufs Schloß und fragst die Marie, ob sie deine Frau sein will. Und wenn sie nein sagt, dann gehst du nach Amerika und heiratest nie. Aber sie sagt nicht nein, die Marie; das wäre schlecht, sonst müßte sie es gleich heute sagen und dir nicht sagen, du solltest übermorgen wiederkommen. So sagte ich am Morgen und am Abend zu mir, wenn ich dem Vieh im Stall frische Streu gab; und ich sagte zu dem Vieh, wenn es nicht beiseite wollte: Davon versteht ihr nichts. Das begreift ihr nicht in euren Köpfen. Es ist eben ein Unterschied, ob man Mensch oder Vieh ist!

Jetzt habe ich sieben Jahre darüber nachgedacht, aber ich begreife noch nicht, was mich dort unten in die Anstalt gebracht, daß ich die schönsten Mannesjahre mir zur Schande schaffen muß und habe keinen Ertrag davon. – Die Marie war ein loses Geschöpf, und wie wir drei Wochen uns abgeschleckt hatten, unten, im unteren Hof, unter den Felsen, in Schnee und Kälte, da wollte sie es wärmer haben, und ich war ihr auch nicht böse darum. Da zeigte sie mir an dem Felsen, wo man hinaufklettern konnte, weil sie allein schlief in einem kleinen Gemach, unter dem großen Fenster, wo die Schloßfrau schlief, in den wilden Felsen gehauen. Und da stieg ich hinauf, in der Nacht, wie es zwölf Uhr schlug unten im Dorf, und bebte, daß nicht ein Stein ins Gebüsch herunterfiel und die Herrschaft oben erwecken könnte. – Die Marie machte leise das Fenster auf und machte es wieder zu. Dann gab es eine Stunde kein Wort. Und als ich von ihr ging, war sie noch ebenso, wie sie gewesen war, als ich zu ihr kam.

Über die Felsen stürzte ich hinunter. Ich hatte kein Gefühl in Händen und Füßen. Und dann fühlte ich es hier oben, hier an der Kehle, als hätte ich einen Strick darum und würde gehenkt. Und vorn auf der Brust und im Rücken fühlte ich es, und dazwischen war es, als würde alles ausgerissen. Und vergiftet war ich in allen Adern, von Fuß bis zu Kopf. Anfangs wollte ich mich ertränken, aber dann dachte ich: Nein, was denkt sie dann von mir! – Sie hatte nicht geweint und nicht gelacht. Sie war wie zu Eis erfroren gewesen. Und dann dachte ich an die Amrain-Susanne, an die Veronika, an die Marianne. Die sind schuld, sagte ich mir, die sind schuld! – Es war nicht wahr, das weiß ich, aber ich sagte es mir so, und lief hin, die Straße von Egliswyl. Manchmal in der Anstalt ist es mir schon schlimm gewesen in den sieben Jahren, daß ich geheult habe und mich gekrümmt auf den Fliesen, bis sie mich eingesperrt haben, wo kein Licht und keine Luft ist. Aber dann dachte ich an jene Nacht zurück und sagte mir: sie mögen mit dir tun, wie sie wollen, Schlimmeres, als was du in jener Nacht erlitten, gibt es nicht auf Gottes Welt: und das hast du hinter dir. Hätte mich damals einer genommen und gebunden und über die Bank gelegt und geschlagen, ich hätte ihm dafür danken wollen. Aber da war niemand. Ich schrie und brüllte wie ein Tier im Schlachthaus, als ich über den Berg durch den Wald kam. Immer kam es wie Flammen über mich, immer brennender. Es war, als wäre ich in einem brennenden Haus. Zu den Fenstern, zu den Türen, wo ich hinsah, schlugen mir heiße Flammen ins Gesicht. Und unter mir glühte der Boden, wenn er schon gefroren war, daß ich stampfte und lief. So trieb es mich, anfangs wußte ich noch nicht, was tun, aber auf einmal ging es mir auf. Und da wurde mir besser, aber ich rannte nur weiter fort, ich dachte, der Tag könnte vorher dämmern. Da sah ich nur noch Flammen und Flammen. Über mir in den Bäumen brauste es. Es war der Biswind. Der kommt recht, sagte ich mir. Du mußt anfangen, wo der Wind herkommt, daß er es weiterträgt. Der Feuerweiher ist zugefroren, sagte ich mir. Das ist recht, das ist recht. Und als ich ans Dorf Egliswyl gekommen, da schlich ich links herum, weil von dort der Wind kam, und kroch in fünf Häuser außen unter das Strohdach und auf den Heuboden. Das dritte war dem Leser-Bauer sein Haus, und ich dachte an die Veronika, wenn sie nur mit verbrennt, und legte Feuer an. Dann lief ich zurück. Als ich hinaus an den Wald kam, leuchtete es schon auf, und ich wärmte mein Herz daran. Mitten im Wald war ich noch, da läuteten die Glocken im Städtchen Lenzburg, und auf dem Staufberg und drüben in Amriswyl. Und gann ging es Bumbum. Das war der Feuerwächter auf dem Schloß Lenzburg. Der schoß die Kanone los, und ich dachte, es hat gezündet, man wird es auf eine Stunde im Umkreis sehen. Als ich aus dem Wald kam, war auch alles rot hinter mir am Himmel, und unten auf der breiten Landstraße hörte ich die Feuerspritze hinausrasseln. Die können lange spritzen, sagte ich mir, wenn sie kein Wasser haben, und rannte weiter nach Wildegg hinunter. An den Felsen kam ich hinauf, ich weiß nicht wie, und klopfte leise ans Fenster. Da kam die Marie. Laß mich ein, sagte ich. Mach auf, Marie! Da machte sie auf. – Hast du gehört, es brennt! – Was brennt? Wo brennt es? – Siehst du es dort? Der ganze Himmel brennt! – O Gott im Himmel! – Es brennt! Das ganze Dorf brennt! Das Dorf Egliswyl! Das habe ich getan. Sieh, wie es leuchtet. An fünf Ecken habe ich es angezündet, Marie! Sieh hin, sieh hin!

Aber sie war immer noch wie Eis. Es rührte sie nicht. Weiß war sie im Gesicht. Sie kleidete sich an, so rasch es ging, und weckte das ganze Schloß. Und dann lief sie hinunter auf die Schreiberei, schellte die Leute heraus und sagte, sie wisse, wer das Dorf Egliswyl angezündet, und zeigte auf mich. Ich sei es gewesen. Ich habe mich bei ihr verbergen wollen, in ihrer Kammer; so verhaßt war ich ihr. Da kamen sie herauf mit der Zwangsjacke; ich stand noch immer am Fenster, sah, wie der Himmel immer noch röter und röter wurde, und hatte meine Freude daran. – Da nahmen sie mich und führten mich in den Schloßhof. Die Marie stand dabei. Gelacht hat sie nicht, das sah ich wohl, ich weiß nicht, warum nicht.«

Wir waren oben am Berg angekommen, wo der Erdrutsch war. Drüben, in der Entfernung von einer Stunde lag das Schloß Wildegg in warmem Abendsonnenschein. Die Fenster glitzerten. Mein Vater hätte mich während der Erzählung vielleicht gerne fortgeschickt, wenn auf dem Wege den Berg hinauf eine Veranlassung dazu gewesen wäre. Der Sträfling reckte seine knochige Gestalt und legte die Bleiröhre auf den Rasen. – Übrigens mochte mein Vater sich auch gesagt haben, ich verstände nichts von dem Gesprochenen. Tatsächlich ist mir das Verständnis auch erst viel, viel später aufgegangen. Der Sträfling mußte damals längst wieder in Freiheit sein.

WOLF WONDRATSCHEK

43 Liebesgeschichten

Didi will immer. Olga ist bekannt dafür. Ursel hat schon dreimal Pech gehabt. Heidi macht keinen Hehl daraus.

Bei Elke weiß man nicht genau. Petra zögert. Barbara schweigt.

Andrea hat die Nase voll. Elisabeth rechnet nach. Eva sucht überall. Ute ist einfach zu kompliziert.

Gaby findet keinen. Sylvia findet es prima. Marianne bekommt Anfälle.

Nadine spricht davon. Edith weint dabei. Hannelore lacht darüber. Erika freut sich wie ein Kind. Bei Loni könnte man einen Hut dazwischenwerfen.

Katharina muß man dazu überreden. Ria ist sofort dabei. Brigitte ist tatsächlich eine Überraschung. Angela will nichts davon wissen.

Helga kann es.

Tanja hat Angst. Lisa nimmt alles tragisch. Bei Carola, Anke und Hanna hat es keinen Zweck.

Sabine wartet ab. Mit Ulla ist das so eine Sache. Ilse kann sich erstaunlich beherrschen.

Gretel denkt nicht daran. Vera denkt sich nichts dabei. Für Margot ist es bestimmt nicht einfach.

Christel weiß, was sie will. Camilla kann nicht darauf verzichten. Gundula übertreibt. Nina ziert sich noch. Ariane lehnt es einfach ab. Alexandra ist eben Alexandra.

Vroni ist verrückt danach. Claudia hört auf ihre Eltern.

Didi will immer.

HENRIK IBSEN

Brief an Emilie Bardach

München, den 15. Oktober 1889

Ihren lieben Brief habe ich, tausendmal dankend, erhalten – und gelesen und wieder gelesen.

Hier sitze ich wie gewöhnlich am Schreibtisch.

Jetzt möchte ich gern arbeiten. Kann es eben nicht.

Meine Fantasie ist zwar in reger Thätigkeit. Aber immer schweift sie anders wo hin. Dort hin, wo sie in der Arbeitsstunde eigentlich nicht sollte. Meine Sommererinnerungen kann ich nicht zurückdrängen. Will es auch nicht. Das Erlebte erlebe ich wieder und wieder – und immer wieder. Das alles zu einer Dichtung umzudichten ist mir vorläufig unmöglich.

Vorläufig?

Wird es mir einmal in der Zukunft gelingen? Und wünsche ich eigentlich, dass es mir jemals gelingen sollte – und könnte?

Vorläufig jedenfalls nicht – glaube ich.

Das fühle ich, – das weiss ich.

Und doch muss es so kommen. Es *muss* entschieden. Aber wird es dennoch so kommen?

Wird es so kommen können? –

Ach liebes Fräulein, – verzeihen Sie –; Sie schreiben so reizend in Ihrem letzten – nein, nein, Gott behüte – in Ihrem *vorigen* Brief schreiben Sie so reizend: – »aber ›Fräulein‹ bin ich nicht für Sie«, Also, – liebes Kind, – denn *das* sind Sie doch jedenfalls für mich, – sagen Sie mal, – erinnern Sie, dass wir einmal über »Dummheiten«

und »Tollheiten« sprachen? Oder richtiger gesagt, – ich sprach allerlei darüber. Dann übernahmen Sie, liebes Kind, die Lehrerrolle und bemerkten in Ihrer leisen, melodischen, weit dahinschauenden Weise, dass es doch immer ein Unterschied zwischen Dummheit und Tollheit sei. Nun freilich – davon hatte ich schon im voraus eine Ahnung. Aber diese Episode – wie alles Übriges, ist doch in meiner Erinnerung. Denn ich muss immer und immer darüber grübeln: war es eine Dummheit oder war es eine Tollheit, dass wir einander entgegen gekommen sind? oder war es so wohl eine Dummheit wie eine Tollheit? Oder war es keines von Beiden?

Ich glaube, das Letzte wird doch das einzig Stichhaltige sein.

Es war einfach eine Naturnothwendigkeit. Und es war ein Fatum zugleich. Grübeln Sie nun darüber, wenn es notwendig sei.

Das glaube ich aber nicht. Ich nehme an, dass Sie es von vornherein verstehen werden.

Und mir beistimmen.

Tausendmal Gute Nacht

Ihr stets ergebener

H. I.

THEODOR STORM

Rote Rosen

Wir haben nicht das Glück genossen
In indischer Gelassenheit;
In Qualen ist's emporgeschossen,
Wir wußten nichts von Seligkeit.

Verzehrend kam's in Sturm und Drange;
Ein Weh nur war es, keine Lust!
Es bleichte deine zarte Wange
Und brach den Atem meiner Brust.

Es schlang uns ein in wilde Fluten,
Es riß uns in den jähen Schlund;
Zerschmettert fast und im Verbluten
Lag endlich trunken Mund auf Mund.

Des Lebens Flamme war gesunken,
Des Lebens Feuerquell verrauscht,
Bis wir aufs neu den Götterfunken
Umfangend, selig eingetauscht.

In Lieb'? – In Lust? – im Tod? Verschmachtet? trunken?
Ob Odem von der süßen Lippe fließt?
Was ist's, das der gefallne Becher gießt?
Hat Gift, hat Wein, hat Tränen sie getrunken?

Kein Öl, die Lampe, oder keinen Funken?
Ob ihr ein Gott? ein Krampf? den Mund verschließt?
Ob rings nur Dorn? ob keine Rose sprießt,
Ist an ein Herz das andre hier gesunken,

Sag? diese Arme wollen Flügel werden –
Nein Falten sind es – Leichentuches Falten
Das liebe Haupt strahlt Gloria – zerraufte Haare!

Sink nieder, Nacht! nein! Blitz strahl' zu der Erde
Deck' zu, erleucht' des Zweifels Peingestalten
Verhüll', enthüll' das Rosenbett, die Bahre.

FRANZ KAFKA

Brief an Milena

Prag, 9. August 1920

Ich müßte ein Lügner sein, wenn ich nicht noch mehr sagte als heute im Morgenbrief, gar Dir gegenüber, vor der ich so frei sprechen kann, wie vor niemandem, weil noch niemand so auf meiner Seite gestanden ist wissend und wollend wie Du, trotz allem, trotz allem (Unterscheide das große Trotzallem vom großen Trotzdem).

Die schönsten Briefe unter den Deinigen (und das ist viel gesagt, denn sie sind ja im Ganzen, fast in jeder Zeile, das Schönste, was mir in meinem Leben geschehen ist) sind die, in denen Du meiner »Angst« recht gibst und gleichzeitig zu erklären suchst, daß ich sie nicht haben muß. Denn auch ich, mag ich auch manchmal aussehn wie ein bestochener Verteidiger meiner »Angst«, gebe ihr im tiefsten wahrscheinlich Recht, ja ich bestehe aus ihr und sie ist vielleicht mein Bestes. Und da sie mein Bestes ist, ist sie auch vielleicht das allein, was Du liebst. Denn was wäre sonst großes Liebenswertes an mir zu finden. Dieses aber ist Liebenswert.

Und wenn Du einmal fragtest, wie ich den Samstag »gut« habe nennen können mit der Angst im Herzen, so ist das nicht schwer erklärt. Da ich Dich liebe (und ich liebe Dich also, Du Begriffstützige, so wie das Meer einen winzigen Kieselstein auf seinem Grunde lieb hat, genau so überschwemmt Dich mein Liebhaben – und bei Dir sei ich wieder der Kieselstein, wenn es die Himmel zulassen) liebe ich die ganze Welt und dazu gehört auch Deine linke Schulter, nein es war zuerst die rechte und darum küsse ich sie, wenn es mir gefällt (und Du so lieb bist die Bluse dort wegzuziehn) und dazu gehört auch die linke Schulter und Dein Gesicht über mir im Wald und Dein Gesicht unter mir im Wald und das Ruhn an Deiner fast entblößten Brust. Und darum hast Du recht, wenn Du sagst daß wir schon eins waren und ich habe gar keine Angst davor, sondern es ist mein einziges Glück und mein einziger Stolz und ich schränke es gar nicht auf den Wald ein.

Aber eben zwischen dieser Tag-Welt und jener »halben Stunde im Bett« von der Du einmal verächtlich als von einer Männer-Sache schriebst, ist für mich ein Abgrund, über den ich nicht hinwegkommen kann, wahrscheinlich weil ich nicht will. Dort drüben ist eine Angelegenheit der Nacht, durchaus in jedem Sinn Angelegenheit der Nacht; hier ist die Welt und ich besitze sie und nun soll ich hinüberspringen in die Nacht, um sie noch einmal in Besitz zu nehmen. Kann man etwas noch einmal in Besitz nehmen? Heißt das nicht: es verlieren. Hier ist die Welt, die ich besitze und ich soll hinüber, einer unheimlichen Zauberei zuliebe, einem Hokuspokus, einem Stein der Weisen, einer Alchymie, einem Wunschring zuliebe. Weg damit, ich fürchte mich schrecklich davor.

In einer Nacht das durch Zauberei erwischen wollen, eilig, schweratmend, hilflos, besessen, das durch Zauberei erwischen wollen, was jeder Tag den offenen Augen gibt! (»Vielleicht« kann man Kinder nicht anders bekommen, »vielleicht« sind auch Kinder Zauberei. Lassen wir diese Frage noch). Darum bin ich ja so dankbar (Dir und allem) und so ist es also samozřejmé[1], daß ich neben Dir höchst ruhig und höchst unruhig, höchst gezwungen und höchst frei bin, weshalb ich auch nach dieser Einsicht alles andere Leben aufgegeben habe. Sieh mir in die Augen!

1 selbstverständlich.

Grenze der Verzweiflung

Ich habe dich so lieb
daß ich nicht mehr weiß
ob ich dich so lieb habe
oder ob ich mich fürchte

ob ich mich fürchte zu sehen
was ohne dich
von meinem Leben
noch am Leben bliebe

Wozu mich noch waschen
wozu noch gesund werden wollen
wozu noch neugierig sein
wozu noch schreiben

wozu noch helfen wollen
wozu aus den Strähnen von Lügen
und Greueln noch Wahrheit ausstrählen
ohne dich

Vielleicht doch weil es dich gibt
und weil es noch Menschen
wie du geben wird
und das auch ohne mich

MICHELANGELO

Als sie, zu der sich meine Wünsche sehnen,
Hinwegging, weil der Himmel so gewaltet,
Stand die Natur, die Schönres nie gestaltet,
Beschämt, und wer sie sah, der weinte Tränen.

Wo weilst du nun? Ach! wie vernichtet sanken
Die hoffnungsvollen Träume plötzlich nieder,
Jetzt hat die Erde deine reinen Glieder,
Der Himmel deine heiligen Gedanken.

Tod war dein Los; denn sterblich nur vermag
Das Göttliche herabzusteigen;
Doch nur, was sterblich, hat der Tod vernichtet!

Du lebst, es glänzt dein Ruhm im lichten Tag,
Und ewig unverhüllt wird er dich zeigen
In dem, was du gewirkt hast und gedichtet.

HUGO VON HOFMANNSTHAL

Erlebnis des Marschalls von Bassompierre

Zu einer gewissen Zeit meines Lebens brachten es meine Dienste mit sich, daß ich ziemlich regelmäßig mehrmals in der Woche um eine gewisse Stunde über die kleine Brücke ging (denn der Pont neuf war damals noch nicht erbaut) und dabei meist von einigen Handwerkern oder anderen Leuten aus dem Volk erkannt und gegrüßt wurde, am auffälligsten aber und regelmäßigsten von einer sehr hübschen Krämerin, deren Laden an einem Schild mit zwei Engeln kenntlich war, und die, sooft ich in den fünf oder sechs Monaten vorüberkam, sich tief neigte und mir soweit nachsah, als sie konnte. Ihr Betragen fiel mir auf, ich sah sie gleichfalls an und dankte ihr sorgfältig. Einmal, im Spätwinter, ritt ich von Fontainebleau nach Paris, und als ich wieder die kleine Brücke heraufkam, trat sie an ihre Ladentür und sagte zu mir, indem ich vorbeiritt: »Mein Herr, Ihre Dienerin!« Ich erwiderte ihren Gruß, und indem ich mich von Zeit zu Zeit umsah, hatte sie sich weiter vorgelehnt, um mir soweit als möglich nachzusehen. Ich hatte einen Bedienten und einen Postillon hinter mir, die ich noch diesen Abend mit Briefen an gewisse Damen nach Fontainebleau zurückschicken wollte. Auf meinen Befehl stieg der Bediente ab und ging zu der jungen Frau, ihr in meinem Namen zu sagen, daß ich ihre Neigung, mich zu sehen und zu grüßen, bemerkt hätte; ich wollte, wenn sie wünschte mich näher kennenzulernen, sie aufsuchen, wo sie verlangte.

Sie antwortete dem Bedienten: er hätte ihr keine erwünschtere Botschaft bringen können, sie wollte kommen, wohin ich sie bestellte.

Im Weiterreiten fragte ich den Bedienten, ob er nicht etwa einen Ort wüßte, wo ich mit der Frau zusammenkommen könnte. Er antwortete, daß er sie zu einer gewissen Kupplerin führen wollte; da er aber ein sehr besorgter und gewissenhafter Mensch war, dieser Diener Wilhelm aus Courtrai, so setzte er gleich hinzu: da die Pest sich hie und da zeige und nicht nur Leute aus dem niedrigen und schmutzigen Volk, sondern auch ein Doktor und ein Domherr schon daran gestorben seien, so rate er mir, Matratzen, Decken und Leintücher aus meinem Hause mitbringen zu lassen. Ich nahm den Vorschlag an, und er versprach, mir ein gutes Bett zu bereiten. Vor dem Absteigen sagte ich noch, er solle auch ein ordentliches Waschbecken dorthin tragen, eine kleine Flasche mit wohlriechender Essenz und etwas Backwerk und Äpfel; auch solle er dafür sorgen, daß das Zimmer tüchtig geheizt werde, denn es war so kalt, daß mir die Füße im Bügel steif gefroren waren, und der Himmel hing voll Schneewolken.

Den Abend ging ich hin und fand eine sehr schöne Frau von ungefähr zwanzig Jahren auf dem Bette sitzen, indes die Kupplerin, ihren Kopf und ihren runden Rükken in ein schwarzes Tuch eingemummt, eifrig in sie hineinredete. Die Tür war angelehnt, im Kamin lohten große frische Scheiter geräuschvoll auf, man hörte mich nicht kommen, und ich blieb einen Augenblick in der Tür stehen. Die Junge sah mit großen Augen ruhig in die Flamme; mit einer Bewegung ihres Kopfes hatte sie sich wie auf Meilen von der widerwärtigen Alten entfernt; dabei war unter einer kleinen Nachthaube, die sie trug, ein Teil ihrer schweren dunklen Haare vorgequollen und fiel, zu ein paar natürlichen Locken sich ringelnd, zwischen Schulter und Brust über das Hemd. Sie trug noch einen kurzen Unterrock von grünwollenem Zeug und Pantoffeln an den Füßen. In diesem Augenblick mußte ich mich durch ein Geräusch verraten haben: Sie warf ihren Kopf herum und bog mir ein Gesicht entgegen, dem die übermäßige Anspannung der Züge fast einen wilden Ausdruck gegeben hätte, ohne die strahlende Hingebung, die aus den weit aufgerissenen Augen strömte und aus dem sprachlosen Mund wie eine unsichtbare Flamme herausschlug. Sie gefiel mir außerordentlich; schneller, als es sich denken läßt, war die Alte aus dem Zimmer und ich bei meiner Freundin. Als ich mir in der ersten Trunkenheit des überraschenden Besitzes einige Freiheiten herausnehmen wollte, entzog sie sich mir mit einer unbeschreiblich lebenden Eindringlichkeit zugleich des Blickes und der dunkeltönenden Stimme. Im nächsten Augenblick aber fühlte ich mich von ihr umschlungen, die noch inniger mit dem fort und fort empordrängenden Blick der unerschöpflichen Augen als mit den Lippen und den Armen an mir haftete; dann wieder war es, als wollte sie sprechen, aber die von Küssen zuckenden Lippen bildeten keine Worte, die bebende Kehle ließ keinen deutlicheren Laut als ein gebrochenes Schluchzen empor.

Nun hatte ich einen großen Teil dieses Tages zu Pferde auf frostigen Landstraßen verbracht, nachher im Vorzimmer des Königs einen sehr ärgerlichen und heftigen Auftritt durchgemacht und darauf, meine schlechte Laune zu betäuben, sowohl getrunken als mit dem Zweihänder stark gefochten, und so überfiel mich mitten unter diesem reizenden und geheimnisvollen Abenteuer, als ich von weichen Armen im Nacken umschlungen und mit duftendem Haar bestreut dalag, eine so plötzliche heftige Müdigkeit und beinahe Betäubung, daß ich mich nicht mehr zu erinnern wußte, wie ich denn gerade in dieses Zimmer gekommen wäre, ja sogar für einen Augenblick die Person, deren Herz so nahe dem meinigen klopfte, mit einer ganz anderen aus früherer Zeit verwechselte und gleich darauf fest einschlief.

Als ich wieder erwachte, war es noch finstere Nacht, aber ich fühlte sogleich, daß meine Freundin nicht mehr bei mir war. Ich hob den Kopf und sah beim schwachen Schein der zusammensinkenden Glut, daß sie am Fenster stand: Sie hatte den einen Laden aufgeschoben und sah durch den Spalt hinaus. Dann drehte sie sich um, merkte, daß ich wach war, und rief (ich sehe noch, wie sie dabei mit dem Ballen der linken Hand an ihrer Wange emporfuhr und das vorgefallene Haar über die Schulter zurückwarf): »Es ist noch lange nicht Tag, noch lange nicht!« Nun sah ich erst recht, wie groß und schön sie war, und konnte den Augenblick kaum erwarten, daß sie mit wenigen der ruhigen großen Schritte ihrer schönen Füße, an denen der rötliche Schein emporglomm, wieder bei mir wäre. Sie trat aber noch vorher an den Kamin, bog sich zur Erde, nahm das letzte schwere Scheit, das draußen lag, in ihre strahlenden nackten Arme und warf es schnell in die Glut. Dann wandte sie sich, ihr Gesicht funkelte von Flammen und Freude, mit der Hand riß sie im Vorbeilaufen einen Apfel vom Tisch und war schon bei mir, ihre Glieder noch vom frischen Anhauch des Feuers umweht und dann gleich aufgelöst und von innen her von stärkeren Flammen durchschüttert, mit der Rechten mich umfassend, mit der Linken zugleich die angebissene kühle Frucht und Wangen, Lippen und Augen meinem Mund darbietend. Das letzte Scheit im Kamin brannte stärker als alle anderen. Aufsprühend sog es die Flamme in sich und ließ sie dann wieder gewaltig emporlohen, daß der Feuerschein über uns hinschlug, wie eine Welle, die an der Wand sich brach und unsere umschlungenen Schatten jäh emporhob und wieder sinken ließ. Immer wieder knisterte das starke Holz und nährte aus seinem Innern immer wieder neue Flammen, die emporzüngelten und das schwere Dunkel mit Güssen und Garben von rötlicher Helle verdrängten. Auf einmal aber sank die Flamme hin, und ein kalter Lufthauch tat leise wie eine Hand den Fensterladen auf und entblößte die fahle widerwärtige Dämmerung.

Wir setzten uns auf und wußten, daß nun der Tag da war. Aber das da draußen glich keinem Tag. Es glich nicht dem Aufwachen der Welt. Was da draußen lag, sah nicht aus wie eine Straße. Nichts Einzelnes ließ sich erkennen: es war ein farbloser, wesenloser Wust, in dem sich zeitlose Larven hinbewegen mochten. Von irgendwoher, weither, wie aus der Erinnerung heraus, schlug eine Turmuhr, und eine feuchtkalte Luft, die keiner Stunde angehörte, zog sich immer stärker herein, daß wir uns schaudernd aneinanderdrückten. Sie bog sich zurück und heftete ihre Augen mit aller Macht auf mein Gesicht; ihre Kehle zuckte, etwas drängte sich in ihr herauf und quoll bis an den Rand der Lippen vor: es wurde kein Wort daraus, kein Seufzer und kein Kuß, aber etwas, was ungeboren allen dreien glich. Von Augenblick zu Augenblick wurde es heller und der vielfältige Ausdruck ihres zuckenden Gesichts immer redender; auf einmal kamen schlürfende Schritte und Stimmen von draußen so nahe am Fenster vorbei, daß sie sich duckte und ihr Gesicht gegen die Wand kehrte. Es waren zwei Männer, die vorbeigingen: einen Augenblick fiel der Schein einer kleinen Laterne, die der eine trug, herein; der andere schob einen Karren, dessen Rad knirschte und ächzte. Als sie vorüber waren, stand ich auf, schloß den Laden und zündete ein Licht an. Da lag noch ein halber Apfel: wir aßen ihn zusammen, und dann fragte ich sie, ob ich sie nicht noch einmal sehen könnte, denn ich verreise erst Sonntag. Dies war aber die Nacht vom Donnerstag auf den Freitag gewesen.

Sie antwortete mir: daß sie es gewiß sehnlicher verlange als ich; wenn ich aber nicht den ganzen Sonntag bliebe, sei es ihr unmöglich; denn nur in der Nacht vom Sonntag auf den Montag könnte sie mich wiedersehen.

Mir fielen zuerst verschiedene Abhaltungen ein, so daß ich einige Schwierigkeiten machte, die sie mit keinem Worte, aber mit einem überaus schmerzlich fragenden Blick und einem gleichzeitigen fast unheimlichen Hart- und Dunkelwerden ihres Gesichts anhörte. Gleich darauf versprach ich natürlich, den Sonntag zu bleiben, und setzte hinzu, ich wollte also Sonntag abend mich wieder an dem nämlichen Ort einfinden. Auf dieses Wort sah sie mich fest an und sagte mir mit einem ganz rauhen und gebrochenen Ton in der Stimme: »Ich weiß recht gut, daß ich um deinetwillen in ein schändliches Haus gekommen bin; aber ich habe es freiwillig getan, weil ich mit dir sein *wollte,* weil ich *jede* Bedingung eingegangen wäre. Aber jetzt käme ich mir vor, wie die letzte, niedrigste Straßendirne, wenn ich ein zweites Mal hieher zurückkommen könnte. Um deinetwillen hab' ich's getan, weil du für mich der bist, der du bist, weil du der Bassompierre bist, weil du der Mensch auf der Welt bist, der mir durch seine Gegenwart dieses Haus da ehrenwert macht!« Sie sagte: »Haus«; einen Augenblick war es, als wäre ein verächtlicheres Wort ihr auf der Zunge; indem sie das Wort aussprach, warf sie auf diese vier Wände, auf dieses Bett, auf die Decke, die herabgeglitten auf dem Boden lag, einen solchen Blick, daß unter der Garbe von Licht, die aus ihren Augen hervorschoß, alle diese häßlichen und gemeinen Dinge aufzuzucken und geduckt vor ihr zurückzuweichen schienen, als wäre der erbärmliche Raum wirklich für einen Augenblick größer geworden.

Dann setzte sie mit einem unbeschreiblich sanften und feierlichen Tone hinzu: »Möge ich eines elenden Todes sterben, wenn ich außer meinem Mann und dir je irgendeinem anderen gehört habe und nach irgendeinem anderen auf der Welt verlange!«, und schien, mit halboffenen, lebenhauchenden Lippen leicht vorgeneigt, irgendeine Antwort, eine Beteuerung meines Glaubens zu erwarten, von meinem Gesicht aber nicht das zu lesen, was sie verlangte, denn ihr gespannter suchender Blick trübte sich, ihre Wimpern schlugen auf und zu, und auf einmal war sie am Fenster und kehrte mir den Rücken, die Stirn mit aller Kraft an den Laden gedrückt, den ganzen Leib von lautlosem, aber entsetzlich heftigem Weinen so durchschüttert, daß mir das Wort im Munde erstarb und ich nicht wagte, sie zu berühren. Ich erfaßte endlich eine ihrer Hände, die wie leblos herabhingen, und mit den eindringlichsten Worten, die mir der Augenblick eingab, gelang es mir nach langem, sie soweit zu besänftigen, daß sie mir ihr von Tränen überströmtes Gesicht wieder zukehrte, bis plötzlich ein Lächeln, wie ein Licht zugleich aus den Augen und rings um die Lippen hervorbrechend, in einem Moment alle Spuren des Weinens wegzehrte und das ganze Gesicht mit Glanz überschwemmte. Nun war es das reizendste Spiel, wie sie wieder mit mir zu reden anfing, indem sie sich mit dem Satz: »Du willst mich noch einmal sehen? so will ich dich bei meiner Tante einlassen!« endlos herumspielte, die erste Hälfte zehnfach aussprach, bald mit süßer Zudringlichkeit, bald mit kindischem gespieltem Mißtrauen, dann die zweite mir als das größte Geheimnis zuerst ins Ohr flüsterte, dann mit Achselzucken und spitzem Mund, wie die selbstverständlichste Verabredung von der Welt, über die Schulter hinwarf und endlich, an mir hängend, mir ins Gesicht lachend und schmeichelnd wiederholte. Sie beschrieb mir das Haus aufs genaueste, wie man einem Kind den Weg beschreibt, wenn es zum erstenmal allein über die Straße zum Bäcker gehen soll. Dann richtete sie sich auf, wurde ernst – und die ganze Gewalt ihrer strahlenden Augen heftete sich auf mich mit einer solchen Stärke, daß es war, als müßten sie auch ein totes Geschöpf an sich zu reißen vermögend sein – und fuhr fort: »Ich will dich von zehn Uhr bis Mitternacht erwarten und auch noch später und immerfort, und die Tür unten wird offen sein. Erst findest du einen kleinen Gang, in dem halte dich nicht auf, denn da geht die Tür meiner Tante heraus. Dann stößt dir eine Treppe entgegen, die führt dich in den ersten Stock, und dort bin ich!« Und indem sie die Augen schloß, als ob ihr schwindelte, warf sie den Kopf zurück, breitete die Arme aus und umfing mich, und war gleich wieder aus meinen Armen und in die Kleider eingehüllt, fremd und ernst, und aus dem Zimmer; denn nun war völlig Tag.

Ich machte meine Einrichtung, schickte einen Teil meiner Leute mit meinen Sachen voraus und empfand schon am Abend des nächsten Tages eine so heftige Ungeduld, daß ich bald nach dem Abendläuten mit meinem

Diener Wilhelm, den ich aber kein Licht mitnehmen hieß, über die kleine Brücke ging, um meine Freundin wenigstens in ihrem Laden oder in der daranstoßenden Wohnung zu sehen und ihr allenfalls ein Zeichen meiner Gegenwart zu geben, wenn ich mir auch schon keine Hoffnung auf mehr machte, als etwa einige Worte mit ihr wechseln zu können.

Um nicht aufzufallen, blieb ich an der Brücke stehen und schickte den Diener voraus, um die Gelegenheit auszukundschaften. Er blieb längere Zeit aus und hatte beim Zurückkommen die niedergeschlagene und grübelnde Miene, die ich an diesem braven Menschen immer kannte, wenn er einen meinigen Befehl nicht hatte erfolgreich ausführen können. »Der Laden ist versperrt«, sagte er, »und scheint auch niemand darinnen. Überhaupt läßt sich in den Zimmern, die nach der Gasse zu liegen, niemand sehen und hören. In den Hof könnte man nur über eine hohe Mauer, zudem knurrt dort ein großer Hund. Von den vorderen Zimmern ist aber eines erleuchtet, und man kann durch einen Spalt im Laden hineinsehen, nur ist es leider leer.«

Mißmutig wollte ich schon umkehren, strich aber doch noch einmal langsam an dem Haus vorbei, und mein Diener in seiner Beflissenheit legte nochmals sein Auge an den Spalt, durch den ein Lichtschimmer drang, und flüsterte mir zu, daß zwar nicht die Frau, wohl aber der Mann nun in dem Zimmer sei. Neugierig, diesen Krämer zu sehen, den ich mich nicht erinnern konnte, auch nur ein einziges Mal in seinem Laden erblickt zu haben, und den ich mir abwechselnd als einen unförmlichen dicken Menschen oder als einen dürren gebrechlichen Alten vorstellte, trat ich ans Fenster und war überaus erstaunt, in dem guteingerichteten vertäfelten Zimmer einen ungewöhnlich großen und sehr gut gebauten Mann umhergehen zu sehen, der mich gewiß um einen Kopf überragte und, als er sich umdrehte, mir ein sehr schönes tiefernstes Gesicht zuwandte, mit einem braunen Bart, darin einige wenige silberne Fäden waren, und mit einer Stirn von fast seltsamer Erhabenheit, so daß die Schläfen eine größere Fläche bildeten, als ich noch je bei einem Menschen gesehen hatte. Obwohl er ganz allein im Zimmer war, so wechselte doch sein Blick, seine Lippen bewegten sich, und indem er unter dem Aufundabgehen hie und da stehenblieb, schien er sich in der Einbildung mit einer anderen Person zu unterhalten: einmal bewegte er den Arm, wie um eine Gegenrede mit halb nachsichtiger Überlegenheit wegzuweisen. Jede seiner Gebärden war von großer Lässigkeit und fast verachtungsvollem Stolz, und ich konnte nicht umhin, mich bei seinem einsamen Umhergehen lebhaft des Bildes eines sehr erhabenen Gefangenen zu erinnern, den ich im Dienst des Königs während seiner Haft in einem Turmgemach des Schlosses zu Blois zu bewachen hatte. Diese Ähnlichkeit schien mir noch vollkommener zu werden, als der Mann seine rechte Hand emporhob und auf die emporgekrümmten Finger mit Aufmerksamkeit, ja mit finsterer Strenge hinabsah.

Denn fast mit der gleichen Gebärde hatte ich jenen erhabenen Gefangenen öfter einen Ring betrachten sehen, den er am Zeigefinger der rechten Hand trug und von welchem er sich niemals trennte. Der Mann im Zimmer trat dann an den Tisch, schob die Wasserkugel vor das Wachslicht und brachte seine beiden Hände in den Lichtkreis, mit ausgestreckten Fingern: er schien seine Nägel zu betrachten. Dann blies er das Licht aus und ging aus dem Zimmer und ließ mich nicht ohne eine dumpfe zornige Eifersucht zurück, da das Verlangen nach seiner Frau in mir fortwährend wuchs und wie ein um sich greifendes Feuer sich von allem nährte, was mir begegnete, und so durch diese unerwartete Erscheinung in verworrener Weise gesteigert wurde, wie durch jede Schneeflocke, die ein feuchtkalter Wind jetzt zertrieb und die mir einzeln an Augenbrauen und Wangen hängenblieben und schmolzen.

Den nächsten Tag verbrachte ich in der nutzlosesten Weise, hatte zu keinem Geschäft die richtige Aufmerksamkeit, kaufte ein Pferd, das mir eigentlich nicht gefiel, wartete nach Tisch dem Herzog von Nemours auf und verbrachte dort einige Zeit mit Spiel und mit den albernsten und widerwärtigsten Gesprächen. Es war nämlich von nichts anderem die Rede als von der in der Stadt immer heftiger um sich greifenden Pest, und aus allen diesen Edelleuten brachte man kein anderes Wort heraus als dergleichen Erzählungen von dem schnellen Verscharren der Leichen, von dem Strohfeuer, das man in den Totenzimmern brennen müsse, um die giftigen Dünste zu verzehren, und so fort; der Albernste aber erschien mir der Kanonikus von Chandieu, der, obwohl dick und gesund wie immer, sich nicht enthalten konnte, unausgesetzt nach seinen Fingernägeln hinabzuschielen, ob sich an ihnen schon das verdächtige Blauwerden zeige, womit sich die Krankheit anzukündigen pflegt.

Mich widerte das alles an, ich ging früh nach Hause und legte mich zu Bette, fand aber den Schlaf nicht, kleidete mich vor Ungeduld wieder an und wollte, koste es, was es wolle, dorthin, meine Freundin zu sehen, und müßte ich mit meinen Leuten gewaltsam eindringen. Ich ging ans Fenster, meine Leute zu wecken, die eisige Nachtluft brachte mich zur Vernunft, und ich sah ein, daß dies der sichere Weg war, alles zu verderben. Angekleidet warf ich mich aufs Bett und schlief endlich ein.

Ähnlich verbrachte ich den Sonntag bis zum Abend, war viel zu früh in der bezeichneten Straße, zwang mich aber, in einer Nebengasse auf und nieder zu gehen, bis es zehn Uhr schlug. Dann fand ich sogleich das Haus und die Tür, die sie mir beschrieben hatte, und die Tür auch offen, und dahinter den Gang und die Treppe. Oben aber die zweite Tür, zu der die Treppe führte, war verschlossen, doch ließ sie unten einen feinen Lichtstreif durch. So war sie drinnen und wartete und stand vielleicht horchend drinnen an der Tür wie ich draußen. Ich kratzte mit dem Nagel an der Tür, da hörte ich drinnen Schritte: es schienen mir zögernd unsichere Schritte eines nackten Fußes. Eine Zeit stand ich ohne Atem, und dann fing ich an zu klopfen: aber ich hörte eine Mannesstimme, die mich fragte, wer draußen sei. Ich drückte mich ans Dunkel des Türpfostens und gab keinen Laut von mir: die Tür blieb zu, und ich klomm mit der äußersten Stille, Stufe für Stufe, die Stiege hinab, schlich den Gang hinaus ins Freie und ging mit pochenden Schläfen und zusammengebissenen Zähnen, glühend vor Ungeduld, einige Straßen auf und ab. Endlich zog es mich wieder vor das Haus: ich wollte noch nicht hinein; ich fühlte, ich wußte, sie würde den Mann entfernen, es müßte gelingen, gleich würde ich zu ihr können. Die Gasse war eng; auf der anderen Seite war kein Haus, sondern die Mauer eines Klostergartens: an der drückte ich mich hin und suchte von gegenüber das Fenster zu erraten. Da loderte in einem, das offen stand, im oberen Stockwerk, ein Schein auf und sank wieder ab, wie von einer Flamme. Nun glaubte ich alles vor mir zu sehen: sie hatte ein großes Scheit in den Kamin geworfen wie damals, wie damals stand sie jetzt mitten im Zimmer, die Glieder funkelnd von der Flamme, oder saß auf dem Bette und horchte und wartete. Von der Tür würde ich sie sehen und den Schatten ihres Nackens, ihrer Schultern, den die durchsichtige Welle an der Wand hob und senkte. Schon war ich im Gang, schon auf der Treppe, nun war auch die Tür nicht mehr verschlossen: angelehnt, ließ sie auch seitwärts den schwankenden Schein durch. Schon streckte ich die Hand nach der Klinke aus, da glaubte ich drinnen Schritte und Stimmen von mehreren zu hören. Ich wollte es aber nicht glauben: ich nahm es für das Arbeiten meines Blutes in den Schläfen, am Halse, und für das Lodern des Feuers drinnen. Auch damals hatte es laut gelodert. Nun hatte ich die Klinke gefaßt, da mußte ich begreifen, daß Menschen drinnen waren, mehrere Menschen. Aber nun war es mir gleich: denn ich fühlte, ich wußte, sie war auch drinnen, und sobald ich die Türe aufstieß, konnte ich sie sehen, sie ergreifen und, wäre es auch aus den Händen anderer, mit einem Arm sie an mich reißen, müßte ich gleich den Raum für sie und mich mit meinem Degen, mit meinem Dolch aus einem Gewühl schreiender Menschen herausschneiden! Das einzige, was mir ganz unerträglich schien, war, noch länger zu warten.

Ich stieß die Tür auf und sah: In der Mitte des leeren Zimmers ein paar Leute, welche Bettstroh verbrannten, und bei der Flamme, die das ganze Zimmer erleuchtete, abgekratzte Wände, deren Schutt auf dem Boden lag, und an einer Wand einen Tisch, auf dem zwei nackte Körper ausgestreckt lagen, der eine sehr groß, mit zugedecktem Kopf, der andere kleiner, gerade an der Wand hingestreckt, und daneben der schwarze Schatten seiner Formen, der emporspielte und wieder sank.

Ich taumelte die Stiege hinab und stieß vor dem Haus

auf zwei Totengräber: der eine hielt mir seine kleine Laterne ins Gesicht und fragte mich, was ich suche, der andere schob seinen ächzenden, knirschenden Karren gegen die Haustür. Ich zog den Degen, um sie mir vom Leibe zu halten, und kam nach Hause. Ich trank sogleich drei oder vier große Gläser schweren Weins und trat, nachdem ich mich ausgeruht hatte, den anderen Tag die Reise nach Lothringen an.

Alle Mühe, die ich mir nach meiner Rückkunft gegeben, irgend etwas von dieser Frau zu erfahren, war vergeblich. Ich ging sogar nach dem Laden mit den zwei Engeln; allein, die Leute, die ihn jetzt innehatten, wußten nicht, wer vor ihnen darin gesessen hatte.

BERTOLT BRECHT

Die Liebenden

Sieh jene Kraniche in großem Bogen!
Die Wolken, welche ihnen beigegeben
Zogen mit ihnen schon, als sie entflogen
Aus einem Leben in ein andres Leben.
In gleicher Höhe und mit gleicher Eile
Scheinen sie alle beide nur daneben.
Daß so der Kranich mit der Wolke teile
Den schönen Himmel, den sie kurz befliegen
Daß also keines länger hier verweile
Und keines andres sehe als das Wiegen
Des andern in dem Wind, den beide spüren
Die jetzt im Fluge beieinander liegen
So mag der Wind sie in das Nichts entführen.
Wenn sie nur nicht vergehen und sich bleiben
So lange kann sie beide nichts berühren
So lange kann man sie von jedem Ort vertreiben
Wo Regen drohen oder Schüsse schallen.
So unter Sonn und Monds wenig verschiedenen Scheiben
Fliegen sie hin, einander ganz verfallen.
Wohin, ihr? – Nirgend hin. – Von wem davon? –
        Vor allen.
Ihr fragt, wie lange sind sie schon beisammen?
Seit kurzem. – Und wann werden sie sich trennen? –
        Bald.
So scheint die Liebe Liebenden ein Halt.

Liebe erfüllt die Welt
und mehrt den Himmel

INGEBORG BACHMANN

Erklär mir, Liebe

Dein Hut lüftet sich leis, grüßt, schwebt im Wind,
dein unbedeckter Kopf hat's Wolken angetan,
dein Herz hat anderswo zu tun,
dein Mund verleibt sich neue Sprachen ein,
das Zittergras im Land nimmt überhand,
Sternblumen bläst der Sommer an und aus,
von Flocken blind erhebst du dein Gesicht,
du lachst und weinst und gehst an dir zugrund,
was soll dir noch geschehen –

Erklär mir, Liebe!

Der Pfau, in feierlichem Staunen, schlägt sein Rad,
die Taube stellt den Federkragen hoch,
vom Gurren überfüllt, dehnt sich die Luft,
der Entrich schreit, vom wilden Honig nimmt
das ganze Land, auch im gesetzten Park
hat jedes Beet ein goldner Staub umsäumt.

Der Fisch errötet, überholt den Schwarm
und stürzt durch Grotten ins Korallenbett.
Zur Silbersandmusik tanzt scheu der Skorpion.
Der Käfer riecht die Herrlichste von weit;
hätt ich nur seinen Sinn, ich fühlte auch,
daß Flügel unter ihrem Panzer schimmern,
und nähm den Weg zum fernen Erdbeerstrauch!

Erklär mir, Liebe!

Wasser weiß zu reden,
die Welle nimmt die Welle an der Hand,
im Weinberg schwillt die Traube, springt und fällt.
So arglos tritt die Schnecke aus dem Haus!

Ein Stein weiß einen andern zu erweichen!

Erklär mir, Liebe, was ich nicht erklären kann:
sollt ich die kurze schauerliche Zeit
nur mit Gedanken Umgang haben und allein
nichts Liebes kennen und nichts Liebes tun?
Muß einer denken? Wird er nicht vermißt?

Du sagst: es zählt ein andrer Geist auf ihn…
Erklär mir nichts. Ich seh den Salamander
durch jedes Feuer gehen.
Kein Schauer jagt ihn, und es schmerzt ihn nichts.

WOLFGANG AMADEUS MOZART

Brief an seine Frau

Dresden, den 13. April 1789

um 7 uhr früh

liebstes Weibchen, hätte ich doch auch schon einen briefe von dir! – wenn ich dir alles erzehlen wollte, was ich mit deinem lieben *Porträt* anfange, würdest du wohl oft lachen. – zum beySpiell; wenn ich es aus seinem Arrest

herausnemme, so sage ich; grüss dich gott Stanzerl! – grüss dich gott, grüss dich gott; – Spizbub; – knallerballer; – Spizignas – bagatellerl – schluck und druck! – und wenn ich es wieder hinein thue; so lasse ich es so nach und nach hinein rutschen, und sage immer, Stu! – Stu! Stu! – aber mit dem *gewissen Nachdruck*, den dieses so viel bedeutende Wort, erfordert; und bey dem lezten schneller, gute Nacht; Mauserl, schlaf gesund; – Nun glaube ich so ziemlich was dummes | für die Welt wenigstens | hingeschrieben zu haben – für uns aber, die wir uns so innig lieben, ist es gewis nicht dumm; – heute ist der 6:[t] tag, daß ich von dir weg bin, und, bey gott, mir scheint es schon ein Jahre zu seyn. –
du wirst wohl oft mühe haben meinen brief zu lesen, weil ich in Eyle, und folglich etwas schlecht schreibe; – adieu liebe, einzige! – der Wagen ist da – da heist es nicht, bravo, und der Wagen ist auch schon da – sondern – *Male;* – lebe wohl, und liebe mich Ewig so wie ich dich; ich küsse dich Millionenmahl auf das zärtlichste
und bin Ewg

dein dich zärtlich liebender gatte
W: A: Mozart

P:S: wie führt sich unser Carl auf? –
Ich hoffe gut; – küsse ihn statt meiner.
an Hr. und fr: von Puchberg alles schöne.
NB. du musst in deinen briefen nicht das Maaß nach den meinigen nemmen bey mir fallen Sie nur deswegen etwas kurz aus, weil ich Pressirt bin, sonst würde ich einen ganzen bogen überschreiben. – du hast aber mehr Musse. – adieu.

HELFRICH PETER STURZ

Die Reise nach dem Deister

»Ich verlange durchaus, Herr im Hause zu bleiben«, sagte neulich Herr Simon, »nicht aus Steifsinn, denn ich bin verträglich, sondern aus Grundsätzen, Arist. – Glauben Sie mir, das beste Weib hat seltsame Launen und taumelt unter Grillen und Torheiten herum, wenn sie nicht zum Gehorsam geübt wird.«

»Ist das so leicht, Herr Simon?«

Er: »Alles besteht in der Methode, mein Herr. Wenn man nie etwas abschlägt oder begehrt als mit vernünftigen Gründen, die man, wie Sie wissen, immer findet, so lernt die Frau bald den Willen ihres Mannes für den klügsten Willen halten und folgt dann ohne Widerspruch.«

Ich schwieg betroffen; denn, im Vertrauen gesagt, der häusliche Mut dieses redlichen Mannes wird in der Stadt nicht gebührend erkannt. Jedermann glaubt vielmehr, daß ihn seine Dame, obwohl an einem seidenen Faden, doch sicher wie in Ketten, leitet.

Es ist Sünde, dachte ich, so ein Wohlbehagen, so ein täuschendes Gefühl der Kraft zu stören; doch entfiel mir, daß es Täuschungen gäbe, daß mancher Günstling eigenen Willen dem Sultan für den seinigen verkaufe und daß eine jede Frau eine geborene Staatskünstlerin sei.

»Ei Possen! Possen!« rief Herr Simon. »Ja, wenn man ihre Winkelzüge nicht endlich durchgeforscht hätte! Wer mit den Wendungen ihrer List, mit dem Labyrinth ihrer Einleitung bekannt ist, der lauscht am rechten Ort und hört sie auf den Zehen kommen.« – »Herr Simon«, sprach ich, »lieber Herr Simon! es gibt aber doch eine Menge Krümmen, die sich nicht berechnen lassen.«

Vor einigen Tagen traf ich die Frau meines Freundes allein zu Hause, ein freundliches, angenehmes Weib, die so natürlich spricht und handelt, daß, wenn sich Frau Simon verstellt, Verstellung notwendig die Natur der Damen sein müßte. – »Herrliches Wetter!« rief sie mir entgegen. »Jetzt wäre das so recht eine Zeit, um den Hallerbrunnen zu besuchen. Die Gegend, sagt man, ist wunderschön; wollen Sie mit von der Partie sein?«

ICH: Wenn es morgen sein kann – herzlich gern.

SIE: Morgen? Gut! Es bleibt dabei. Je eher, je lieber! Das Wetter kann sich ändern.

ICH: Ob's auch Herr Simon zufrieden sein wird?

SIE (lächelnd): Mein Mann ist, wie Sie wissen, ein gütiger Mann und schlägt mir ein unschuldig Vergnügen nicht ab. Machen Sie sich nur immer zurecht; wir fahren um sechse präzise. – Hier wurde sie abgerufen, und ich setzte mich im Bücherkabinett meines Freundes nieder.

Nach einer halben Stunde trat Herr Simon unter einem lebhaften Gespräch mit seiner Frau ins Vorzimmer, und weil ich das Wort Deister hörte, so lauscht ich neugierig, wie die Sache wohl negoziiert werden möchte. Hier ist der interessanteste Teil ihres Gesprächs.

FRAU SIMON: Du hast recht, mein Kind, es ist eine teure Langeweile. Man jagt über die kahle Chaussee, ißt und trinkt schlecht, ermüdet sich, erhitzt sich und kriegt am Ende nichts als Bäume zu sehen, die man in der Nähe haben kann. – Arist ist gewaltig für die Reise eingenommen.

HERR SIMON: Ich diene meinen Freunden gern, nur müssen sie nicht verlangen, daß ich mich ihrentwegen ennuyieren soll. – Außerdem geht's morgen nicht an; ich habe dringende Geschäfte und weiß mich kaum durch die Papiere zu finden. Überhaupt sind mir alle die Partien zuwider, wo man so feierlich nach Freude läuft und sie erst findet, wenn alles vorbei ist. Ach, rufen wir dann ermüdet, wie froh bin ich, wieder zu Hause zu sein! – Warum gingen Sie denn aus dem Hause, Mesdames?

FRAU SIMON: Eben das ist meine Meinung, und damit ist's aus. Arist mag sich eine andere Gesellschaft suchen. Nein, das herrliche Wetter will ich besser anwenden, und morgen kann ich endlich tun, was ich schon so lange willens war. Deine Stube hier, die Bücherkammer, will ich nun einmal recht waschen und scheuern und reinigen lassen; alles muß hier umgewandt und in eine vernünftige Ordnung gebracht werden. Jetzt trocknet's geschwind, und so wirst du endlich den ekelhaften Unrat los.

HERR SIMON: Dortchen, nein, um's Himmels willen, das geht noch weniger an! Euer Kramen und Poltern, weißt du doch, ist mir ein rechter Abscheu. Laß das bis auf ein andermal gut sein; morgen muß ich arbeiten.

FRAU SIMON: Aber könntest du nicht, lieber Mann, ein paar Tage in der kleinen Torstube sitzen? Ich muß mich wahrlich schämen, wenn hier ein Fremder kommt. – Alles das legt man endlich der Frau im Hause zur Last. – Einmal muß es doch geschehen.

HERR SIMON: Ja, und soll auch geschehen; aber nur, wenn ich nicht zu Hause bin.

FRAU SIMON: Damit hältst du mich nun schon viele Monate hin. – Zürne nicht, mein lieber Mann, diese Unordnung macht uns beiden wenig Ehre. Ist es gesund, ist es angenehm, in einem solchem Stalle zu leben? Ist es schicklich, irgend jemand hier hereinzuführen? Auch du wohnst gern in einer reinlichen Stube. – Wie dir's so wohl sein wird, wenn der Greuel einmal weg ist, wenn deine Kammern durch die gesunde Frühlingsluft recht durchgeweht und durchgereinigt sind.

HERR SIMON (nach einigem Nachdenken): Hör, mir fällt etwas ein – weil doch Arist seinen Sinn darauf gesetzt hat – so laß uns nach dem Deister reisen – unterdessen mögen sie poltern.

FRAU SIMON: Gut, lieber Mann! – Reise du mit ihm hin, und mache dir viel Vergnügen – ich will alles wohl besorgen.

HERR SIMON: Nein, Madame, das war die Meinung nicht! da fehlen mir hundert Bequemlichkeiten – ohne dich reis ich nicht aus der Stelle.

FRAU SIMON: Kann der Schreiber nicht achtgeben, daß man die Papiere nicht rührt, und die Bücher abnehmen und aufsetzen? Ist dazu deine Gegenwart nötig?

HERR SIMON: Nein, Kind – aber Sie reisen mit, wenn es gefällig ist.

FRAU SIMON: Lieber Mann!

HERR SIMON: Kurz und gut! – Eine Gefälligkeit ist der andern wert; und wenn ich in das Ausräumen willige, so mußt du mit nach dem Deister.

FRAU SIMON: Werde nicht heftig, lieber Mann! deine

Wünsche sind Befehle für mich; ich will gleich die Berutsche bestellen. – Hier umarmten sie sich, und ich schlich aus der Hintertüre leise die Treppe hinab. Wir reisten nach dem Deister. Als wir in den Wagen stiegen, drückte mir Herr Simon freundlich mit den Worten die Hand: »Diesen Tag haben Sie mir zu verdanken. Meine Frau wollte durchaus nicht dran; aber sie versteht zu gehorchen.«

Warum gelingt es jeder klugen Frau, ihren vernünftigen Mann, sooft sie Lust hat, nach dem Deister zu führen?

Weil die Freude zu gebieten, ce qui plait aux dames, das Studium ihres Lebens ist und weil der Stolz des Herrn der Schöpfung sie geradezu nach dem Throne führt; denn uns ahndet so ein Hochverrat nicht. Wir brüsten uns in unserer Repräsentation und geben für die Zeichen der Regierung die Regierung selbst hin.

Aber ist es denn so ein Unglück, durch eine Frau geleitet zu werden? einen freundlichen Richter zu erkennen, der entscheidet, wenn Unentschlossenheit an unserer Ruhe nagt? an der Hand einer sanften Gebieterin durch das dornige Leben zu wandeln, wo wir in unserer Leidenschaft gewiß den Pfad nicht immer fänden, der sicher zwischen Abgründen hinführt?

THEODOR STORM

Schließe mir die Augen beide

Schließe mir die Augen beide
Mit den lieben Händen zu!
Geht doch alles, was ich leide,
Unter deiner Hand zur Ruh.
Und wie leise sich der Schmerz
Well' um Welle schlafen leget,
Wie der letzte Schlag sich reget,
Füllest du mein ganzes Herz.

GÜNTHER DEICKE

Alltägliche Strophen

Es ist so schön, mit dir einzuschlafen,
mit dir zu erwachen wieder, Haut an Haut.
Da ist nichts zwischen uns, kein Tag, keine Nacht,
keine Menschenfurcht, kein Laut.

So leben wir selten. Wir tragen die Pflicht
oft weit voneinander entfernt und allein.
Doch trügen wir's schwerer, wenn es uns nicht
immer wieder gelänge, so eins zu sein.

Aphorismen

Wer an die Freiheit des menschlichen Willens glaubt, hat nie geliebt und nie gehaßt.

*

Wohl jedem, der nur liebt, was er darf, und nur haßt, was er soll.

*

Die Liebe hat nicht nur Rechte, sie hat auch immer recht.

*

Ein Streit zwischen wahren Freunden, wahren Liebenden bedeutet gar nichts. Gefährlich sind nur die Streitigkeiten zwischen Menschen, die einander nicht ganz verstehen.

*

Wenn zwei Menschen zugleich anfangen, einander zu lieben, das ist ein großes Glück. Ein noch größeres Glück aber ist, wenn beide auch zu gleicher Zeit aufhören, einander zu lieben.

*

Die Gewohnheit ist langlebiger als die Liebe und überwindet manchmal sogar die Verachtung.

*

An Rheumatismen und an wahre Liebe glaubt man erst, wenn man davon befallen wird.

ROBERT MUSIL

Sarkophagdeckel

Irgendwo hinten am Pincio, oder schon in Villa Borghese, ruhen zwei Sarkophagdeckel aus unedlem Stein zwischen den Büschen im Freien. Sie stellen keine Kostbarkeit dar, sie liegen umher. Lang hingestreckt lagert auf ihnen das Ehepaar, das sich einst zum letzten Andenken hat abbilden lassen. Man sieht viele solcher Sarkophagdeckel in Rom; aber in keinem Museum und in keiner Kirche machen sie solchen Eindruck wie hier unter den Bäumen, wo sich die Figuren wie auf einer Landpartie ausgestreckt haben und eben aus einem kleinen Schlaf erwacht zu sein scheinen, der zweitausend Jahre gewährt hat.

Sie haben sich auf den Ellbogen gestützt und sehen einander an. Es fehlt nur der Korb mit Käse, Früchten und Wein zwischen ihnen.

Die Frau trägt eine Frisur mit kleinen Locken – gleich wird sie sie ordnen, nach der letzten Mode vor dem Einschlafen. Und sie lächeln einander an; lang, sehr lang. Du siehst weg: und noch immer tun sie es ohne Ende.

Dieser treue, brave, bürgerliche, verliebte Blick hat die Jahrhunderte überstanden; er ist im alten Rom ausgesandt worden und kreuzt heute dein Auge.

Wundere dich nicht darüber, daß er vor dir andauert; daß sie nicht wegsehen oder die Augen senken: sie werden nicht steinern dadurch, sondern menschlich.

CONRAD FERDINAND MEYER

Zwei Segel

Zwei Segel erhellend
Die tiefblaue Bucht!
Zwei Segel sich schwellend
Zu ruhiger Flucht!

Wie eins in den Winden
Sich wölbt und bewegt,
Wird auch das Empfinden
Des andern erregt.

Begehrt eins zu hasten,
Das andre geht schnell,
Verlangt eins zu rasten,
Ruht auch sein Gesell.

MATTHIAS CLAUDIUS

Die Liebe

Die Liebe hemmet nichts; sie kennt nicht Tür
noch Riegel,
Und dringt durch alles sich;
Sie ist ohn Anbeginn, schlug ewig ihre Flügel,
Und schlägt sie ewiglich.

JOHANN PETER HEBEL

Unverhofftes Wiedersehen

In Falun in Schweden küßte vor guten fünfzig Jahren und mehr ein junger Bergmann seine junge hübsche Braut und sagte zu ihr: »Auf Sankt Luciä wird unsere Liebe von des Priesters Hand gesegnet. Dann sind wir Mann und Weib, und bauen uns ein eigenes Nestlein.« – »Und Friede und Liebe soll darin wohnen«, sagte die schöne Braut mit holdem Lächeln, »denn du bist mein einziges und alles, und ohne dich möchte ich lieber im Grab sein, als an einem andern Ort.« Als sie aber vor St. Luciä der Pfarrer zum zweitenmal in der Kirche ausgerufen hatte: *»So nun jemand Hindernis wüßte anzuzeigen, warum diese Personen nicht möchten ehelich zusammenkommen«* – da meldete sich der *Tod.* Denn als der Jüngling den andern Morgen in seiner schwarzen Bergmannskleidung an ihrem Haus vorbeiging, der Bergmann hat sein Totenkleid immer an, da klopfte er zwar noch einmal an ihrem Fenster, und sagte ihr guten Morgen, aber keinen guten Abend mehr. Er kam nimmer aus dem Bergwerk zurück, und sie saumte vergeblich selbigen Morgen ein schwarzes Halstuch mit rotem Rand für ihn zum Hochzeittag, sondern als er nimmer kam, legte sie es weg, und weinte um ihn und vergaß ihn nie. Unterdessen wurde die Stadt Lissabon in Portugal durch ein Erdbeben zerstört, und der Siebenjährige Krieg ging vorüber, und Kaiser Franz der Erste starb, und der Jesuitenorden wurde aufgehoben und Polen geteilt, und die Kaiserin Maria Theresia starb, und der Struensee wurde hingerichtet,

Amerika wurde frei, und die vereinigte französische und spanische Macht konnte Gibraltar nicht erobern. Die Türken schlossen den General Stein in der Veteraner Höhle in Ungarn ein, und der Kaiser Joseph starb auch. Der König Gustav von Schweden eroberte russisch Finnland, und die Französische Revolution und der lange Krieg fing an, und der Kaiser Leopold der Zweite ging auch ins Grab. Napoleon eroberte Preußen, und die Engländer bombardierten Kopenhagen, und die Ackerleute säeten und schnitten. Der Müller mahlte, und die Schmiede hämmerten, und die Bergleute gruben nach den Metalladern in ihrer unterirdischen Werkstatt. Als aber die Bergleute in Falun im Jahr 1809 etwas vor oder nach Johannis zwischen zwei Schachten eine Öffnung durchgraben wollten, gute dreihundert Ehlen tief unter dem Boden gruben sie aus dem Schutt und Vitriolwasser den Leichnam eines Jünglings heraus, der ganz mit Eisenvitriol durchdrungen, sonst aber unverwest und unverändert war; also daß man seine Gesichtszüge und sein Alter noch völlig erkennen konnte, als wenn er erst vor einer Stunde gestorben, oder ein wenig eingeschlafen wäre, an der Arbeit. Als man ihn aber zu Tag ausgefördert hatte, Vater und Mutter, Gefreunde und Bekannte waren schon lange tot, kein Mensch wollte den schlafenden Jüngling kennen oder etwas von seinem Unglück wissen, bis die ehemalige Verlobte des Bergmanns kam, der eines Tages auf die Schicht gegangen war und nimmer zurückkehrte. Grau und zusammengeschrumpft kam sie an einer Krücke an den Platz und erkannte ihren Bräutigam; und mehr mit freudigem Entzücken als mit Schmerz sank sie auf die geliebte Leiche nieder, und erst als sie sich von einer langen heftigen Bewegung des Gemüts erholt hatte: »Es ist mein Verlobter«, sagte sie endlich, »um den ich fünfzig Jahre lang getrauert hatte, und den mich Gott noch einmal sehen läßt vor meinem Ende. Acht Tage vor der Hochzeit ist er unter die Erde gegangen und nimmer heraufgekommen.« Da wurden die Gemüter aller Umstehenden von Wehmut und Tränen ergriffen, als sie sahen die ehemalige Braut jetzt in der Gestalt des hingewelkten kraftlosen Alters und den Bräutigam noch in seiner jugendlichen Schöne, und wie in ihrer Brust nach 50 Jahren die Flamme der jugendlichen Liebe noch einmal erwachte; aber er öffnete den Mund nimmer zum Lächeln oder die Augen zum Wiedererkennen; und wie sie ihn endlich von den Bergleuten in ihr Stüblein tragen ließ, als die einzige, die ihm angehöre, und ein Recht an ihn habe, bis sein Grab gerüstet sei auf dem Kirchhof. Den andern Tag, als das Grab gerüstet war auf dem Kirchhof und ihn die Bergleute holten, schloß sie ein Kästlein auf, legte sie ihm das schwarzseidene Halstuch mit roten Streifen um, und begleitete ihn alsdann in ihrem Sonntagsgewand, als wenn es ihr Hochzeittag und nicht der Tag seiner Beerdigung wäre. Denn als man ihn auf dem Kirchhof ins Grab legte, sagte sie: »Schlafe nun wohl, noch einen Tag oder zehen im kühlen Hochzeitbett, und laß dir die Zeit nicht lange werden. Ich habe nur noch wenig zu tun, und komme bald, und bald wird's wieder Tag. – Was die Erde einmal wiedergegeben hat, wird sie zum zweitenmal auch nicht behalten«, sagte sie, als sie fortging, und noch einmal umschaute.

Was reif in diesen Zeilen steht,
Was lächelnd winkt und sinnend fleht,
Das soll kein Kind betrüben,
Die Einfalt hat es ausgesäet,
Die Schwermut hat hindurchgeweht,
Die Sehnsucht hat's getrieben.
Und ist das Feld einst abgemäht,
Die Armut durch die Stoppeln geht,
Sucht Ähren, die geblieben,
Sucht Lieb', die für sie untergeht,
Sucht Lieb', die mit ihr aufersteht,
Sucht Lieb', die sie kann lieben,
Und hat sie einsam und verschmäht
Die Nacht durch dankend in Gebet
Die Körner ausgerieben,
Liest sie, als früh der Hahn gekräht,
Was Lieb' erhielt, was Leid verweht,
Ans Feldkreuz angeschrieben,
O Stern und Blume, Geist und Kleid,
Lieb', Leid und Zeit und Ewigkeit!

Verzeichnis der Autoren, Texte und Druckvorlagen

Die Zwischentitel sind Karl Simrocks Sammlung *Die deutschen Sprichwörter* (Reclams Universal-Bibliothek, 8453) entnommen. Es handelt sich um Nr. 6411, Nr. 6461, Nr. 931, Nr. 3345, Nr. 6453, Nr. 10470, Nr. 6476, Nr. 1998, Nr. 6482.

PETER ALTENBERG (d. i. Richard Engländer, 1859–1919)

21 Erste Liebe. – In: Das große Peter Altenberg Buch. Hrsg. und mit einem Nachw. vers. von Werner J. Schweiger. Wien/Hamburg: Zsolnay, 1977. S. 26f.

ANONYM

136 *Dû bist mîn, ich bin dîn.* – In: Deutsche Liebeslyrik. Hrsg. von Hans Wagener. Stuttgart: Reclam, 1982 [u.ö.]. (Universal-Bibliothek. 7759.) S. 5.

INGEBORG BACHMANN (1926–1973)

287 Erklär mir, Liebe. – In: I. B.: Sämtliche Gedichte. München/Zürich: Piper, 1983. S. 119f. – © 1978 R. Piper & Co. Verlag, München.

WOLFGANG BÄCHLER (geb. 1925)

247 Die Göttin. – In: W. B.: Nachtleben. Frankfurt a.M.: S. Fischer, 1982. S. 74. – © 1982. S. Fischer Verlag GmbH, Frankfurt am Main.

CHARLES BAUDELAIRE (1821–1867)

115 An eine, die vorüberging. – In: Ch. B.: Les Fleurs du Mal / Die Blumen des Bösen. Frz./Dt. Übers. von Monika Fahrenbach-Wachendorff. Stuttgart: Reclam, 1980 [u.ö.]. (Universal-Bibliothek. 9973.) S. 193.

GIOVANNI BOCCACCIO (1313–1375)

196 Ghita und Tofano. – In: G. B.: Decameron. Zwanzig ausgewählte Novellen. It./Dt. Übers. und hrsg. von Peter Brockmeier,

Stuttgart: Reclam, 1988. (Universal-Bibliothek. 8449.) S. 217 bis 223. [7. Tag, 4. Novelle; Titel vom Hrsg.]

BERTOLT BRECHT (1898–1956)

185 Erinnerung an die Marie A. – In: B. B.: Werke. Große kommentierte Berliner und Frankfurter Ausgabe. Hrsg. von Werner Hecht, Jan Knopf, Werner Mittenzwei und Klaus-Detlef Müller. Bd. 11: Gedichte 1. Sammlungen 1918–1938. Bearb. von J. Knopf und Gabriele Knopf. Berlin/Weimar: Aufbau-Verlag; Frankfurt a.M.: Suhrkamp, 1988. S. 92f. – © 1988 Suhrkamp Verlag, Frankfurt am Main.

283 Die Liebenden. – In: B. B.: Gedichte über die Liebe. Ausgew. von Werner Hecht. Frankfurt a.M.: Suhrkamp, 1982. S. 141. [Aus der Oper *Aufstieg und Fall der Stadt Mahagonny*, dort von Jenny und Paul im Dialog gesungen.] – © 1982 Suhrkamp Verlag, Frankfurt am Main.

CLEMENS BRENTANO (1778–1842)

264 *In Lieb'? – In Lust? – im Tod?* – In: C. B.: Gedichte. Hrsg. von Wolfgang Frühwald, Bernhard Gajek und Friedhelm Kemp. München: Deutscher Taschenbuch Verlag, 1977. (dtv. 6069.) S. 574.

302 *Was reif in diesen Zeilen steht.* – In: Ebd. S. 619.

WALERIJ BRJUSSOW (1873–1924)

167 Für mich selbst oder für eine andere? – In: Russische Erzählungen von der Jahrhundertwende bis zur Oktoberrevolution. Hrsg. von Evelies Schmidt. Stuttgart: Reclam, 1988. (Universal-Bibliothek. 8474.) S. 22–32. [Übers. von Jurij Marašov.]

ELIZABETH BARRETT BROWNING (1806–1861)

186 *Wie ich dich liebe?* – In: Englische Sonette. Engl./Dt. Ausgew. und übers. von Gisbert Kranz. 2., verb. Aufl. Stuttgart: Reclam, 1981. (Universal-Bibliothek. 8372.) S. 135.

IWAN BUNIN (1870–1953)

136 Der Sonnenstich. – In: I. B.: Die Grammatik der Liebe. Erzählungen. Übers. von I. Steinberg. Berlin: Cassirer, 1935. S. 138–153.

CARMINA BURANA (13. Jh.)

16 *Janus lenkt des Jahres Bahn.* – In: Carmina Burana. Die Gedichte des Codex Buranus. Lat./Dt. Übertr. von Carl Fischer. [...] München: Winkler, 1975. S. 163–165. – © 1975 Artemis & Winkler Verlag GmbH, München.

CATULL (um 84–54 v. Chr.)

201 *Sperling, reizender Liebling meiner Liebsten.* – In: Catullus: Sämtliche Gedichte. Lat./Dt. Hrsg. und komm. von G. P. Goold. Neu übers. von Carl Fischer. Nachw. von Bernhard Kytzler. München: Deutscher Taschenbuch Verlag, 1987. (dtv. 2187.) S. 11. – © 1987 Deutscher Taschenbuch Verlag GmbH & Co. KG, München.

NICOLAS CHAMFORT (1741–1794)

84 Maximen. – In: N. Ch.: Früchte der vollendeten Zivilisation. Maximen, Gedanken, Charakterzüge. Frz./Dt. Ausw., Übers. und Nachw. von Ralph-Rainer Wuthenow. Stuttgart: Reclam, 1977. (Universal-Bibliothek. 9864.) (1) S. 91. (2) S. 17. (3) S. 93. (4) S. 89.

MATTHIAS CLAUDIUS (1740–1815)

298 Die Liebe. – In: M. C.: Ausgewählte Werke. Hrsg. von Walter Münz. Stuttgart: Reclam, 1990. (Universal-Bibliothek. 1691.) S. 290.

SIMON DACH (1605–1659)

100 Annchen von Tharau. – In: Simon Dach und der Königsberger Dichterkreis. Hrsg. von Alfred Kelletat. Stuttgart: Reclam, 1986.

(Universal-Bibliothek. 8281.) S. 16f. [Aus dem preußischen Plattdeutsch übers. von Johann Gottfried Herder, der das Lied in seine Sammlung *Stimmen der Völker in Liedern* aufgenommen hat.]

GÜNTHER DEICKE (geb. 1922)

295 Alltägliche Strophen. – In: Don Juan überm Sund. Liebesgedichte. Berlin/Weimar: Aufbau-Verlag, 1975. (Edition Neue Texte.) S. 91. – © 1975 Aufbau-Verlag, Berlin und Weimar.

MARIE VON EBNER-ESCHENBACH (1830–1916)

296 Aphorismen. – In: M. v. E.-E.: Aphorismen. Nachw. von Ingrid Cella. Stuttgart: Reclam, 1988. (Universal-Bibliothek. 8455.) (1) S. 5. (2) S. 20. (3) S. 8. (4) S. 16. (5) S. 54. (6) S. 49. (7) S. 25.

PAUL FLEMING (1609–1640)

61 Wie er wolle geküsset sein. – In: Deutsche Liebeslyrik. Hrsg. von Hans Wagener. Stuttgart: Reclam, 1982 [u.ö.]. (Universal-Bibliothek. 7759.) S. 68f.

ERICH FRIED (1921–1988)

267 Grenze der Verzweiflung. – In: E. F.: Liebesgedichte. Berlin: Wagenbach, 1979. (Quarthefte. 103.) S. 38. – © 1979 Verlag Klaus Wagenbach GmbH, Berlin.

SALOMON GESSNER (1730–1788)

245 An Chloen. – In: S. G.: Idyllen. Kritische Ausgabe. Hrsg. von E. Theodor Voss. Stuttgart: Reclam, 1973, 1988. (Universal-Bibliothek. 9431.) S. 81–83.

JOHANN WOLFGANG GOETHE (1749–1832)

43 Vollmondnacht. – In: J. W. G.: Werke. Hamburger Ausgabe in 14 Bänden. Hrsg. von Erich Trunz. Bd. 2: Gedichte und Epen 2. 12., neubearb. Aufl. München: Beck, 1981. S. 84f.

181 *Warum gabst du uns die tiefen Blicke.* – In: Ebd. Bd. 1: Gedichte und Epen 1. S. 122f.

210 *Nicht Gelegenheit macht Diebe / Hochbeglückt in deiner Liebe.* – In: Ebd. Bd. 2. S. 63f. [Aus: *West-östlicher Divan.* Buch Suleika.]

FRANZ GRILLPARZER (1791–1872)

183 Hero und Leander. – In: F. G.: Des Meeres und der Liebe Wellen. Nachw. von Helmut Bachmaier. Stuttgart: Reclam, 1984 [u.ö.]. (Universal-Bibliothek. 4384.) S. 65f. [Titel vom Hrsg.]

BRÜDER GRIMM (Jacob G.: 1785–1863; Wilhelm G.: 1786 bis 1859)

95 Der Froschkönig oder der eiserne Heinrich. – In: Brüder Grimm: Kinder- und Hausmärchen. Ausg. letzter Hand mit den Originalanm. der Brüder Grimm. Mit einem Anhang [...] hrsg. von Heinz Rölleke. 3 Bde. Bd. 1. Stuttgart: Reclam, 1984. (Universal-Bibliothek. 3191.) S. 29–33.

JOHANN CHRISTIAN GÜNTHER (1695–1723)

215 Abschied von seiner ungetreuen Liebsten. – In: J. Ch. G.: Gedichte. Ausw. und Nachw. von Manfred Windfuhr. Stuttgart: Reclam, 1961 [u.ö.]. (Universal-Bibliothek. 1295.) S. 9f.

JAROSLAV HAŠEK (1883–1923)

72 Die Verlobung meiner Schwester. – In: J. H.: Von Scheidungen und anderen tröstlichen Dingen. Hrsg. von Ota Filip. Übers. von Grete Reiner. Frankfurt a.M.: Fischer Taschenbuch Verlag, 1983. (Fischer Taschenbuch. 5766.) S. 16–21.

JOHANN PETER HEBEL (1760–1826)

299 Unverhofftes Wiedersehen. – In: J. P. H.: Schatzkästlein des rheinischen Hausfreunds. Krit. Gesamtausg. mit den Kalender-Holzschnitten. Hrsg. von Winfried Theiss. Stuttgart: Reclam, 1981 [u.ö.]. (Universal-Bibliothek. 142.) S. 283–286.

HEINRICH HEINE (1797–1856)

77 *Ein Jüngling liebt ein Mädchen.* – In: H. H.: Buch der Lieder. Hrsg. von Bernd Kortländer. Stuttgart: Reclam, 1990. (Universal-Bibliothek. 2231.) S. 98.
166 *Sie saßen und tranken am Teetisch.* – In: Ebd. S. 103.
195 *Saphire sind die Augen dein.* – In: Ebd. S. 146.

HUGO VON HOFMANNSTHAL (1874–1929)

30 Die Beiden. – In: H. v. H.: Gedichte. Frankfurt a. M.: Insel Verlag 1970. (Insel-Bücherei. 461.) – © 1970 Insel Verlag, Frankfurt am Main.
269 Erlebnis des Marschalls von Bassompierre. – In: H. v. H.: Gesammelte Werke in 10 Einzelbänden. Hrsg. von Bernd Schoeller in Beratung mit Rudolf Hirsch. [Bd.:] Erzählungen. Erfundene Gespräche und Briefe. Reisen. Frankfurt a. M.: S. Fischer 1956, 1957, 1958. S. 132–142. – © 1956, 1957, 1958 S. Fischer Verlag GmbH, Frankfurt am Main.

IBN HAZM AL ANDALUSI (993–1064)

41 Das Winken mit den Augen. – In: I. H. a. A.: Das Halsband der Taube. Übers. von Max Weisweiler. Frankfurt a. M.: Insel Verlag, 1961. S. 44f. – © 1961 Insel Verlag, Frankfurt am Main.

HENRIK IBSEN (1828–1906)

261 Brief an Emilie Bardach. – In: H. I.: Briefe. Ausw., Übers. und Nachw. von Anni Carlsson. Stuttgart: Reclam, 1967. (Universal-Bibliothek. 8783–86.) S. 168f.

FRANZ KAFKA (1883–1924)

264 Brief an Milena. – In: F. K.: Briefe an Milena. Erw. und neu geordnete Ausg. Hrsg. von Jürgen Born und Michael Müller. Frankfurt a. M.: S. Fischer, 1983. S. 201–203. – © 1983 Schocken Books, Inc., New York City, USA. Abdruck mit Genehmigung der S. Fischer Verlag GmbH, Frankfurt am Main.

MASCHA KALÉKO (1912–1975)

152 Regenabend zu Zweien. – In: M. K.: Das lyrische Stenogrammheft. Kleines Lesebuch für Große. Reinbek b. Hamburg: Rowohlt, 1956 [u.ö.]. S. 88–91. – © 1956 Rowohlt Verlag GmbH, Reinbek bei Hamburg.

GOTTFRIED KELLER (1819–1890)

64 Brief an Luise Rieter. – In: G. K.: Gesammelte Briefe in 4 Bänden. Hrsg. von Carl Helbling. Bd. 2. Bern: Benteli, 1951. S. 10f.

HEINRICH VON KLEIST (1777–1811)

62 Rätsel. – In: H. v. K.: Der Zweikampf, Die heilige Cäcilie, Sämtliche Anekdoten und andere Prosa. Stuttgart: Reclam, 1984 [u.ö.]. (Universal-Bibliothek. 8004.) S. 66.

DES KNABEN WUNDERHORN

104 Edelkönigs-Kinder. – In: Des Knaben Wunderhorn. Alte deutsche Lieder, gesammelt von Achim von Arnim und Clemens Brentano. Krit. Ausg. Hrsg. von Heinz Rölleke. 3 Bde. Bd. 2 Stuttgart: Reclam, 1987. (Universal-Bibliothek. 1251.) S. 239f.

SELMA LAGERLÖF (1858–1940)

85 Wie der Adjunkt die Pfarrerstochter freite. – In: S. L.: Gesammelte Werke. Hrsg. von Hans A. Neunzig. Bd. 2: Geschichten und Legenden. München: Nymphenburger, 1980. S. 128–134. [Übers. von Marie Franzos.] – © Nymphenburger Verlag in der F. A. Herbig Verlagsbuchhandlung GmbH, München.

RING LARDNER (1885–1933)

44 Lächeln konnte sie. – In: R. L.: Champion und andere Erzählungen. Übers. von Fritz Güttinger. Zürich: Diogenes Verlag, 1963.

ELSE LASKER-SCHÜLER (1869–1945)

148 Ein Liebeslied. – In: E. L.-Sch.: Sämtliche Gedichte. Hrsg. von Friedhelm Kemp. München: Kösel, [4]1988. (Die Bücher der Neunzehn. 134.) S. 209f. – © 1988 Kösel-Verlag GmbH & Co., München.

ALEXANDER LERNET-HOLENIA (1897–1976)

78 Die Verlobung. – In: A. L.-H.: Das Bad an der belgischen Küste. Wien/Hamburg: Zsolnay, 1963. S. 217–221. – © 1963 Paul Zsolnay Verlag GmbH, Wien und Hamburg.

DETLEV VON LILIENCRON (d. i. Friedrich Adolf Axel Freiherr von L., 1844–1909)

20 Einen Sommer lang. – In: D. v. L.: Werke in 2 Bänden. Hrsg. von Benno von Wiese. Bd. 1: Gedichte, Epos. Frankfurt a.M.: Insel Verlag, 1977. S. 55.

KURT MARTI (geb. 1921)

16 Brockhäusliches Scherzo. – In: K. M.: Wen meinte der Mann? Gedichte und Prosatexte. Ausw. und Nachw. von Elsbeth Pulver. Stuttgart: Reclam, 1990. (Universal-Bibliothek. 8636.) S. 51. – © Kurt Marti, Bern.

PROSPER MÉRIMÉE (1803–1870)

116 Das Blaue Zimmer. – In: P. M.: Mateo Falcone. Das Blaue Zimmer. Frz./Dt. Übers. und Nachw. von Otto Weith. Stuttgart: Reclam, 1975 [u.ö.]. (Universal-Bibliothek. 9795.) S. 41–73.

CONRAD FERDINAND MEYER (1825–1898)

298 Zwei Segel. – In: C. F. M.: Sämtliche Gedichte. Nachw. von Sjaak Onderdelinden. Stuttgart: Reclam, 1978 [u.ö.]. (Universal-Bibliothek. 9885.) S. 119f.

MICHELANGELO (1475–1564)

268 *Als sie, zu der sich meine Wünsche sehnen.* – In: Italienische Gedichte. Mit Übertragungen deutscher Dichter. Zus.gest. von Horst Rüdiger. Leipzig: Rauch, 1938. S. 111–113. [Übers. von Herman Grimm.]

EDUARD MÖRIKE (1804–1875)

15 Nimmersatte Liebe. – In: E. M.: Gedichte. Ausw. und Nachw. von Bernhard Zeller. Stuttgart: Reclam, 1977 [u.ö.]. (Universal-Bibliothek. 7661.) S. 29.

225 Das verlassene Mägdlein. – In: Ebd. S. 32f.

MICHEL DE MONTAIGNE (1533–1592)

31 Liebesgunst und Liebeslohn. – In: M. d. M.: Die Essais. Ausgew., übertr. und eingel. von Arthur Franz. Stuttgart: Reclam, 1969 [u.ö.]. (Universal-Bibliothek. 8308.) S. 309. [Titel vom Hrsg.] – © Dieterich'sche Verlagsbuchhandlung, Leipzig.

WOLFGANG AMADEUS MOZART (1756–1791)

288 Brief an seine Frau. – In: W. A. M.: Briefe. Ausgew. und hrsg. von Stefan Kunze. Stuttgart: Reclam, 1987. (Universal-Bibliothek. 8430.) S. 377–379.

ROBERT MUSIL (1880–1942)

165 Der Traum, zwei Menschen zu sein und einer. – In: R. M.: Gesammelte Werke. Hrsg. von Adolf Frisé. Bd. 1: Der Mann ohne Eigenschaften. Reinbek b. Hamburg: Rowohlt, 1978. (Überschrift) S. 1060. (1) S. 1106. (2) S. 1113. (3) S. 1220. (4) S. 1402. (5) S. 1219. (6) S. 1222. (7) S. 1643.

297 Sarkophagdeckel. – In: Ebd. Bd. 2: Prosa und Stücke [...]. 1978. S. 485f.
Auch in: R. M.: Die Amsel. Bilder. Nachw. von Peter Pütz. Stuttgart: Reclam, 1967 [u.ö.]. (Universal-Bibliothek. 8526.) S. 45f. – © 1978 Rowohlt Verlag GmbH, Reinbek bei Hamburg.

FRIEDRICH NIETZSCHE (1844–1900)

179 Liebe als Kunstgriff. – In: F. N.: Sämtliche Werke. Studienausgabe in 15 Bänden. Hrsg. von Giorgio Colli und Mazzino Montinari. Bd. 2: Menschliches, Allzumenschliches. München: Deutscher Taschenbuch Verlag; Berlin / New York: de Gruyter, 1980. S. 350.

180 Der Betrug in der Liebe. – In: Ebd. S. 397f.

OVID (43 v. Chr. – um 18. n. Chr.)

106 Pyramus und Thisbe. – In: Publius Ovidius Naso: Verwandlungen. Auswahl. Bearb. und Nachw. von Wilhelm Plankl unter Mitw. von Karl Vretska. Stuttgart: Reclam, 1951 [u.ö.]. (Universal-Bibliothek. 7711.) S. 32–35.

149 *Heiß war der Tag.* – In: P. O. N.: Liebesgedichte / Amores. Lat./Dt. Übers. von Walter Marg und Richard Harder. München: Artemis, ^{4}1986. (Sammlung Tusculum.) S. 17–19. – © 1981 Artemis & Winkler Verlag GmbH, München.

FRANCESCO PETRARCA (1304–1374)

22 *Gesegnet sei das Jahr.* – In: F. P.: Sonette an Madonna Laura. Ital./Dt. Nachdichtung von Leo Graf Lanckoronski. Vorw. von Maria Gräfin Lanckoronska. Stuttgart: Reclam, 1956 [u.ö.]. (Universal-Bibliothek. 886.) S. 33.

PETRON (gest. 66 n. Chr.)

240 Die Witwe von Ephesus. – In: P.: Satyricon. Ein römischer Schelmenroman. Übers. und erl. von Harry C. Schnur. Stuttgart: Reclam, 1968. Bibliogr. erg. Ausg. 1982 [u.ö.]. (Universal-Bibliothek. 8533.) S. 134–138.

AUGUST GRAF VON PLATEN (1796–1835)

244 Tristan. – In: A. v. P.: Gedichte. Ausw. und Nachw. von Heinrich Henel. Stuttgart: Reclam, 1968 [u.ö.]. (Universal-Bibliothek. 291.) S. 23f.

PLATON (427–347 v. Chr.)

161 Frauen und Männer. – In: P.: Das Gastmahl oder Von der Liebe. Übertr. und eingel. von Kurt Hildebrandt. Durchges. Ausg. Stuttgart: Reclam, 1979 [u.ö.]. (Universal-Bibliothek. 927.) S. 55–58. [Titel vom Hrsg.]

ALEXANDER PUSCHKIN (1799–1837)

193 *Bitter vor Eifersucht schluchzend.* – In: A. P.: Ausgewählte Werke. Hrsg. und übertr. von Johannes von Guenther. Bd. 1. Berlin: Aufbau-Verlag, 1948. S. 254. – © 1948 Aufbau-Verlag, Berlin und Weimar.

RAINER MARIA RILKE (1875–1926)

151 Liebes-Lied. – In: R. M. R.: Sämtliche Werke. Hrsg. vom Rilke-Archiv. In Verb. mit Ruth Sieber-Rilke bes. durch Ernst Zinn. Bd. 1. Frankfurt a.M.: Insel Verlag, 1955. S. 482. – © 1955 Insel Verlag, Frankfurt am Main.
Auch in: R. M. R.: Gedichte. Auswahl. Nachw. von Erich Pfeiffer-Belli. Stuttgart: Reclam, 1959 [u.ö.]. (Universal-Bibliothek. 8291.) S. 29.

JOACHIM RINGELNATZ (d. i. Hans Bötticher, 1883–1934)

63 Ich habe dich so lieb. – In: J. R.: Das Gesamtwerk in 7 Bänden. Hrsg. von Walter Pape. Bd. 1: Gedichte 1. Berlin: Henssel, 1984. S. 261. – © 1984 Karl H. Henssel Verlag, Berlin.

PAUL SCHEERBART (1863–1915)

157 Noch ein Mal! – In: P. Sch.: Katerpoesie, Mopsiade und andere Gedichte. Hrsg. von Michael Matthias Schardt. Stuttgart: Reclam, 1990. (Universal-Bibliothek. 8638.) S. 30f.

ARTHUR SCHNITZLER (1862–1931)

217 Denksteine. – In: A. Sch.: Gesammelte Werke. Die Dramatischen Werke. Bd. 1. Frankfurt a.M.: S. Fischer 1962. S. 63–68.

[Aus: *Anatol.*] – © 1962 S. Fischer Verlag GmbH, Frankfurt am Main.
Auch in: A. Sch.: Anatol. Anatols Größenwahn. Der grüne Kakadu. Nachw. von Gerhart Baumann. Stuttgart: Reclam, 1970 [u.ö.]. (Universal-Bibliothek. 8399.) S. 43–48.

KURT SCHWITTERS (1887–1948)

67 An Anna Blume. – In: K. Sch.: Das literarische Werk. Hrsg. von Friedhelm Lach. 5 Bde. Bd. 1: Lyrik. Köln: DuMont, 1973. S. 58f. – © 1973 Verlag M. DuMont Schauberg, Köln.
Auch in: K. Sch.: „Eile ist des Witzes Weile". Hrsg. von Christina Weiss und Karl Riha. Stuttgart: Reclam, 1987 [u.ö.]. (Universal-Bibliothek. 8392.) S. 27f.

WILLIAM SHAKESPEARE (1564–1616)

102 Romeo und Julia. – In: W. Sh.: Romeo und Julia. Tragödie. Übers. von August Wilhelm von Schlegel. Hrsg. von Dietrich Klose. Stuttgart: Reclam, 1969 [u.ö.]. (Universal-Bibliothek. 5.) S. 63f. [5. Akt, 3. Szene.]

239 *Ich laß, wo treue Geister sich vermählen.* – In: Paul Celan: Gesammelte Werke in 5 Bänden. Hrsg. von Beda Allemann und Stefan Reichert. Unter Mitw. von Rolf Bücher. Bd. 5: Übertragungen 2. Frankfurt a.M.: Suhrkamp, 1983. S. 353. – © 1983 Suhrkamp Verlag, Frankfurt am Main.

STENDHAL (d. i. Marie-Henri Beyle, 1783–1842)

35 Über die Donnerschläge. – In: S.: Über die Liebe. Übers. von Günther Steinig. (Gesammelte Werke in Einzelbänden. Hrsg. von Manfred Naumann.) Berlin: Rütten & Loening, ^{2}1985. S. 48–51. – © 1985 Rütten & Loening, Berlin.

THEODOR STORM (1817–1888)

263 Rote Rosen. – In: Th. S.: Gedichte. Auswahl. Hrsg. von Gunter Grimm. Stuttgart: Reclam, 1978 [u.ö.]. (Universal-Bibliothek. 6080.) S. 11.

295 Schließe mir die Augen beide. – In: Ebd. S. 9.

BOTHO STRAUSS (geb. 1944)

35 Wer bist du? – In: B. S.: Niemand anderes. München/Wien: Hanser, 1987. S. 38. – © 1987 Carl Hanser Verlag, München und Wien.
Auch in: B. S.: Über Liebe. Ausw. und Nachw. von Volker Hage. Stuttgart: Reclam, 1989. (Universal-Bibliothek. 8621.) S. 6. [Titel von V. H.]

187 Männer und Frauen. – In: B. S.: Paare. Passanten. München/Wien: Hanser, 1981. S. 136–139. – © 1981 Carl Hanser Verlag, München und Wien.
Auch in: B. S.: Über Liebe. S. 39–41. [Titel von V. H.]

HELFRICH PETER STURZ (1736–1779)

290 Die Reise nach dem Deister. – In: H. P. S.: Die Reise nach dem Deister. Prosa und Briefe. Berlin: Rütten & Loening, 1976. S. 325–329.

TORQUATO TASSO (1544–1595)

235 *Welch ein Tau.* – In: T. T.: Werke und Briefe. Übers. und eingel. von Emil Staiger. München: Winkler, 1978. S. 145 f. – © 1978 Artemis & Winkler Verlag GmbH, München.

TAUSENDUNDEINE NACHT (um 10. Jh.)

202 Mohammed esch-Schalabī, seine Geliebte und seine Frau. – In: Tausend und eine Nacht. 24 Bde. Übers. von Max Henning. Bd. 24: Nachtrag. Tl. 7. Leipzig: Reclam, [1900]. (Universal-Bibliothek. 4134/35.) S. 138–144. [Orthographie und Interpunktion wurden behutsam modernisiert.]

ANTON TSCHECHOW (1860–1904)

23 Scherz. – In: A. Tsch.: Werke. Novellen, Erzählungen, Dramen. Hrsg. und ins Deutsche übertr. von Johannes von Guenther. Hamburg/München: Ellermann, 1963. S. 405–410. – © Anna M. von Guenther, Kochel.

KURT TUCHOLSKY (1890–1935)

211 Lottchen beichtet 1 Geliebten. – In: K. T.: Gesammelte Werke in 10 Bänden. Hrsg. von Mary Gerold-Tucholsky und Fritz J. Raddatz. Bd. 9. Reinbek b. Hamburg: Rowohlt, 1975. S. 116–118. – © 1960 Rowohlt Verlag GmbH, Reinbek bei Hamburg.
Auch in: K. T.: Gruß nach vorn. Prosa und Gedichte. Ausw. von Richard Müller-Schmitt. Nachw. von Wolfgang Werth. Stuttgart: Reclam, 1989. (Universal-Bibliothek. 8626.) S. 133–136.

JOHANN PETER UZ (1720–1796)

40 Ein Traum. – In: Deutsche Liebeslyrik. Hrsg. von Hans Wagener. Stuttgart: Reclam, 1982 [u. ö.]. (Universal-Bibliothek. 7759.) S. 106f.

GIOVANNI VERGA (1840–1922)

226 Cavalleria Rusticana. – In: G. V.: Sizilianische Geschichten. Übers. und Nachw. von Dorothea Zeisel. Stuttgart: Reclam [i. Vorb.].

VOLKSLIED

94 Der Flug der Liebe. – In: Johann Gottfried Herder: „Stimmen der Völker in Liedern". Volkslieder. Zwei Teile 1778/79. Hrsg. von Heinz Rölleke. Stuttgart: Reclam, 1975. (Universal-Bibliothek. 1371.) S. 36.

ROBERT WALSER (1878–1956)

19 Die Einzige. – In: R. W.: Das Gesamtwerk. Hrsg. von Jochen Greven. Bd. 9: Verstreute Prosa 2 (1919–1925). Hrsg. von J. G. Frankfurt a. M./Zürich: Suhrkamp, 1978. S. 217f. – © 1978 Suhrkamp Verlag, Frankfurt am Main / Zürich. Abdruck mit Genehmigung der Inhaberin der Rechte, der Carl-Seelig-Stiftung, Zürich.

WALTHER VON DER VOGELWEIDE (um 1170–um 1230)

158 Under der linden. – In: Deutsche Liebeslyrik. Hrsg. von Hans Wagener. Stuttgart: Reclam, 1982 [u.ö.]. (Universal-Bibliothek. 7759.) S. 24.

CARL MARIA VON WEBER (1786–1826)

193 Brief an seine Frau. – In: Deutsche Liebesbriefe. Ges. und hrsg. von Julius Zeitler. Berlin: Neff, 1943. S. 311f.

FRANK WEDEKIND (1864–1918)

71 Ilse. – In: F. W. Prosa. Dramen. Verse. Ausw. von Hansgeorg Maier. München: Langen-Müller, [o.J.]. S. 21.
247 Der Brand von Egliswyl. – In: Ebd. S. 71–80.

WOLF WONDRATSCHEK (geb. 1943)

260 43 Liebesgeschichten. – In: W. W.: Früher begann der Tag mit einer Schußwunde. München: Hanser, 1969. (Reihe Hanser. 15.) S. 67. – © 1969 Carl Hanser Verlag, München und Wien.